Bildwelten des Wissens

Kunsthistorisches Jahrbuch für Bildkritik. Band 8,1

Kontaktbilder

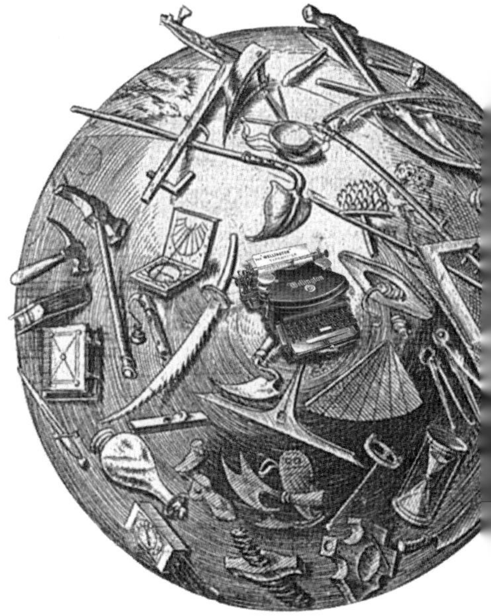

Akademie Verlag

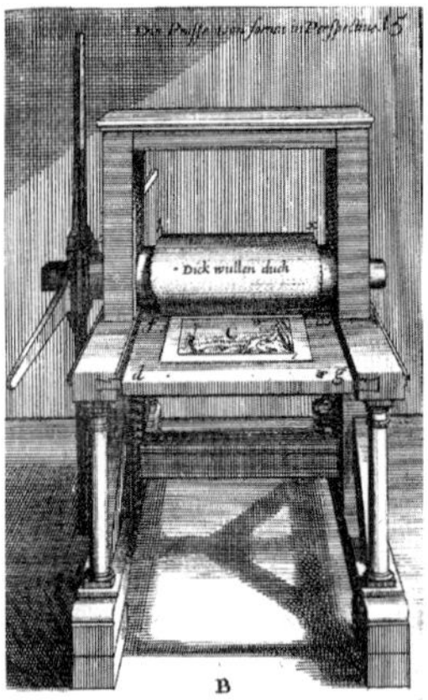
1

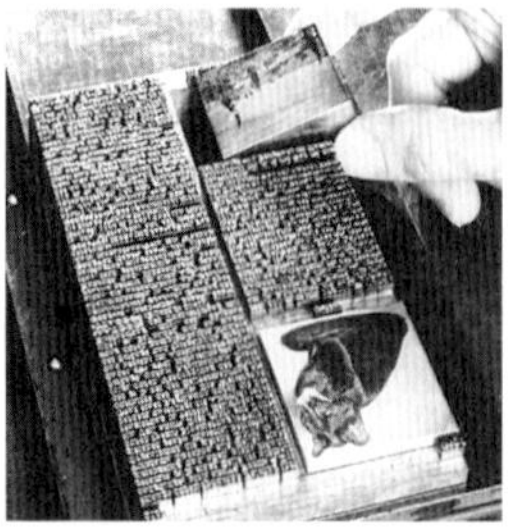
2

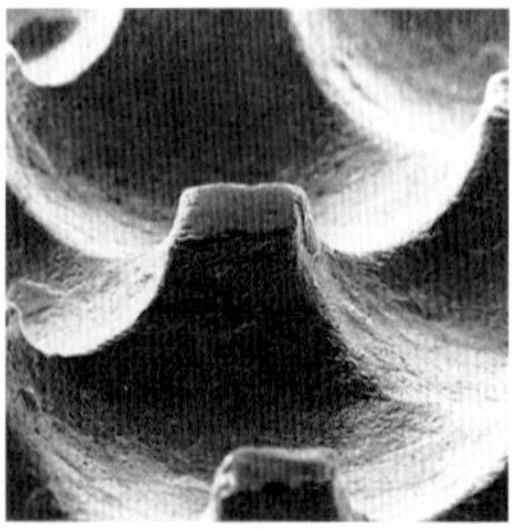
3

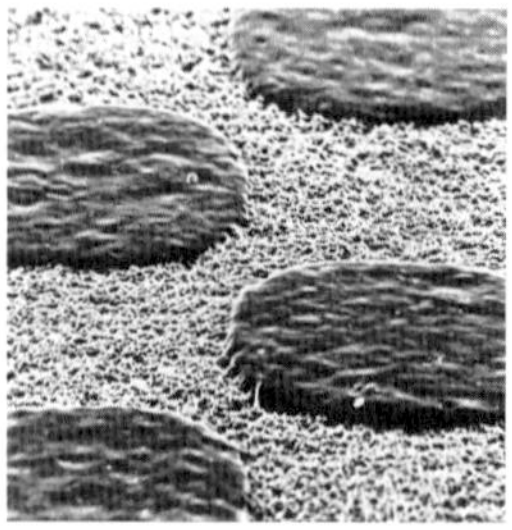
4

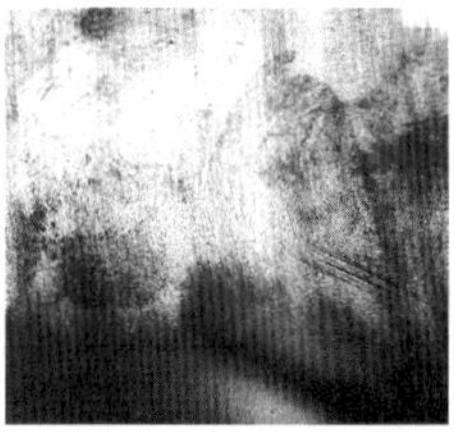
5

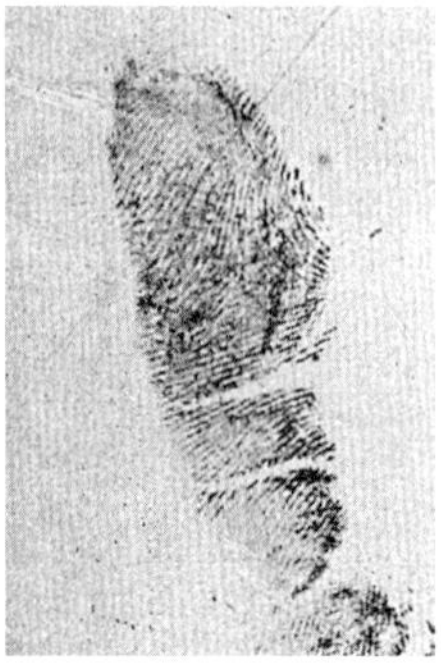
6

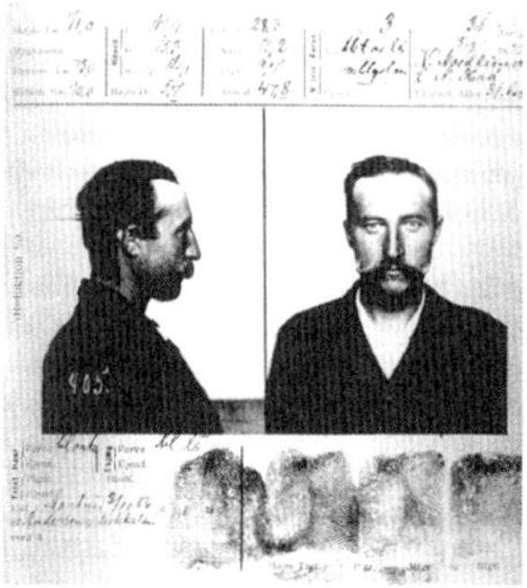
7

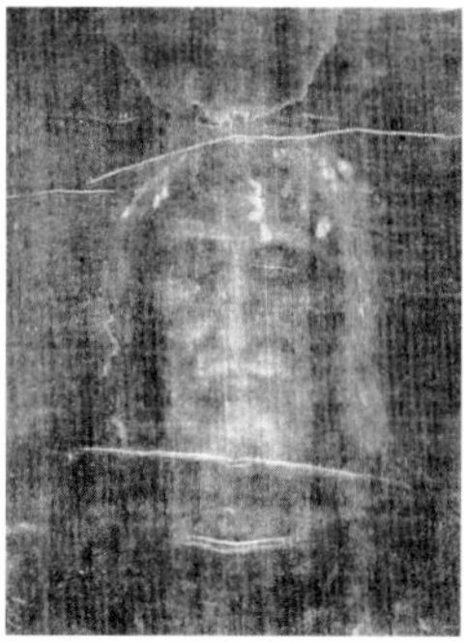
8

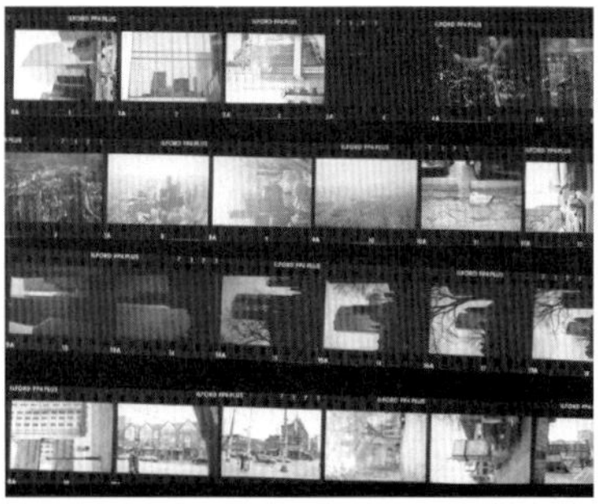
9

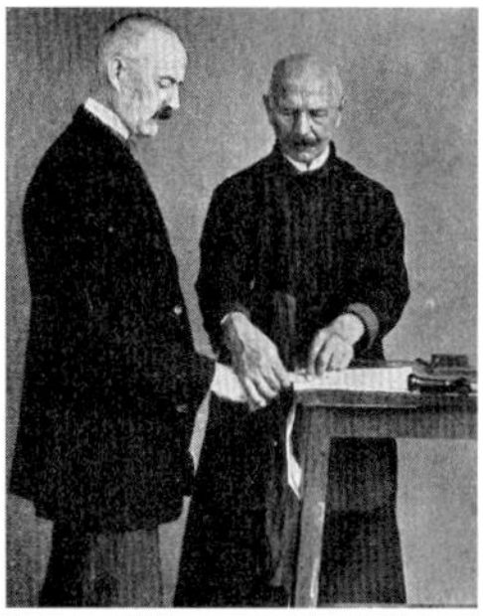
10

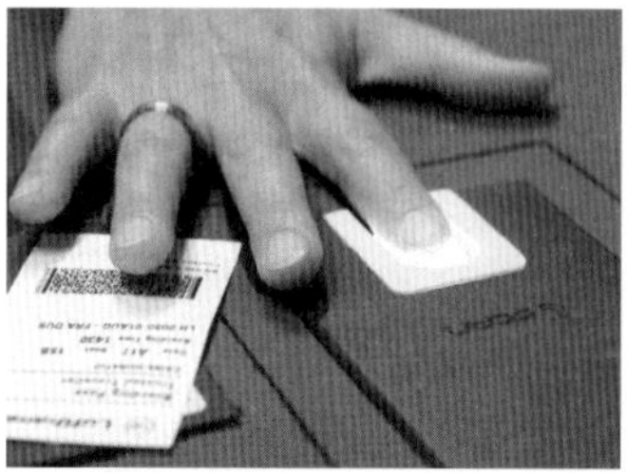
11

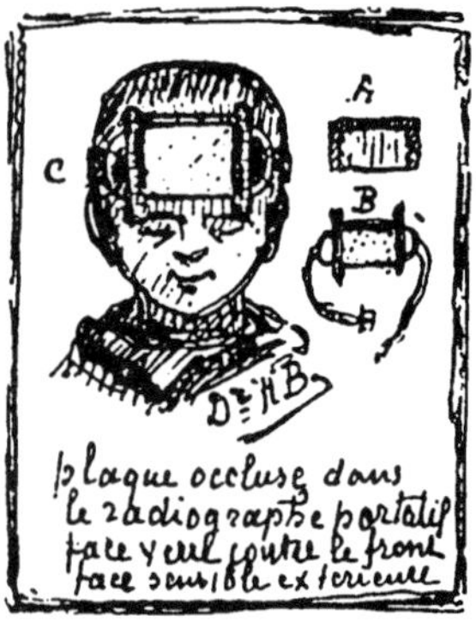

12

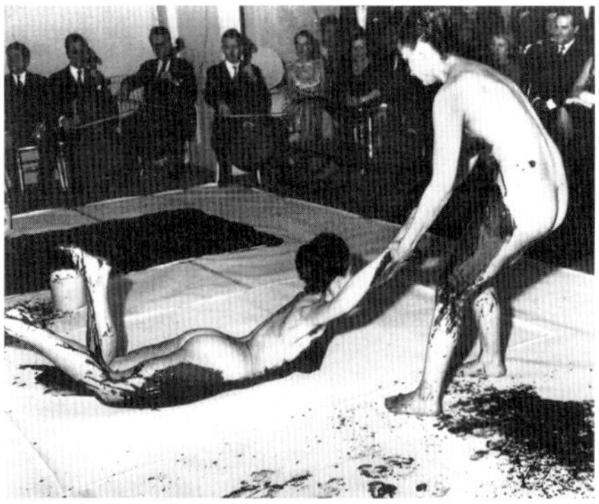
13

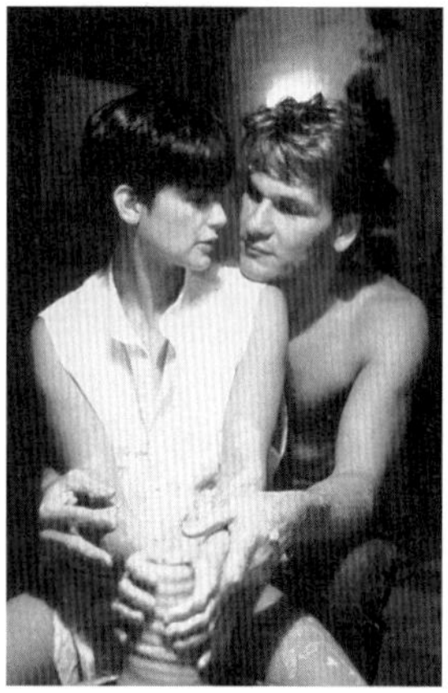
14

1: Abraham Aubry: Kupferdruckpresse, Radierung, 1669. **2:** Umbruch im Bleisatz. **3:** Druckender Punkt einer Hochdruck-Autotypie-Platte, Mikroaufnahme. **4:** Druckende Rasterpunkte auf einer elektrolytisch gerauten Offsetplatte, Mikroaufnahme. **5:** Handabdruck eines Täters, der aufgrund dieses Fotos überführt werden konnte, vor 1900. **6:** Abdruck des rechten Daumens Rajyadhar Konais, Hugli-Chunchura, Indien, 28. Juli 1858. **7:** Anthropometrische Karte, Politi Aarhus, 1906. **8:** Giuseppe Enrie: Grabtuch von Turin, Detailaufnahme, Negativ, 1931. **9:** Kontaktabzug eines Negativfilms. **10:** Herstellung gerollter Fingerabdrücke, Foto, 1921. **11:** Biometrische Bordkarte, Fingerabdruck-Scanner, 2005. **12:** Hippolyte Baraduc: Radiographe Portatif, Skizze, vor 1900. **13:** Anthropometrie-Vorführung von Yves Klein, Galerie Internationale d'Art Contemporain, Paris, 9. März 1960. **14:** Standbild aus dem Film „Ghost", Jerry Zucker, USA 1990.

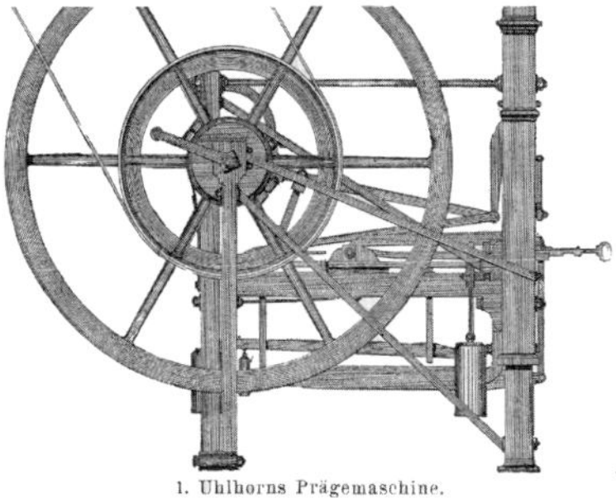

15

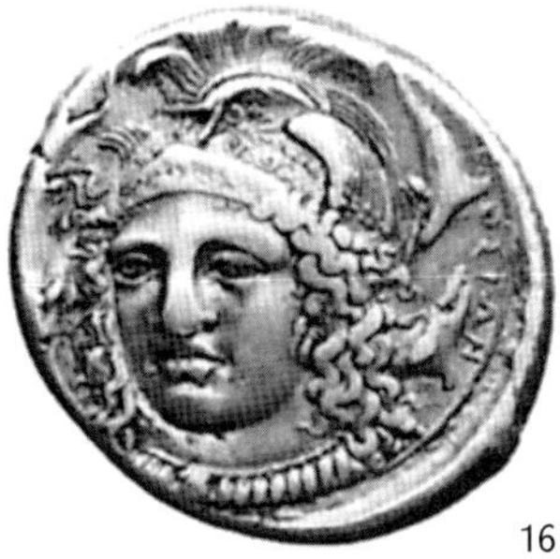
16

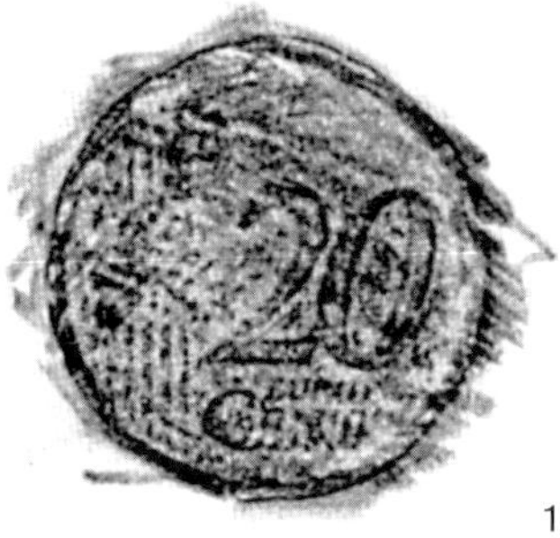
17

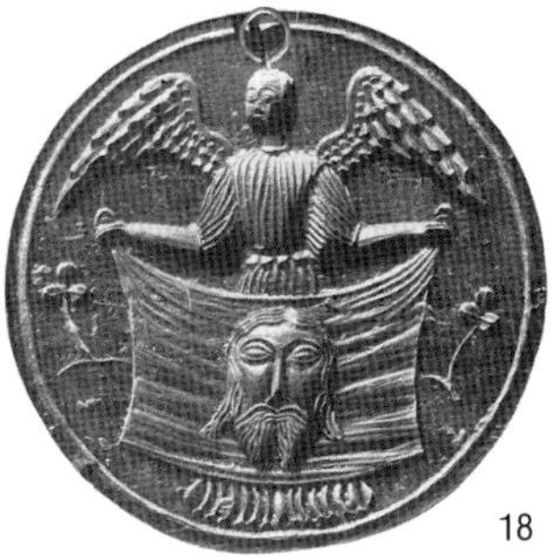
18

19

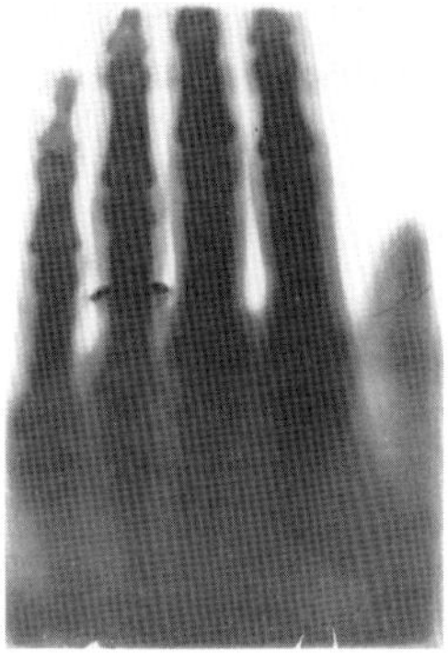
20

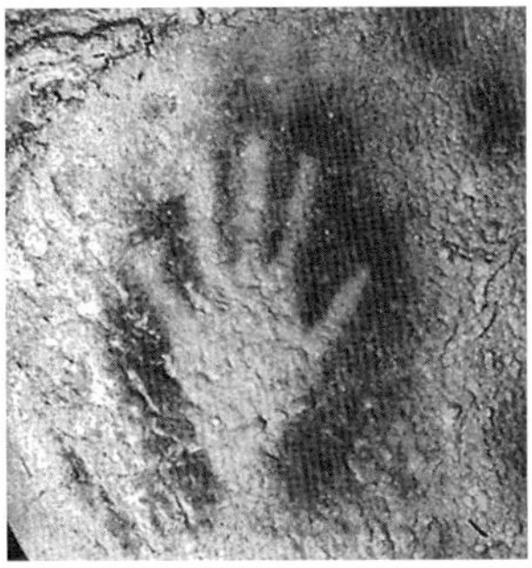
21

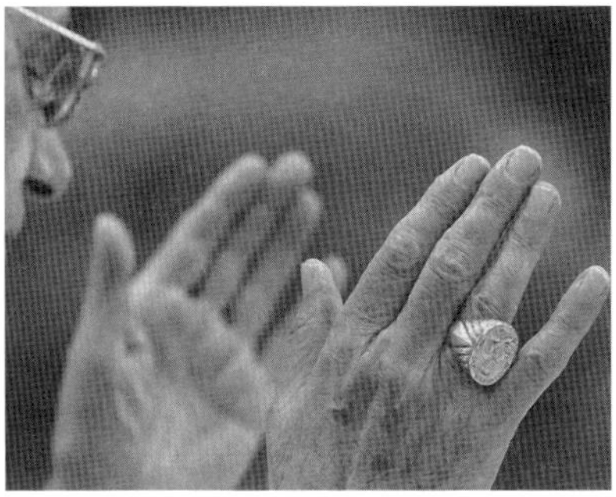
22

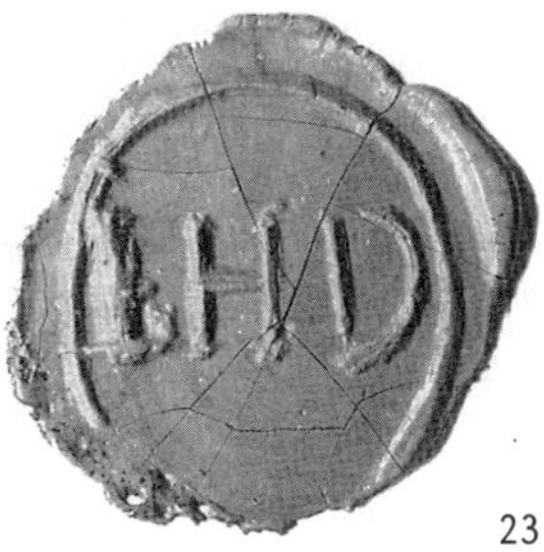

23

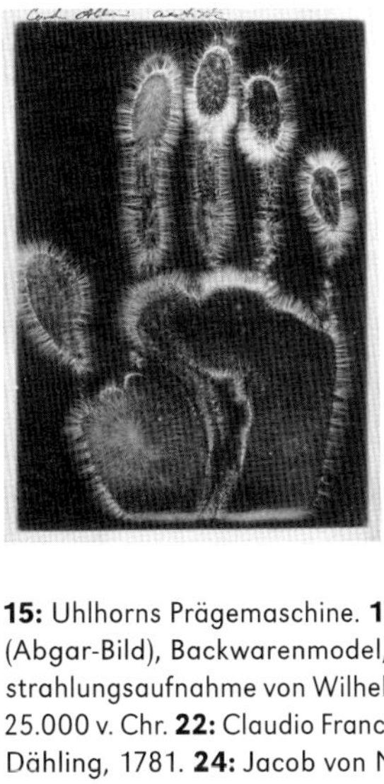
24

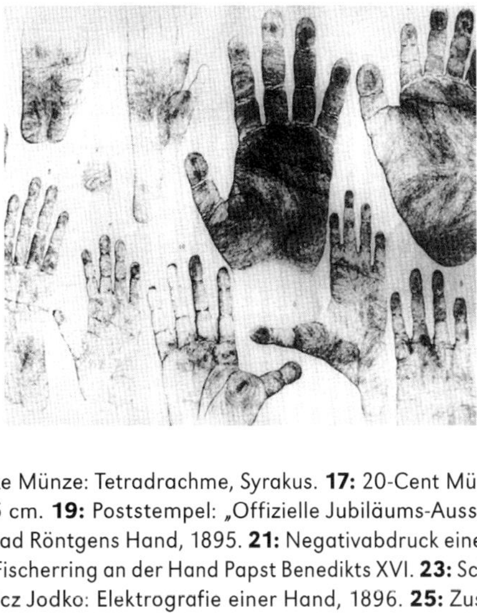
25

26
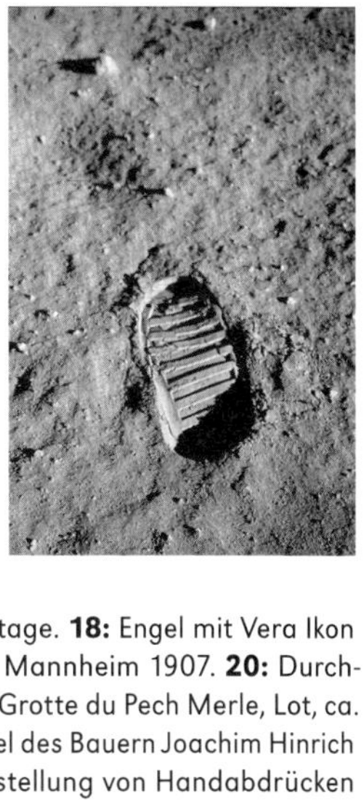

15: Uhlhorns Prägemaschine. **16:** Antike Münze: Tetradrachme, Syrakus. **17:** 20-Cent Münze, Frottage. **18:** Engel mit Vera Ikon (Abgar-Bild), Backwarenmodel, Ø 13,5 cm. **19:** Poststempel: „Offizielle Jubiläums-Ausstellung", Mannheim 1907. **20:** Durchstrahlungsaufnahme von Wilhelm Conrad Röntgens Hand, 1895. **21:** Negativabdruck einer Hand, Grotte du Pech Merle, Lot, ca. 25.000 v. Chr. **22:** Claudio Franchi: Der Fischerring an der Hand Papst Benedikts XVI. **23:** Schriftsiegel des Bauern Joachim Hinrich Dähling, 1781. **24:** Jacob von Narkievicz Jodko: Elektrografie einer Hand, 1896. **25:** Zusammenstellung von Handabdrücken verschiedener Primaten-Spezies, ca. 1868. **26:** Schuhabdruck des US-Astronauten Buzz Aldrin auf dem Mond, 1969.

Inhaltsverzeichnis

Editorial

Im Jahre 1856 erschien in Wien ein fünfbändiges botanisches Prachtwerk, das so anspruchsvoll wie ruinös war: *Physiotypia Plantarum Austriacarum. Der Naturselbstdruck in seiner Anwendung auf die Gefässpflanzen des österreichischen Kaiserstaates, mit besonderer Berücksichtigung der Nervation in den Flächenorganen der Pflanzen.* Wie der Titel andeutet, folgten die Autoren Constantin von Ettingshausen und Alois Pokorny darin einem doppelten Anspruch: auf 500 Tafeln einen wissenschaftlich fundierten Überblick der österreichischen Flora zu liefern und die erfolgreiche Anwendung einer neuartigen Bildtechnik zu demonstrieren. ↗ **Abb. 1**

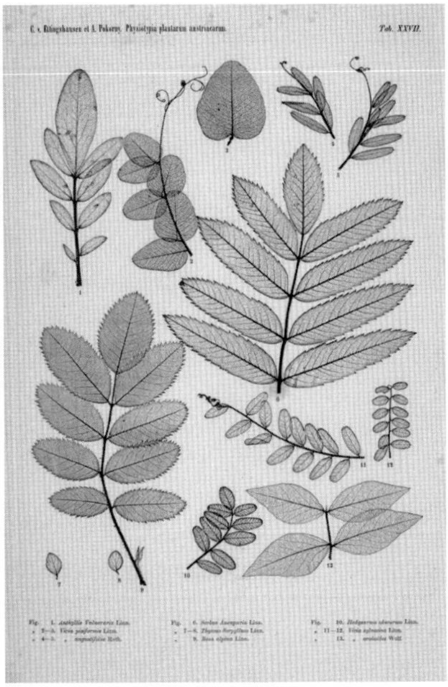

1: Constantin von Ettingshausen, Alois Pokorny: Physiotypia Plantarum Austriacarum, Wien 1856, Tafel XXVII.

Diese bestand darin, Pflanzenblätter mit Hilfe der Druckerpresse in weiches Blei einzuprägen und diesen Abdruck galvanoplastisch auf eine Kupfertiefdruckplatte zu übertragen, von der dann beliebig viele Abzüge reproduziert werden konnten. Für Ettingshausen und Pokorny diente das Verfahren, neben der naturgetreuen Wiedergabe von Objekten in Originalgröße, auch der Sichtbarmachung von verborgenen Details, den tiefer gelegenen Nervationsverläufen von Blättern, die sich mit der enormen Kraft der Presse in die weiche Bleiplatte einzeichnen ließen. Der Umstand, auf diese Weise „die feinsten Gefässbündel und deren zarteste Verzweigungen", „früher unwahrnehmbare Quernerven" sowie Einzelheiten „der Dimension und Winkelverhältnisse" im Abdruck „deutlicher als an dem Originale selbst zum Vorschein" bringen zu können, veranlasste die Autoren, ihre Bilder als Präparate und „Analysen", den Naturselbstdruck als „Präparationsmittel" zu bezeichnen.

In aller Schärfe zeigt sich in diesem Vorhaben die gegenseitige Durchdringung und Bedingung von Technik und wissenschaftlichem Gegenstand: Ettingshausen und Pokorny begründeten einen neuen Zweig der botanischen Systematik, der sich auf die Unterscheidung von Nervationstypen stützt, welche erst in den Drucken sichtbar geworden waren. Während die Kosten der Kupferdruckplatten nie gedeckt werden konnten, war der Wunsch, Bilder hervorragender Qualität herzustellen so stark, dass die Natur ihm unterworfen wurde.

Stand hinter der Förderung des Verfahrens durch die Wiener Hof- und Staatsdruckerei unter Alois Auer der Wunsch, die Natur ohne „künstliche Mittel", „ohne Mitwirkung eines Zeichners, Graveurs oder anderen Künstlers", ins Bild zu übertragen, zeigt das Beispiel der *Physiotypia Plantarum*, welchen komplizierten Arbeits- und Bearbeitungsschritten sich die scheinbar unmittelbare Darstellung der Natur im Naturselbstdruck verdankt: Von der Zurichtung der „Originale“ selbst (welche flachgedrückt, getrocknet und präpariert werden mussten), über die in mehreren Kopierschritten stattfindende Herstellung einer beständigen Druckform, bis hin zur Wahl von Farbe und geeignetem Papier, waren so viele Produktionsstufen nötig, dass schwerlich vom Abdruck der Natur selbst die Rede sein konnte.

Jeder einzelne dieser Schritte unterläuft dabei den Begriff des Originals: Jede Zwischenstufe ist eine Ausgangsform und „Kontaktbild“ im weiteren Sinn, das alle wichtigen Eigenschaften der Sache in sich trägt: Als Eindruck der Blätter ins Blei, als galvanoplastische Kopie dieses Abdrucks auf der Kupferplatte, als Druck auf Papier. Immer handelt es sich dabei um Prozesse, die einen Kontakt von Oberfläche zu Oberfläche voraussetzen. Nicht zuletzt sind Ettingshausens und Pokornys Drucke auch insofern als Kontaktbilder zu bezeichnen, als der „vertiefte Eindruck der Bleiplatte [...] auf das Papier *en relief* übertragen [wird]“ und die Bilder so zusätzlich eine haptische Qualität gewinnen.

Derlei Dimensionen sind mitzudenken, wenn es um Kontakt geht; im Besonderen aber sind die Bilder der *Physiotypia Plantarum* Kontaktbilder, weil sie von einem Versprechen der Unmittelbarkeit begleitet werden, das sich auf eine dagewesene Berührung mit den dargestellten Dingen gründet. Von Kontaktbildern soll im vorliegenden Band daher immer dort die Rede sein, wo der darzustellende Gegenstand zur Erzeugung des Bildes in besonderem Maße – das heißt in seiner Materialität und Körperlichkeit – beigetragen hat oder benutzt wurde.

Die versammelten Beiträge beleuchten die unterschiedlichen Prozesse, Eingriffe und Manipulationen, mit deren Hilfe „die Sachen selbst“ zum Sprechen und zur Darstellung gebracht wurden. Beginnend mit den Fingerabdrucksystemen der Gegenwart, wird der historische Faden über Verfahren wie Gefrierätzung und Naturselbstdruck, Naturabguss und Fotogramm bis hin zu Kontaktreliquien und Fossilien gespannt. Die Beiträge widmen sich dabei ebenso den Kontextualisierungen, den Diskursen und der Rhetorik, die das Versprechen dieser Bilder auf Unmittelbarkeit, Präsenz, Indexikalität, Echtheit und Objektivität begleiten, aufrechterhalten – oder überhaupt erst ermöglichen.

Vera Dünkel und die Herausgeber

Bettina Uppenkamp

Der Fingerabdruck als Indiz. Macht, Ohnmacht und künstlerische Markierung

„Spurenverursacher"

1920 malte Otto Dix sein Selbstporträt als Lustmörder. ↗ Abb. 1 Das heute verschollene Gemälde zeigte den im Blutrausch tobenden Frauenmörder, das Messer in der einen, ein abgetrenntes Bein seines Opfers in der anderen Hand schwingend, inmitten eines verwüsteten Schlafzimmers. Weitere Körperteile der zerstückelten Frau sind über den Raum verteilt. Der mit einem leopardenfellartig gemusterten Anzug als Dandy gekleidete Mörder alias Otto Dix gleicht einem zum Raubtier gewordenen Hampelmann am Gängelband eines fatalen Triebes. Der Maler hat auf dem Bild, und insbesondere auf den drastisch dargestellten Körperfragmenten des Opfers, mehrfach und wahrscheinlich in roter Farbe seine Hand- und Fingerabdrücke hinterlassen.[1]

Diese Abdrücke fügen sich in die Bilderzählung ein, bereichern das Verbrechensszenario als offensiv realistische Details, die die besinnungslose Brutalität des Täters ebenso unterstreichen wie die durch das Bild behauptete Verschweißung von erotischer Lust und Mordgier. Als „Kontaktbilder", die aus der Berührung der Bildoberfläche mit der bloßen Hand durch den Maler entstanden sind, repräsentieren sie jedoch nicht nur wirklichkeitsnah die blutigen Spuren des dargestellten Frauenmörders Otto Dix, sondern verweisen auch auf eine andere Realitätsebene: auf die Wirklichkeit des Künstler-Täters, der das Bild zu verantworten hat. Es handelt sich um eine Form der Signatur.

Ermöglicht wird diese Polyvalenz durch die Leichtigkeit, mit der im Abdruck der menschlichen Hand die Geste in einer Figur, Berührung in Ähnlichkeit mündet, oder, zeichentheoretisch ausgedrückt, ein Index zum Ikon wird. Georges Didi-Huberman hat diesen Zusammenhang beschrieben und in Anlehnung an den Ethnologen und Prähistoriker André Leroi-Gourhan den Abdruck als „Morgendämmerung der Bilder" bezeichnet.[2] Handabdrücke gehören zu den

1 Der Verbleib des Bildes ist unbekannt, überliefert ist es nur durch eine schwarz-weiße Fotografie. Otto Dix fertigte eine grafische Variante dieses Bildes an (heute in Hamburger Privatbesitz). Es handelt sich hier um die einzigen Darstellungen des von Dix mehrfach bearbeiteten Lustmord-Themas, die sich der Figur des Mörders zuwenden, während seine Bilder sonst vor allem die misshandelte Frauenleiche ausstellen. Zum Lustmord als Thema in der Kunst der Weimarer Avantgarde siehe Kathrin Hoffmann-Curtius: Im Blickfeld. George Grosz: John der Frauenmörder, Hamburg 1993. Siehe auch dies.: Mord-Kunst oder der Künstler als (Lust)mörder. In: Private Eye. Crimes & Cases, Ausst.kat., Haus am Waldsee, Berlin 1999, S. 64–89. Zu dem Gemälde in einer kurzen Passage auch Andreas Strobl: Otto Dix. Eine Malerkarriere der zwanziger Jahre, Berlin 1996, S. 145f.

2 Georges Didi-Huberman: Ähnlichkeit und Berührung. Archäologie, Anachronismus und Modernität des Abdrucks, Köln 1999, S. 22 und S. 25. Didi-Huberman bezieht sich hier vor allem auf Leroi-Gourhans Publikation „Hand und Wort". Vgl. André Leroi-Gourhan: Hand und Wort. Die Evolution von Technik, Sprache und Kunst (franz. Orig.: Le geste et la parole, Paris 1964/1965), Frankfurt a. M. 1980.

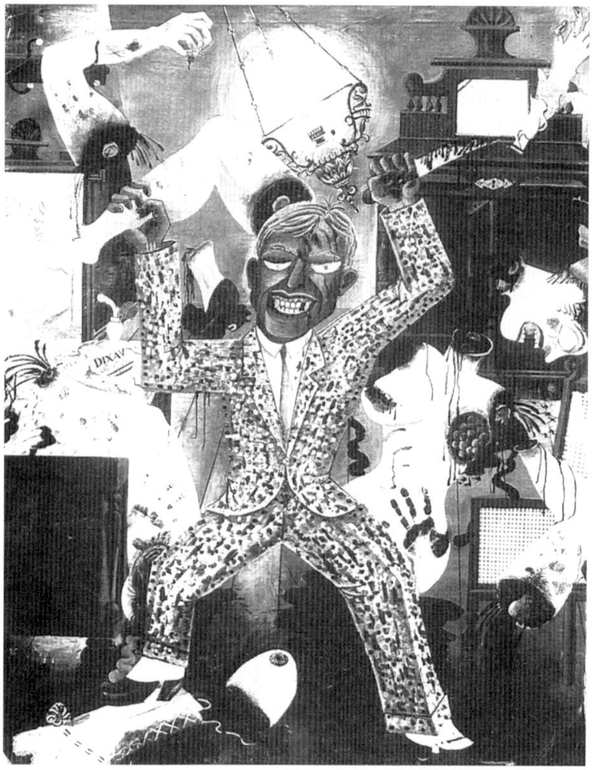

1: Otto Dix: Der Lustmörder, 1920, Maße und Verbleib unbekannt.

ältesten überlieferten Bildzeichen der Menschheitsgeschichte. An den Wänden südfranzösischer und spanischer Höhlen, etwa in Peche-Merle, Gargas und Rocamadour, wurden neben den realistischen Darstellungen von Tieren und stilisierten Menschen positive und vor allem negative Abdrücke von Händen gefunden. Die Bedeutung dieser paläolithischen Abdrücke ist bis heute rätselhaft. Unterschiedliche Hypothesen über ihren symbolischen Gehalt konkurrieren miteinander; eine der Möglichkeiten wäre, in ihnen ein verkörpertes Urheberzeichen, also ebenfalls eine Art der Signatur zu sehen.[3] Fast immer aber lautet die Frage der Forscher, mit welchen Implikationen der Abdruck an der Höhlenwand zu einer Darstellung wird. Für das Gemälde von Otto Dix drängt sich demgegenüber auf, die Fragerichtung umzudrehen: Warum tritt hier das Ikon als Index auf?

Der handschriftlichen Künstlersignatur hat Karin Gludovatz neben ihrer allgemeinen Funktion als Autorschaftsnachweis die Qualitäten eines indexikalischen Zeichens attestiert, insofern die Unterschrift als materielle Spur des Künstlerkörpers Eigenhändigkeit verspricht, die sich im gemalten Namen umso deutlicher artikuliert, je offensichtlicher ein individueller Schriftduktus in Erscheinung tritt.[4] Darüber hinaus sei die Signatur dazu prädestiniert „als Mittlerin inhaltlicher, auktorialer und selbstreflexiver Botschaften“ aufzutreten, indem sie in der semiotischen Differenz – in der Regel der Differenz von Schriftzeichen und Bildzeichen – einen semantischen

3 Eine Zusammenfassung der Diskussion auf engem Raum bei Thomas Macho: Handschrift – Schriftbild. Anmerkungen zu einer Geschichte der Unterschrift. In: Gernot Grube, Werner Kogge, Sybille Krämer (Hg.): Schrift. Kulturtechnik zwischen Auge, Hand und Maschine, München 2005, S. 413–422, S. 414f. Siehe auch Didi-Huberman (s. Anm. 2) S. 22–28.

4 Karin Gludovatz: Auf, in, vor und hinter dem Bild. Zu den Sichtbarkeitsordnungen gemalter Schrift in Maerten von Heemskercks „Venus und Amor“ (1545). In: Susanne Strätling, Georg Witte (Hg.): Die Sichtbarkeit der Schrift, München 2006, S. 59–72, S. 60f. sowie dies.: Malerische Worte. Die Künstlersignatur als Schriftbild. In: Grube, Kogge, Krämer (s. Anm. 3), S. 313–328, S. 314.

Artikulationsraum für diese Botschaften eröffne.[5] Die Signatur, die als sichtbares Zeichen der Kategorien Autor und Werk fungiert und als solche dem Bild äußerlich bleibt, kann auch in das Bild integriert und sogar an der innerbildlichen Fiktion oder Narration beteiligt werden. In dem Maße, wie der Ort der Signatur zwischen *auf dem Bild* und *in dem Bild* oszilliert, wird die Differenz zwischen Bildwirklichkeit und außerbildlicher Wirklichkeit gleichermaßen artikuliert wie überbrückt.

Die geschriebene Signatur auf Otto Dix' Selbstbildnis als Frauenmörder ist in Druckbuchstaben angebracht, die zwar seinen Namen wiedergeben, ein individuelles Schriftbild aber weitgehend vermissen lassen. In das Gemälde eingefügt wurde sie, einem Cartellino vergleichbar, als beschrifteter Zettel oder Brief, neben dem Bett des Mordopfers platziert. Die Hand- und Fingerabdrücke, die Dix wie schmutzige Spuren seiner mit Farbe verschmierten Malerhände auf dem Bild hinterlassen hat (oder der Frauenmörder als blutige Spuren auf der Leiche), lieferten jedoch ein in hohem Maße individuelles Indiz, wer hier am Werke war. Auch auf der Fotografie des verlorenen Werkes lässt sich erkennen, dass es Dix darauf angelegt hatte, erkennungsdienstlich verwertbare Abdrücke zu hinterlassen. An mehreren Stellen zeichnen sich die Handlinien und die Papillarleisten der Fingerkuppen deutlich ab. Im Kontext der Bilderzählung forcieren die Handabdrücke und Fingerspuren die schon im Selbstbildnis angelegte Identifikation des Künstlers als Verbrecher, eines Verbrechers allerdings, dem nicht daran gelegen war, Spuren zu vermeiden, sondern vielmehr daran, auch jenseits des Bildes als „Spurenverursacher"[6] erkannt zu werden. In diesem Sinne handelt es sich um ein Bekennerbild.[7]

Gesellschaftliches Kontrollinstrument

Als Dix sein Bild malte, hatte sich die Daktyloskopie als Methode in der Ermittlungsarbeit der Polizei fast überall in Europa und in den USA, wenn auch nicht unangefochten und teilweise mit Verzögerung, durchgesetzt. Sie beruht auf der Erkenntnis, dass das Hautleistenbild der Hände und Finger bei jedem Menschen einmalig und lebenslang unveränderlich ist.

5 Gludovatz (s. Anm. 4), S. 61.

6 Die Bezeichnung entspricht der heutigen Terminologie des BKA und der Landeskriminalämter.

7 Dix radikalisiert in dieser Selbststilisierung als Mörder das Konzept des Künstlers als Außenseiter der Gesellschaft. Vgl. Margot und Rudolf Wittkower: Der Künstler als Außenseiter der Gesellschaft (engl. Orig.: Born under Saturn 1963), Stuttgart 1989. Dass Künstler sich selbst als außerhalb der sozialen und juristischen Norm stehend begreifen, ist kein Phänomen der Moderne wie Horst Bredekamp gezeigt hat. Horst Bredekamp: Der Künstler als Verbrecher. Ein Element der frühmodernen Rechts- und Staatstheorie, München 2005.

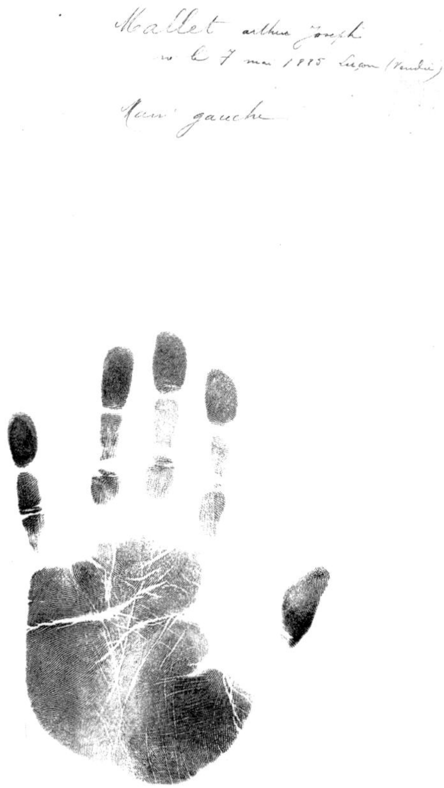

2: Abdruck der linken Hand von Arthur Joseph Mallet, der mit Hilfe dieses Abdrucks von Alphonse Bertillon 1912 eines Doppelmordes überführt wurde, Paris, Archives Historiques et Musée de la Préfecture de Police.

Bereits um 1900 besaßen nahezu alle größeren kriminalpolizeilichen Abteilungen einen modernen Erkennungsdienst mit Experten für die Spurensuche und -auswertung sowie einem Fotoatelier und Instrumenten für die Anthropometrie beziehungsweise Bertillonage, das nach seinem Erfinder Alphonse Bertillon benannte und seit Ende des 19. Jahrhunderts am weitesten verbreitete Verfahren zur Körpervermessung als Mittel zur Personenidentifizierung.[8] Die Kriminalistik, im Bemühen um ihre Professionalisierung, pflegte ein wissenschaftliches Leitbild, das die Bedeutung des scheinbar objektiven Sachbeweises betonte.[9]

In diesem Klima konnte sich die Daktyloskopie schließlich gegen die Anthropometrie mit dauerhaftem Erfolg durchsetzen.[10] Der „grundsätzliche Fehler“ der anthropometrischen Methode Bertillons war die Tatsache, dass sie rein negativ ist: „Zwar erlaubte sie es, unähnliche Individuen bei der Gegenüberstellung

8 Alphonse Bertillon war Mitarbeiter der Pariser Polizeipräfektur. Seine 1888 in Frankreich erstmals in die polizeiliche Ermittlungsarbeit eingeführte Methode beruhte auf der Theorie des Kriminalstatistikers Lambert Adolphe Jacques Quetelet, der davon ausging, dass die Knochenmaße eines Menschen nach dem 21. Lebensjahr unveränderlich bleiben würden. Vgl. die Seite des Bundeskriminalamtes von 2009: http://www.bka.de/pressemitteilungen/hintergrund/hintergrund1.html (Stand: 02/2010); Lambert Adolphe Jacques Quetelet: L'anthropometrie ou la mésure des differentes facultés de l'homme, Brüssel 1870.

9 Jens Jäger: Internationales Verbrechen – Internationale Polizeikooperation 1880–1930. Konzepte und Praxis. In: Désirée Schauz, Sabine Freitag (Hg.): Verbrecher im Visier der Experten. Kriminalpolitik zwischen Wissenschaft und Praxis im 19. und frühen 20. Jahrhundert, Stuttgart 2007, S. 295–319, S. 302.

10 Die Unsicherheiten, die die Anthropometrie bereithielt, hierzu zählte insbesondere die Möglichkeit von Messfehlern, sollten durch das ebenfalls von Bertillon ersonnene „gesprochene Porträt“ kompensiert werden, eine verbale, analytische Beschreibung persönlicher Kennzeichen. Aber selbst die Kombination von Fotografie, Anthropometrie und „gesprochenem Porträt“ konnte die Probleme einer zweifelsfreien Personenbestimmung nicht befriedigend lösen. Vgl. Carlo Ginzburg: Spurensicherung. Der Jäger entziffert die Fährte, Sherlock Holmes nimmt die Lupe, Freud liest Morelli – die Wissenschaft auf der Suche nach sich selbst. In: Ders.: Spurensicherungen. Über verborgene Geschichte, Kunst und soziales Gedächtnis, Berlin 1983, S. 61–96, S. 87. Zur Bertillonage Miloš Vec: Die Spur des Täters. Methoden der Identifikation in der Kriminalistik (1879–1933), Baden-Baden 2002, S. 31–47.

abzusondern, aber sie konnte nicht sicher feststellen, ob zwei identische Datenserien sich auf ein und dasselbe Individuum bezogen."[11] Darum jedoch ging es seit dem ausgehenden 18. Jahrhundert bei der Polizeiarbeit wesentlich, seit die alten Körperstrafen abgeschafft worden waren, die einen Verbrecher lebenslang als solchen zeichneten. „Das Problem der Identifizierung von Rückfälligen, das sich in jenen Jahren stellte, bildete praktisch den Brückenkopf eines komplexen, mehr oder weniger bewussten Projektes zur allgemeinen und subtilen Kontrolle der Gesellschaft."[12] Aber nicht nur die größere Eindeutigkeit des Fingerabdrucks, sondern auch seine, verglichen mit den komplexen Daten der anthropometrischen Messkarten unkomplizierte Archivierung, die sich an den in Klassen eingeteilten Grundmustern der Papillarlinien orientierte, stellte einen verwaltungstechnischen Vorteil gegenüber der Bertillonage dar und erleichterte das Wiederauffinden der notwendigen Vergleichsdaten. Selbst in Frankreich, wo man bis zum Tod Bertillons im Jahr 1914 an der Bertillonage festhielt, wurde diese zunehmend durch die Daktyloskopie ergänzt.[13]
↗ **Abb. 2**

In Dresden, wohin Dix nach dem Ende des 1. Weltkrieges zurückgekehrt war, um seine Ausbildung an der Kunstakademie fortzusetzen, war es 1914 zum ersten Mal in Deutschland zu einem Schuldspruch in einem Mordprozess allein aufgrund am Tatort zurückgelassener und vom Erkennungsdienst der Kriminalpolizei sichergestellter Fingerabdrücke gekommen.[14] Die Ermittlungen in diesem Fall wurden von Robert Heindl geleitet, auf dessen Initiative als Leiter der Dresdner Kriminalpolizei zurückgeht, dass Dresden 1903 als erste deutsche Stadt die Daktyloskopie am Tatort gefundener Fingerabdrücke systematisierte und zur Identifikation von Verbrechern einsetzte.[15] Es war Heindls Auftritt als

11 Ginzburg (s. Anm. 10), S. 87.

12 Ginzburg (s. Anm. 10), S. 86.

13 Für die Daktyloskopie gilt im Übrigen, dass sie in der wissenschaftlichen Kriminalistik die soziobiologischen Theorien über kriminelle Dispositionen bestimmter Bevölkerungsgruppen zurückdrängte. Der Versuch, den Francis Galton angetreten war, von dem Fingerbild auf ethnische Zugehörigkeit zu schließen oder aus der Analyse von Fingerabdrücken erbbiologische Erkenntnisse zu ziehen, war, wie Galton selbst zugeben musste, definitiv gescheitert. Francis Galton: Finger Prints (engl. Orig. London 1892), New York 1965, S. 192f.

14 Peter Becker: Dem Täter auf der Spur, Darmstadt 2005, S. 117–120.

15 Michael Behrens, Björn Heumann: Fingerbilderkennung. In: Michael Behrens, Richard Roth (Hg.): Biometrische Identifikation. Grundlagen, Verfahren, Perspektiven, Braunschweig/Wiesbaden 2001, S. 81–104, S. 82. Mit Beschluss vom 24.10.1903 wurde in Sachsen die erste daktyloskopische Landeszentrale errichtet. Dem schloss sich Hamburg noch im selben Jahr an, Bayern und Schwerin folgten 1911 und erst etliche Jahre später, 1927, wurde eine solche Zentrale auch in Preußen eingerichtet. Vgl. Vec (s. Anm. 10) S. 88. Dort zahlreiche Hinweise auf die zeitgenössische Literatur.

Sachverständiger vor Gericht, der die Geschworenen von der Beweiskraft der Fingerabdrücke am Tatort überzeugte. Heindl hatte seine Erläuterungen mit Ausführungen über die Grundlagen der Daktyloskopie flankiert und mittels fotografischer Vergrößerungen von Fingerabdrücken plausibel gemacht.[16] Der Schuldspruch war ein Erfolg für die wissenschaftliche Anerkennung der Daktyloskopie. Heindls monumentale Untersuchung über die Daktyloskopie ist der Versuch, Zweifeln an ihrer Beweiskraft mit dem Nachweis einer über zweitausendjährigen Empirie des Fingerabdrucks entgegenzutreten.[17] Tatsächlich erfolgte in Deutschland die uneingeschränkte Anerkennung des Beweiswertes der Daktyloskopie in Strafverfahren erst 1952.[18]

Die wissenschaftliche Analyse der Fingerabdrücke wurde 1823 von Johann Evangelista Purkynë, dem Begründer der modernen Histologie, eingeleitet, der feststellte, dass es keine zwei Menschen mit denselben Fingerabdrücken gibt.[19] Außerhalb Europas scheint das Wissen von der Verschiedenartigkeit der Hautrillen an den Fingerkuppen und damit auch ein Bewusstsein von ihrer Tauglichkeit als Identifizierungszeichen jedoch sehr viel älter zu sein. Aus China sind Fingerabdrücke als Siegel bereits aus vorchristlicher Zeit bekannt und in vielen asiatischen Ländern wurden Briefe und Dokumente mit einem Daumenabdruck versehen.[20] Der Fingerabdruck als Identitätsmerkmal nicht zur Authentifizierung und Besiegelung einer Urkunde oder eines Vertrages, sondern als Instrument sozialer Kontrolle wurde erstmals von Sir William James Herschel in der britischen Kolonie Bengalen eingeführt, wo Herschel von 1853 bis 1878 für den britisch-indischen Civil Service tätig war. Um das britische Empire vor Schwindlern zu schützen, führte er, durch

16 Zur Rolle der fotografischen Reproduktion für die Implementierung des Fingerabdrucks in die Kriminologie siehe Franziska Brons: Im Labyrinth der Linien. Zur Geschichte des Fingerabdrucks in der Kriminologie. In: Gegenworte. Hefte für den Disput über Wissen, Heft 20, Berlin 2008, S. 40–43.

17 Robert Heindl: System und Praxis der Daktyloskopie und der sonstigen technischen Methoden der Kriminalpolizei, (1. Aufl. 1922), Berlin/Leipzig 1927. Hier geht Heindl wiederholt auf den Dresdner Mordfall von 1914 ein und unterstreicht dessen kriminalhistorische Bedeutung, S. 1 und S. 436–445. Biografisches zu Heindl bei Patrick Wagner: Volksgemeinschaft ohne Verbrecher. Konzeptionen und Praxis der Kriminalpolizei in der Zeit der Weimarer Republik und des Nationalsozialismus (Hamburger Beiträge zur Sozial- und Zeitgeschichte 34), Hamburg 1996, S. 19f.

18 Die Anerkennung in der Rechtssprechung erfolgte mit der Entscheidung des Bundesgerichtshofes vom 11.05.1952. Bundeskriminalamt 2009 (s. Anm. 8).

19 Johann Evangelista Purkynë: Commentatio de examine physiologico organi visus et systematis cutanei. In: Ders.: Opera selecta, Prag 1948. Siehe auch Ginzburg (s. Anm. 10), S. 88. Heindl (s. Anm. 17), S. 11–41.

20 Heindl (s. Anm. 17), S. 11–41.

chinesische und bengalische Vorbilder der Urkundenbeglaubigung inspiriert, ein System ein, die berechtigten Empfänger von Pensionszahlungen per Fingerabdruck zu registrieren und sich die Auszahlungen mit einem Fingerabdruck quittieren zu lassen. Außerdem etablierte er die Daktyloskopie im Gefängnis seines Distriktes. Sein Vorschlag allerdings, die Fingerabdrücke aller Gefängnisinsassen in Bengalen zu erfassen, wurde vom Generalinspektor der Strafanstalten abgelehnt.[21] Kaum mehr Erfolg hatte ein anderer Engländer, Henry Faulds, der, in Japan als Arzt tätig, ebenfalls den Fingerabdruck als Identitätsausweis erkannt und seine Bedeutung für die Bekämpfung von Kriminalität betont hatte.[22] Nur kurzzeitig konnte er das Interesse von Scotland Yard erregen. Eine ernsthafte Diskussion über die praktische Brauchbarkeit von Fingerabdrücken in der Polizeiarbeit wurde erst durch Francis Galton angestoßen, dessen Veröffentlichungen dazu beitrugen,[23] dass England als erstes europäisches Land 1901 die Bertillonage durch die Daktyloskopie ersetzte.[24] Das von Galton entwickelte Klassifizierungssystem, die Galton-Henry'sche Registrierungsmethode,[25] machte die Verwertung von Fingerabdrücken durch die Polizei praktikabel, da es Kriterien für die Archivierung wie Ansatzpunkte für das Vergleichen lieferte.

In der heutigen Polizeiarbeit unterstützt ein automatisiertes Fingerabdruckidentifikationssystem (AFIS) das Auffinden und den Abgleich von Abdrücken. Paradoxerweise bringt gerade die fortschreitende Virtualisierung globaler Kommunikation und Mobilität den Körper auf brisante Weise erneut ins Spiel. Wo personenbezogene Merkmale der Identifikation versagen oder zunehmend als unsicher gelten,[26] gewinnen personengebundene, unveränderliche körperliche Merkmale an Bedeutung. Biometrische Verfahren zur Erkennung von Personen sind zum technologischen Herzstück weltweiter Anstrengungen zur Überwachung und Grenzkontrolle geworden, intensiviert seit den Anschlägen vom

21 Robert Heindl, der in Herschel „den Erfinder des Fingerabdruckverfahrens" sah, hat ihm mehrere Publikationen gewidmet und Herschels Bericht in deutscher Übersetzung abgedruckt. Vgl. Robert Heindl: Sir William James Herschel. In: Archiv für Kriminologie 70, 1918, S. 139–142 sowie Heindl (s. Anm. 17), S. 63ff. Siehe auch Vec (s. Anm. 10), S. 50.

22 Henry Faulds: On the Skin Furrows of the Hand. In: Nature, 1880, Heft 22, S. 605 sowie ders.: On the Identifacation of Habitual Criminals by Finger-Prints. In: Nature, 1894, Heft 50, S. 548.

23 Systematisch zusammengetragen sind seine Erkenntnisse und Überlegungen in Galton (s. Anm. 13).

24 Das erste Land weltweit, welches die Daktyloskopie als Identifizierungssystem für die Strafverfolgung auf Initiative des Kriminologen Ivan Vučetić institutionalisierte, war Argentinien im Jahr 1896.

25 Neben der Galton-Henry'schen Methode, welche sich weit verbreitete, wurden auch andere Registriermethoden entwickelt, siehe Heindl (s. Anm. 17), S. 194–301; Vec (s. Anm. 10), S. 73.

26 Als personenbezogene Identifikations- und Legitimationsmerkmale gelten etwa PINs und Passwörter.

11. September 2001 in den USA oder im Zuge des Schengen-Abkommens in der Europäischen Gemeinschaft. Unter den heute praktizierten und auf biometrischen Daten beruhenden Identifikationsmethoden nimmt die Fingerbilderkennung einen privilegierten Platz ein.[27] Zu den leistungsfähigen Informationssystemen unter Nutzung biometrischer Technologie, deren sich die EU im Zusammenhang mit ihrer Visapolitik bedient, zählt das Schengener Informationssystem (SIS) mit mehr als acht Millionen elektronischen Fahndungsdaten sowie dessen Nachfolger SIS II, in dem auch Fingerabdrücke und Lichtbilder hinterlegt werden können. Ein Visa-Informationssystem (VIS) soll verhindern, dass gleichzeitig in mehreren europäischen Ländern Anträge auf ein Visum gestellt werden. Visa sollen laut Beschluss des Europäischen Rates von 2002 grundsätzlich zwei biometrische Daten enthalten. Seit 2003 werden europaweit alle mindestens 14 Jahre alten Asylbewerber und ohne Papiere aufgegriffene Zuwanderer in die EU mit AFIS erfasst. Die Daten werden zentral gespeichert und abgeglichen.[28] Auch der neue EU-Reisepass enthält neben anderen Identitätsmerkmalen die Fingerabdrücke seines Inhabers.

Die technische Operation, die der Fingerbilderkennung im elektronischen Zeitalter zugrunde liegt, ist zunehmend nicht mehr die Berührung mit der Druckerschwärze und dem Stempelkissen und der anschließende Abdruck von Daumen, Finger oder Hand auf einem Bildträger. Die Erfassung des individuellen Fingerbildes erfolgt nun mittels eines Scanners, der den Verlauf der Papillarlinien in einen Datensatz übersetzt und so den elektronisch gestützten Abgleich mit zuvor erfassten und registrierten Mustern ermöglicht.[29] Ein Kontaktbild bleibt das Fingerbild dennoch, denn sein Versprechen, die zweifelsfreie Identifikation zu gewährleisten und damit wirksam Kontrolle auszuüben, gründet sich weiterhin auf einer konkreten und physischen Anwesenheit einer Person, welche dem Apparat ihre Hand auflegen muss.

27 In privaten oder privatwirtschaftlichen Anwendungen biometrischer Kontrollsysteme, etwa bei Schließsystemen oder Zugangskontrollsystemen für sicherheitssensible Bereiche in Betrieben, stellen Technologien zur Fingerbilderkennung mit nahezu 50% den größten Marktanteil.

28 Zusammenfassend zum internationalen Einsatz biometrischer Technologien Thomas Petermann, Constanze Scherz: Biometrie an den Grenzen. Zur politischen Genese einer globalen Kontrolltechnologie. In: Alfons Bora, Stephan Bröchler, Michael Decker (Hg.): Technology Assessment in der Weltgesellschaft, Berlin 2007, S. 267–275.

29 Zu den gesellschaftlichen Implikationen automatischer Datenerfassung am Beispiel der staatlichen Passfoto-Vorgaben vgl. Roland Meyer: Bildbelehrungen. Bilder im Grenzbereich. Die ePass-Fotomustertafeln der Bundesdruckerei. In: Bildwelten des Wissens. Band 4,2 (Bilder ohne Betrachter), Berlin 2006, S. 64–66.

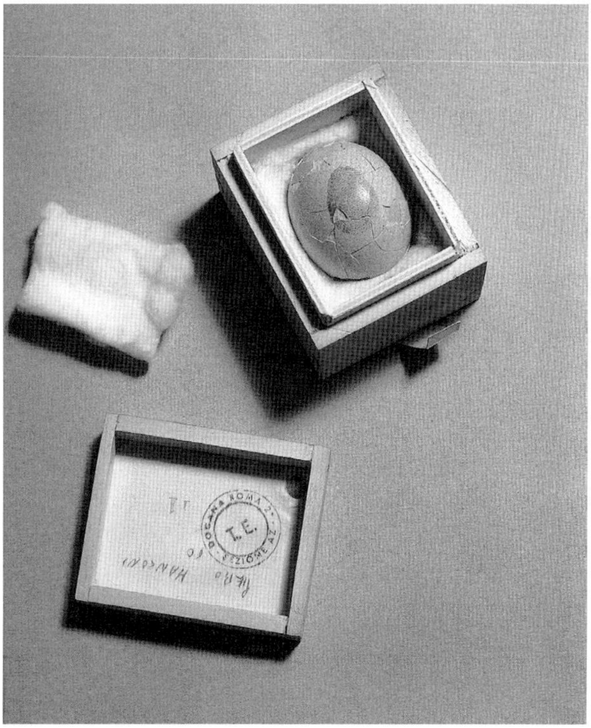

3: Piero Manzoni: Ei Nr. 11, 1960, Mailand, Archivio Opera Piero Manzoni.

Spuren künstlerischer Macht

In der natürlichen Ordnung, so Didi-Huberman, ist das Hinterlassen von Spuren eine Schwäche,[30] in der Welt des Verbrechens, so lässt sich hinzufügen, ebenfalls. Die Losung oder eine Fährte verraten das Wild an seinen Jäger, die am Tatort hinterlassenen Fingerabdrücke den Täter an die Polizei. Die zwangsweise erfassten Fingerabdrücke illegalisierter Migranten sind die Spuren ihrer drückenden Ohnmacht. In der kulturellen Ordnung und vor allem in der Kunst hingegen kann sich der Abdruck zu einem „Signal der Macht" verkehren. Am 21. Juli 1960 markierte Piero Manzoni 150 hartgekochte weiße Hühnereier mit seinem Daumenabdruck. Die Farbe für den Abdruck stammte von einem Stempelkissen, die Technik entsprach der Fingerabdruckaufnahme bei der Polizei. *Consumazione dell'arte dinamica del pubblico divorare l'arte* war der Titel dieser ersten Performance in der italienischen Nachkriegskunst.[31] Innerhalb von 70 Minuten sollte das Publikum die Eier verzehren. Nicht alle Eier wurden gegessen. Für die verbliebenen fertigte Manzoni kleine Holzschachteln an, die er auf der Innenseite nummerierte, signierte und datierte. In Watte gepackt haben sich diese Eier in unterschiedlichen Zuständen erhalten.[32]

↗ **Abb. 3, Tafel 1**

30 Didi-Huberman (s. Anm. 2), S. 24.

31 Im Deutschen meist übersetzt als „Kunstverzehr – Publikumsdynamik – Kunstverschlingen". Zu den Mehrdeutigkeiten des italienischen Titels Martin Engler: Piero Manzoni. Metonymien des Körpers, Diss., Freiburg i. Br. 2000, http://www.freidoc.uni-freiburg.de/volltexte/421/pdf/1_textband.pdf, S. 111 (Stand: 02/2010). Zu den eucharistischen Implikationen, die mit dem gemeinschaftlichen Verzehr der Eier aufgerufen sind, Martin Engler: Piero Manzoni – Gesten als pars pro toto des Künstlers. In: Kritische Berichte, 2004, Heft 4, S. 19–35, S. 24f. Durchgeführt und filmisch dokumentiert wurde die Aktion als Veranstaltung der Mailänder Produzentengalerie Azimut in einem kleinen Filmstudio.

32 Ebenfalls aus dem Jahr 1960 stammt eine Serie von kleinformatigen Arbeiten auf Papier, die pro Blatt den einzelnen Daumenabdruck des Künstlers zeigen; 1961 hinterließ Manzoni ganze Serien von Fingerabdrücken auf Papierbögen.

So wie sich Manzonis berühmteste Arbeit, *Merda d'artista* (Künstlerscheiße in Dosen), als eine komplexe Replik auf Marcel Duchamps *Fountain* von 1917 auffassen lässt, und zugleich ein ironischer Kommentar zu den Verwertungszyklen des Kunstmarktes ist,[33] lassen sich auch die mit einem Daumen signierten Eier als Antwort auf die künstlerischen Herausforderungen durch die *Ready mades* verstehen. Duchamp hatte vorgeführt wie sich durch Signatur Nicht-Kunst in Kunst verwandeln ließ oder ein Urinoir durch eine erfundene Unterschrift in eine Brunnenskulptur. Manzonis Arbeit ist allerdings keine einfache Reprise der Duchamp'schen Geste. Zwar sind auch weiße Hühnereier auf den ersten Blick denkbar alltägliche Gegenstände, jedoch keine industriell erzeugten Serienprodukte. Anders als die von Duchamp zum Ready made erwählten, absichtsvoll bedeutungsarmen Gegenstände, hat das Ei zahlreiche symbolische Bedeutungen: Es kann für Fruchtbarkeit stehen, eine Ursprungsmetapher sein, ein Symbol für den schöpferischen Prozess und formale Vollkommenheit. Durch eine elementare Geste des Künstlers, durch die Berührung seiner Hand, werden einfache Eier von Manzoni in vollendete Kunstwerke verwandelt. Die Daumenabdrücke sind der Beweis für diese Berührung.

Als Antwort auch auf die von Yves Klein seit den späten 1950er Jahren mit „lebenden Pinseln" geschaffenen Anthropometrien profitiert die Bedeutung von Manzonis Fingerspuren von der historischen Überlegenheit des Fingerabdrucks über die Anthropometrie als Methode zur Identifikation eines Individuums.[34] Während Klein es verschmähte, seine Hände zu beschmutzen, stellt Manzoni gerade durch den physischen Kontakt seines Körpers mit dem Bild seine Originalität unter Beweis. War Otto Dix in den 1920er Jahren der Auffassung, Frauen bildlich zerstückeln zu müssen, um ein bürgerliches Kunstideal anzugreifen und sich als Künstler jenseits sozialer Normen zu behaupten, konnte Piero Manzoni nicht nur Scheiße zu Gold machen, sondern auch, ohne Hilfe einer Göttin, lebendige Skulpturen erschaffen und schließlich die ganze Welt in ein Kunstwerk verwandeln.[35] Die Abdrücke

33 Der Preis für eine Dose Künstlerscheiße wurde von Manzoni auf den Gegenwert einer dem Doseninhalt an Gewicht entsprechenden Menge Gold zum jeweils aktuellen Marktwert festgelegt.

34 Die Bezeichnung „Anthropometrie" für Yves Kleins Abdruckarbeiten geht auf Pierre Restany zurück.

35 Außer auf die Arbeit „Merda d'artista" von 1961 wird hier Bezug genommen auf die Signierung lebender Modelle (1961) und den im selben Jahr entstandenen Sockel der Welt, einen rechteckigen Eisensockel, der die auf dem Kopf stehende bronzene Aufschrift „Zocolo del mondo" trägt, konzipiert als Hommage an Galileo Galilei, heute in Heart, Herning Museum of Contemporary Art. Vgl. Germano Celant: Manzoni, anlässlich der Ausstellung Piero Manzoni. A Retrospective, Gagosian Gallery New York 2009, S. 245, S. 251 und S. 264–267.

seines Daumens als Signatur auf den Eiern sind Spuren einer subversiv-affirmativen Strategie, konventionelle Vorstellungen von der Rolle des Künstlers als *Creator mundi* aufzugreifen und gleichzeitig tradierte Konventionen in der Kunst außer Kraft zu setzen.

Thilo Habel

Körpertäuschungen – Über Versuche, Volumina durch Abdrücke zu visualisieren

Jeder Fossiliensammler kennt den Effekt: In bestimmten geschichteten Sedimentgesteinen, die manchmal Überreste von Pflanzen und Tieren enthalten, hat die Natur ihre Abbilder gleich zweifach hinterlegt. Oft lassen sich Kalkplatten fast wie Buchseiten glatt voneinander lösen. Eine Seite trägt dann beispielsweise den Körper einer Libelle, die andere dessen Abdruck. ↗ **Abb. 1** Und erstaunlicherweise eignet sich dieser Abdruck manchmal besser, Strukturmerkmale des Außenskeletts zu erkennen und wirkt filigraner strukturiert als die Positivseite. Hält man ein solches Stück in den Händen, kann es drehen und wenden, besteht kein Zweifel, welche Steinhälfte die konvexe Positivform und welche die konkave Negativseite trägt. Anders wird es, wenn die Stücke fotografiert werden, sie also in unbeweglicher Sichtebene auf ein zweidimensionales Blatt Papier oder den Bildschirm projiziert erscheinen. Besonders im Graustufenbild verwandelt sich die scheinbar eindeutig erhabene Struktur in eine Vertiefung, wenn man nur das Bild dreht oder es auf den Kopf stellt. Offenbar bewirkt beim zweidimensionalen Bild allein die Sehgewohnheit eines bestimmten Schattenfalls das räumliche Erkennen von Plastizität.

Räumlichkeit auf dem und in dem Papier

Die Illusion von Körperlichkeit auf einer flachen Bildebene zu erwecken, war in den meisten Zeichencurriculae – nach der virtuosen Beherrschung der Konturlinie – das zweite wichtige Lernziel. Ausgehend von dem gezirkelten Kreis, bestand die Aufgabe darin, durch grafische Struktur (etwa Schraffen, Strichtexturen, Punktierungen oder Feinpartikelverteilung der Zeichenkohle) den Anschein eines Schattenwurfs zu erzielen, der den Kreis zur glatten Kugel werden ließ.[1] War das Zeichenergebnis in der Simulation einer Beleuchtung, also eines Schattens und eines Lichtpunkts perfekt, zeigte sich auf dem glatten Zeichenpapier der gleiche Effekt wie bei den geschilderten Fotos von Fossilien und deren Abdrücken: Beim Betrachten kann das Bild der erhabenen Form zur Vertiefung umschlagen. Wissenschaftliche Darstellungen von Steinen oder Tieren ab der zweiten Hälfte des 18. Jahrhunderts legen die Plastizität klar fest: Auf dem weißen Papiergrund erhält etwa die Zeichnung einer Schildkröte einen Schatten. Dort ist klar definiert unten. Für den Boden, den Hintergrund und den Raum steht allein die leere Papierfläche.

1 Wolfgang Kemp: „... einen wahrhaft bildenden Zeichenunterricht überall einzuführen“: Zeichnen und Zeichenunterricht der Laien 1500–1870. Ein Handbuch, Frankfurt a. M. 1979, S. 281 zeigt am Beispiel John Ruskins „Die Kugel als Gegenstand des Anfangsunterrichts“. Vgl. auch Barbara Wittmann: Ohne Vorbild. Kinderzeichnungen machen Schule, und Kerrin Klinger: Zum ABC des geometrischen Zeichnens um 1800. In: Bildwelten des Wissens 7,1 (Bildendes Sehen), Berlin 2009, S. 72–80 und S. 81–91.

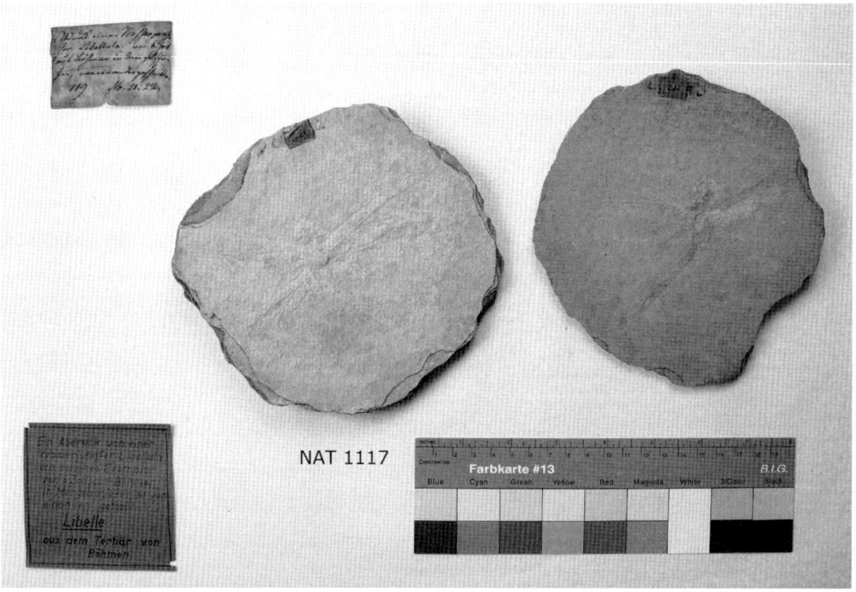

1: Fossilisierte Libelle und ihr Abdruck, Museum Waldenburg.

Ein älteres Bildmedium spielt ganz gezielt mit dem Effekt der Konvex-Konkav-Täuschung: Statt grafisch eine Illusion von der Abbildung eines realen Körpers erwecken zu wollen, presst das Oblaten- oder Papiersiegel ein reales plastisches Bild als Reliefbild in eine Papiermasse. ↗ **Abb. 2** Je nachdem, ob man es von seiner gewölbten oder von seiner eingedrückten Seite anschaut, hat man hier gleich beide Ansichten in einem Abbild. Der Siegelabdruck auf Papier ist ein tastbares Reliefabbild eines Petschafts. Sein Wert liegt im nachweislichen Kontakt und der gleichsam unkünstlerischen, nicht grafisch entstandenen Abbildungsauthentizität. Es bürgt für Wahrheit und Echtheit, ist deshalb im wahrsten Sinne des Wortes ‚herausragendes' Würde- und Echtheitszeichen einer Schmuckurkunde.

Volumina in botanischen Naturselbstdrucken

In der Kräuterkunde der alten Ärzte und Apotheker, wie auch in der späteren botanischen Dokumentation, war es ein probates Medium der Wissensvermittlung und zur Darlegung von Echtheitsbelegen, ein sogenanntes *Herbarium vivum* anzulegen. Nicht die gezeichnete Pflanze, sondern der durch Pressen und Trocknen in die Zweidimensionale gebrachte echte Pflanzenkörper wird, auf Papier im Faszikel oder gebunden als Buch, für die Ewigkeit bewahrt. Dies war und ist eine brauchbare Methode für die Konservierung relevanter Bestimmungsmerkmale, gewiss aber nicht geeignet, um auch nur annähernd die Illusion des lebenden Organismus zu erzielen. Jedes Blatt ist so zwangsläufig ein Unikat, in Folge der durch entsprechende Referenzliteratur konstruierten Artabgrenzungen und deren Nor-

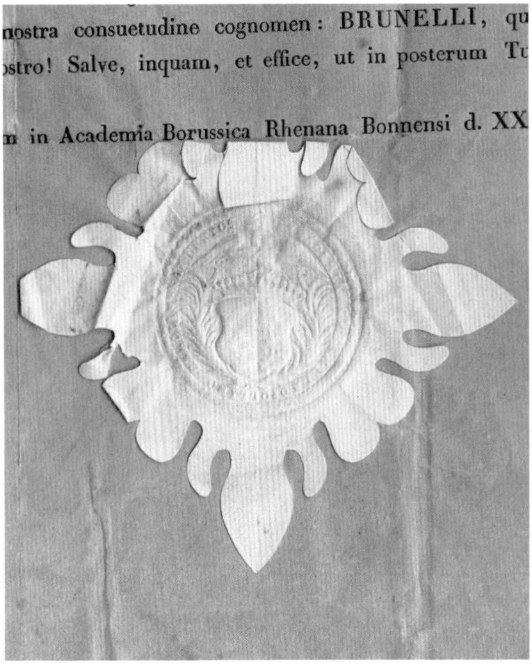

2: Siegel der Leopoldina auf einer Mitgliedsurkunde von 1824.

mierung seit Carl von Linné gewissermaßen trotzdem reproduzierbar: Man konservierte und präparierte für ein neues Blatt einfach ein neues Pflanzenstück des gewünschten Taxons. Echtheit und Richtigkeit garantierte der vorliegende Pflanzenkörper in der Verbindung mit der schriftlichen Darlegung der Merkmalskette, die für die Artabgrenzung maßgeblich erschien.

Was das Herbarblatt als Bildmedium in Frage stellt, ist die Tatsache, dass viele Pflanzenkörper sich aufgrund ihrer Form, Größe oder Struktur einfach nicht an die papierene Konsistenz getrockneter Kräuter anpassen lassen. Sie sind zu hart, zu spröde oder zu voluminös, um gepresst auf dem kleinen Papierformat eine Aussage über den lebenden Organismus geben zu können: Hier gibt es eine klare Überlegenheit der Zeichnung als Mischform aus Herbarabbildung und Habitusbild, und wenigstens theoretisch hätte diese Darstellungsproblematik schon in der frühen Zeit der botanischen Wissenschaft vollplastische Trockenpräparate oder Abgüsse von Pflanzenkörpern für die naturkundlichen Kabinette hervorbringen können. Denkbar wären auch Reliefabdrücke wie die der Oblatensiegel gewesen, um die Form, Größe und Struktur voluminöser Pflanzenteile dauerhaft zu dokumentieren. Doch weniges dergleichen ist bis zu den wissenschaftlichen Museumsgründungen in der zweiten Hälfte des 19. Jahrhunderts nachweisbar.[2]

Der heute meistgenannte Botaniker, der Pflanzenbilder als Naturselbstdrucke herstellte, ist Johann Hieronymus Kniphof. Zusammen mit dem Buchdrucker Johann Michael Funcke veröffentlichte er ab 1733 die *Botanica in Originali* in drei verschieden umfangreichen, kleinen Auflagen. Zwar machte Kniphof selbst ein Geheimnis aus seiner Drucktechnik, wie er dreidimensionale, nicht pressbare Sprossachsen, Wurzeln oder gar einen Kohlkopf abdruckte, das verrät jedoch bei

2 In Xylotheken des ausgehenden 18. Jhs. gibt es vollplastische Pflanzendarstellungen als Trockenmaterial und Wachsnachbildung. Dazu: Anne Feuchter-Schawelka et al.: Alte Holzsammlungen. Die Ebersbacher Holzbibliothek: Vorgänger, Vorbilder und Nachfolger. Reihe: Der Landkreis Ebersberg. Geschichte und Gegenwart, Stuttgart 2001.

genauerer Betrachtung ein in der Universitätsbibliothek der Humboldt-Universität zu Berlin verwahrtes Buch mit 500 unkolorierten Blättern.[3] Dass es sich um getrocknetes und gepresstes Herbarmaterial handelte, das die druckenden Strukturen lieferte, zeigen die neben den präzise dargestellten Blatt- und Stängelbehaarungen gleichfalls wiedergegebenen Schrumpfungsrunzeln. Ebenso sind die beim Pressungsvorgang erfolgten Knicke und Risse am Pflanzenkörper in den Drucken sichtbar. Blüten, in der exakten Zählbarkeit und Beschreibbarkeit ihrer Teile wichtigstes Klassifizierungsmerkmal seit Linné, waren lediglich als Schemen zu erkennen. In mehreren Fällen lagen Kniphof offenbar auch gar keine blühenden Pflanzenteile vor. Wenn seine Naturselbstdrucke neben weichen Sprossen, Blättern und Blüten auch sukkulente Teile und verdickte Wurzeln zeigen, dann wirft dies ein Licht auf die Intention, Vorteile des Herbariums mit denen des gedruckten Pflanzenbuchs zu vereinen. Waren etwa Rüben schon in frühesten Holzschnittwerken – man denke an die Darstellungen der Alraune – gezeigt worden, stellten stark plastische Elemente in Herbarien immer ein konservatorisches und mechanisches Lagerproblem dar.

Der Druck mit natürlichem Material hatte zur Folge, dass die Pflanzen in getreuen Proportionen, aber ohne Hervorhebungen bestimmter Merkmale erscheinen. Filigranste, zeichnerisch kaum darstellbare Oberflächenstrukturen sind bei Kniphof ebenso wiedergegeben wie zufällige Formgebungen. Dabei wirkt sich das unterschiedliche Druckverhalten von glatten und strukturierten Flächen, von Erhaben und Eingesenkt, als Grad der Schwärzung aus. Das Resultat sind Bilder von verblüffender Detailtreue und zugleich verwirrender Inkonsequenz hinsichtlich dessen, was an botanischer Information gezeigt werden soll.

Sein viel umrätseltes Vorgehen bei voluminösen Pflanzen als Druckmaterialien lässt sich leicht bei den Bildern von Kakteen entschlüsseln. Kompliziert war, eine Blüte dieser Pflanzen zu präparieren. Die Blütenblätter der Kakteen sind sehr zart und hinfällig, der Fruchtknoten dagegen außerordentlich fleischig, voluminös und oft mit Dornen besetzt. Auf Tafel 499 ↗ **Abb. 3** ist zu erkennen, dass die Blüte offenbar nicht direkt am Pflanzenkörper getrocknet und gepresst beziehungsweise geglättet worden sein kann, sondern nachträglich angefügt worden ist. Kniphofs Naturselbstdruck ist also eher der Abdruck eines Schaupräparats, und sicher ist es nicht falsch zu behaupten, dass er teilweise wirkliche Kunstprodukte auf das Druck-

3 Johann Hieronymus Kniphof zugeschrieben: Quigenta specimina herbarum et florum vivum impressa, 1. Hälfte 18. Jh., Humboldt-Universtät zu Berlin, Universitätsbibliothek. Alle Blätter sind abzurufen unter: http://www.sammlungen.hu-berlin.de/search/?q=kniphof und http://edoc.hu-berlin.de/ebind/hdok/H41_Kniphoff/XML/ (Stand: 03/2010).

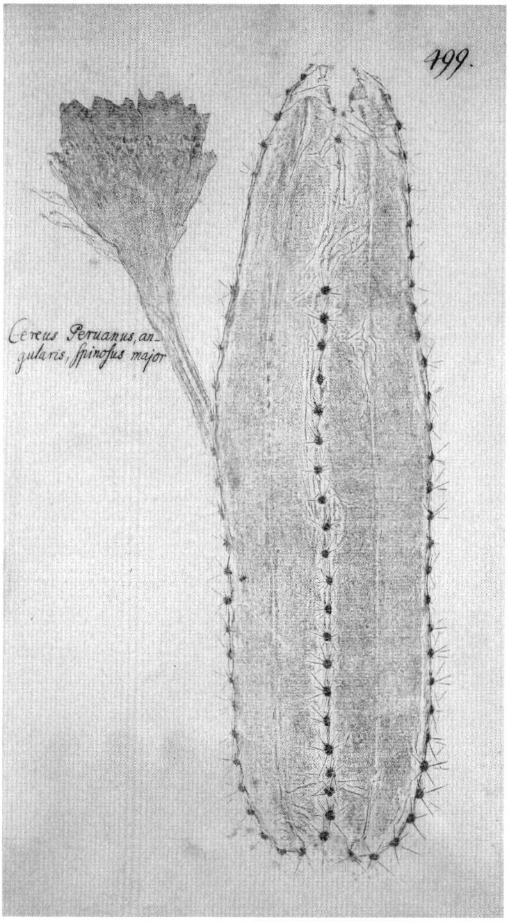

3: Johann Hieronymus Kniphof: Naturselbstdruck einer präparierten Kaktusepidermis mit Dornenpolstern und einer Blüte, 1. Hälfte 18. Jahrhundert.

papier bannte: Ein voluminöser Kaktus, mit Farbe bestrichen, ergibt auf einem flachen Blatt Papier lediglich den Abdruck einer schmalen, länglichen Auflagefläche. Schmiegt man aber das Papier mit den Händen um diesen Körper, wird man bestenfalls einen konturlosen Abdruck zufällig berührter Oberflächen erhalten. Doch Kniphofs Kakteen haben im Umriss Kaktusform und weisen trotzdem Strukturen einer typischen ledrigen Epidermis auf.

Des Rätsels Lösung offenbart das Bild eines Rettichs der Tafel 179, auf dem die unten an der Rübe auslaufende Wurzel beim Druck oder schon bei der Herrichtung umgeknickt ist. ↗ **Abb. 4** Kniphof hat nämlich überhaupt keine voluminösen Formen abgedruckt, sondern er hat die Oberhäute dieser Pflanzenteile abpräpariert und sie genauso behandelt wie jedes normale, nicht allzu schichtdicke Kraut. Dies ist auch der Grund, warum der Säulenkaktus auf Tafel 499 in der Scheitelregion einen Riss zeigt, wie er nur bei einem hautartigen Präparat vorkommen kann. Diesen „Balg" hat er wie ein Stück Papier in der darzustellenden Form zurechtgeschnitten und getrocknet, was die deutlich sichtbaren Schrumpfungsrunzeln belegen.

Das Ergebnis ist von der Erscheinung her flach, weist aber zuweilen doch räumlich illusionistische Merkmale auf: Zum einen erweckt allein schon die wiedergegebene natürliche Gestalt die Vorstellung von Plastizität, zum anderen können durch (wahrscheinlich zufällige) Effekte partielle Hell- und Dunkel-Partien sowie Konturbetonungen hervortreten, die einen Eindruck von Körperlichkeit entstehen lassen. Kniphofs Bilder von Rüben und Kakteen sind also Abdrücke von *Zuschnitten* aus originalem Pflanzenmaterial. Seine Absicht, größere, voluminöse Pflanzen auf Papier zu zeigen, ist durch die Methode des Objektabdrucks

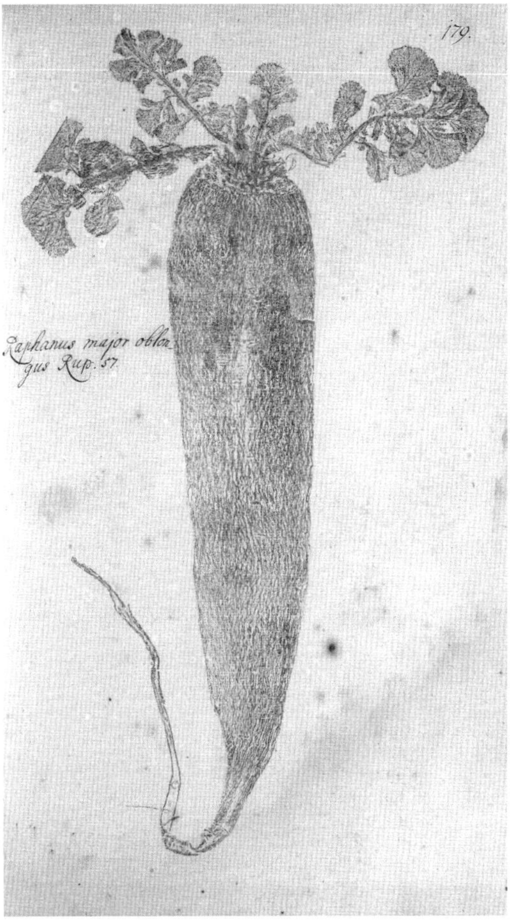

4: Johann Hieronymus Kniphof: Naturselbstdruck eines flach präparierten Rettichs, 1. Hälfte 18. Jahrhundert.

zwar erreicht, jedoch um den Preis einer erheblich schwächeren Körperillusion, als sie bei Handzeichnungen möglich gewesen wäre.

Andere Autoren erkannten im 19. Jahrhundert die wahren Stärken der Technik des Naturselbstdrucks, die sicherlich nicht in der Darstellung von Volumina lagen. Insbesondere die Verwendung von galvanoplastisch erzeugten Oberflächenrepliken von Blättern und Blüten als Druckstöcke führten zu außerordentlich fein strukturierten Ergebnissen, die insbesondere Gefäß- und Epidermisstrukturen in bis dahin nicht gesehener Präzision wiedergaben.[4]

Mikroskopbilder von Körperrepliken

Die Idee, eine Abgussform als Ausgangspunkt für eine Bilderstellung zu wählen, wurde im 20. Jahrhundert wieder aufgegriffen und erlangte wissenschaftshistorische Bedeutung bei Versuchen, kleinste Zellstrukturen als plastisch wirkende Bilder zu erfassen. Beeindruckend sind heute die teilweise begehbaren Modelle, die das Innere lebender Zellen in den naturwissenschaftlichen Museen verdeutlichen.[5] Mit den Möglichkeiten der Durchlichtmikroskopie, selbst bei der Anwendung des Phasenkontrastverfahrens, wäre deren realitätsnahe Vorstellung von der Lage, Struktur und Organisation der Zellorganellen und Membranen, wie sie im Laufe

4 Beispielsweise Constantin v. Ettingshausen, Alois Pokorny: Physiotypia plantarum austiacarum, Wien 1856.

5 Siehe etwa das begehbare Modell einer Zelle im Deutschen Museum http://www.deutsches-museum.de/ausstellungen/naturwissenschaft/pharmazie/die-zelle/ (Stand: 01/2010); zum Thema räumliche Darstellung des Lebens vgl. auch die Beiträge zum internationalen Workshop „Graphing Genes, Cells and Embryos. Cultures of Seeing 3D and Beyond", Max-Planck-Institut für Wissenschaftsgeschichte Berlin 12.–14. Juni 2008, Preprint 380 des MPIWG, hg. von Sabine Brauckmann, Christina Brandt, Denis Thieffry, Gerd B. Müller.

der 1950er bis 70er Jahre verfeinert wurde,[6] nicht allein möglich gewesen. Elektronenmikroskopische Präparate müssen elektrisch leitend sein und einen Verbleib im Vakuum überstehen können. Das sind jedoch keine Bedingungen, die eine lebende, also wasserhaltige Zelle ohne erhebliche Deformation übersteht. Bei histologischen und zytologischen Fragestellungen sind Verfahren gefordert, die, analog zu dünnen Schnitten in der Lichtmikroskopie, Blicke ins Innere von Zellen freigeben.

Eine dieser Techniken ist die sogenannte Gefrierbruch-Replikatechnik oder Gefrierätzung. Zellmaterial oder auch eine Suspension, beispielsweise aus Hefezellen, wird dabei kryo-fixiert, das heißt blitzschnell in flüssigem Stickstoff eingefroren und erstarrt in einem Zustand von Lebensaktivität. Ein Blöckchen davon wird dann im Hochvakuum aufgebrochen, wobei es gilt, durch Eiskristallbildung bedingte Störungen zu verhindern. Die Bruchstellen sind im Gegensatz zu einem Schnitt völlig irregulär. Sie können die Oberflächen dichterer oder chemisch unterschiedlicher Strukturen im Zellinneren als intakte oder gebrochene Hüllen freilegen. Organellen und Membranstrukturen sind derartige Dichtegradienten. Um die Tektonik eines solchen Bruchs betrachten zu können, bedient man sich eines raffinierten Abdruckverfahrens: Die Untersuchungsfläche wird im Vakuum bei unter -100 Grad Celsius schräg im 45-Grad-Winkel mit Platin bedampft, das sich in Vertiefungen randständig stärker ablagert und deshalb bei der elektronenmikroskopischen Bildentstehung als „Schattenwurf" gegenüber dünneren Schichten wirkt. Dann wird senkrecht zur Betrachtungsebene eine stabilisierende, gleichmäßige Kohlenstoffbedampfung durchgeführt. Im Säurebad wird das Zellmaterial unter der Replik der Bruchfläche weggespült. Es liegt jetzt eine winzige, leitfähige Relieffolie vor, die wie jedes andere Präparat im Transmissions-Elektronenmikroskop als scharfes Bild mit plastischer Wirkung dargestellt werden kann.

Wie die meisten zytologischen Präparationen ist auch die Gefrierätzung ein in seinen Ergebnissen nur schwer kontrollierbares und kalkulierbares Verfahren. Wie viele Bruchstellen interessante Ansichten liefern, hängt vom Zufall ab. Zudem litten frühere Untersuchungen zu dem zellulären Membranaufbau unter Unsicherheiten, ob es sich bei einer dargestellten Bruchstelle um eine zum Zellinnern gewandte Seite oder um eine Außenseite handelt.

6 Russell L. Steere: Electron microscopy of structural detail in frozen biological specimens. In: Journal Biophys. Biochem. Cytol. 3, 1957, S. 45–60. Steere beschreibt als erster Autor das Verfahren. Weiterentwicklungen in den 1970er Jahren beziehen sich meist gezielt auf Fragestellungen der Membranphysiologie.

Die so entstehenden Bilder zeichnen sich jedoch durch einen bestechenden Kontrast zwischen scheinbar beleuchteten Flächen einerseits und tief dunklen Schattenwürfen andererseits aus. Es entstehen regelrechte Landschaftsgebilde mit Kratern, Bergen, Rillen und Schichtverläufen in Aufsicht. Hefezellen erinnern an Bilder von Mondlandschaften. ↗ **Abb. 5**

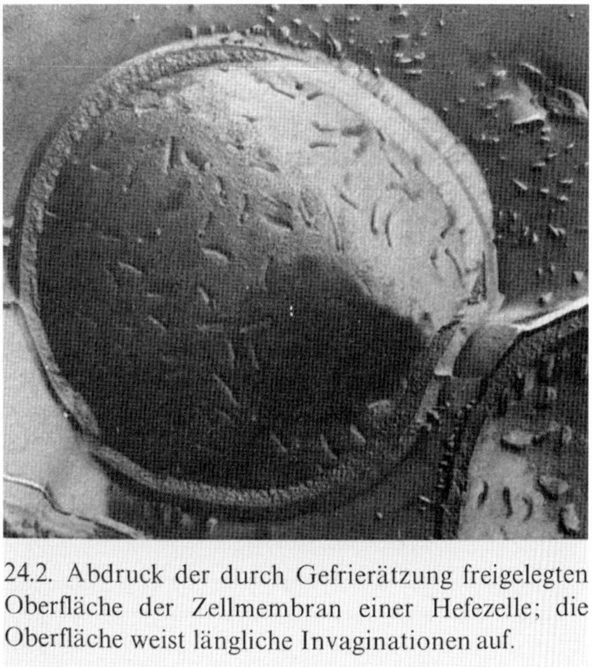

5: „Invaginationen" oder Abdrücke von Proteinstrukturen? Darstellung eines Bildes nach der Gefrierätzmethode in einem Schulbuch von 1976.

Durch dieses Verfahren und die daraus resultierenden Bilder konnten erste Anhaltspunkte für unser heutiges Bild biologischer Membranen als mit Proteinen übersäten Funktionseinheiten gewonnen werden. Doch so überzeugend diese Bilder heute in den Lehrbüchern als Anschauungsmaterial wirken, sie enthalten die Möglichkeit der gleichen, anfangs genannten Wahrnehmungsverwirrung: Dreht man ein solches Hell-Dunkel-Bild auf den Kopf oder spiegelt es, so stellt sich auch hier wieder die Konvex-Konkav-Täuschung ein. Was eben noch eindeutig ein rundlicher Hügel war, wird nun zur Vertiefung. Bei biologischen Strukturen kann das zu Fehlinterpretationen führen. (Zeigt eine Einbuchtung den Abdruck einer Proteinstruktur oder eine Pore?) Allein die dreidimensionale digitale Modellierung mit der Möglichkeit der Modellbewegung am Bildschirm weist den Weg zur Lösung dieses Erkenntnisproblems. Währenddessen bleiben die Graustufenlandschaften aus der Mikrowelt ein Faszinosum, als Abdrücke von erstarrten Lebensvorgängen und mit all ihren Rätseln.

Carolin Artz

„Uranium-graphien". Fotografische Selbsteinschreibungen radioaktiven Gesteins[1]

Kontakt – Abstand

Angeregt durch Berichte über die im Dezember 1895 entdeckten X-Strahlen, begann Henri Becquerel im Januar 1896 sich mit der Frage zu beschäftigen, ob das Licht phosphoreszierender Körper eine mit den Röntgenstrahlen vergleichbare Wirkung hätte. In einer Reihe von Versuchen, in denen er fotografische Platten durch das Auflegen von Urannitratkristallen „belichtete", stellte er fest, dass Uran auch dann die fotografische Schicht beeinflusste, wenn es zuvor nicht durch intensives Sonnenlicht zur Phosphoreszenz angeregt worden war. Die selbsttätige, radioaktive Wirkung des Urans war entdeckt. Zudem wurde die fotografische Schicht in gleicher Weise verändert, wenn man sie zuvor mit schwarzem Papier bedeckt hatte. Wie Röntgenstrahlen vermochten also die vom Uran ausgehenden Emanationen undurchsichtige Körper zu durchdringen. Es lag angesichts der zur selben Zeit zahlreich durchgeführten Durchleuchtungen mit Röntgenstrahlen nahe, experimentell zu untersuchen, ob es möglich sei, auch mit Hilfe dieser neuen Strahlen Aufnahmen vom Körperinneren zu erstellen. Obwohl der Hamburger Physiker Bernhard Walter bereits 1899 festgestellt hatte, dass „Becquerelstrahlen bisher auch nicht im entferntesten dazu angethan sind, in eine Konkurrenz mit den Röntgenstrahlen bei deren Anwendung zur Diagraphie des menschlichen Körpers einzutreten",[2] versuchte man auch nach 1899 radioaktive Strahlen zu diesem Zweck einzusetzen.

Eine in diesem Kontext entstandene Aufnahme publizierte der Radiologe Henri Béclère zusammen mit seinem Assistenten Bonnin im September 1905 in der französischen Zeitschrift Le Radium. ↗ **Abb. 1** Die „Uranium-graphie", so nannten die Autoren ihre Visualisierung, wurde erstellt, indem ein mutierter dreibeiniger Frosch direkt auf die fotografische Platte gelegt und uranhaltiges Gestein hinter seinem Rücken platziert wurde.[3] Wie Röntgenstrahlen sollten die von der Gesteinsprobe ausgehenden „Becquerelstrahlen" den Frosch durchdringen und das Schattenbild seines inneren Knochenbaus auf der fotografischen Schicht hinterlassen. Anders als eine Röntgenaufnahme zeigt die „Uranium-graphie" nicht nur das Bild des Frosches der zum Zeitpunkt der Aufnahme auf der Platte lag, sondern auch den unscharfen Umriss des Kalkuranglimmers, der

1 Ich danke Herta Wolf für die kritische Lektüre und ihre hilfreichen Anmerkungen.

2 Bernhard Walter: Physikalisch-technische Mitteilungen. (Über die Becquerelstrahlen, eine den Röntgenstrahlen nahe verwandte Erscheinung). In: Fortschritte auf dem Gebiete der Röntgenstrahlen, 1899–1900, Heft 3, S. 66–76, S. 76.

3 Henri Béclère, Bonnin: Radioactivité. Epreuve obtenue à l'aide de l'uranium. In: Le Radium. La radioactivité et les radiations, les sciences qui s'y rattachent et leur applications, Jg. 2, 1905, Heft 9, S. 316f.

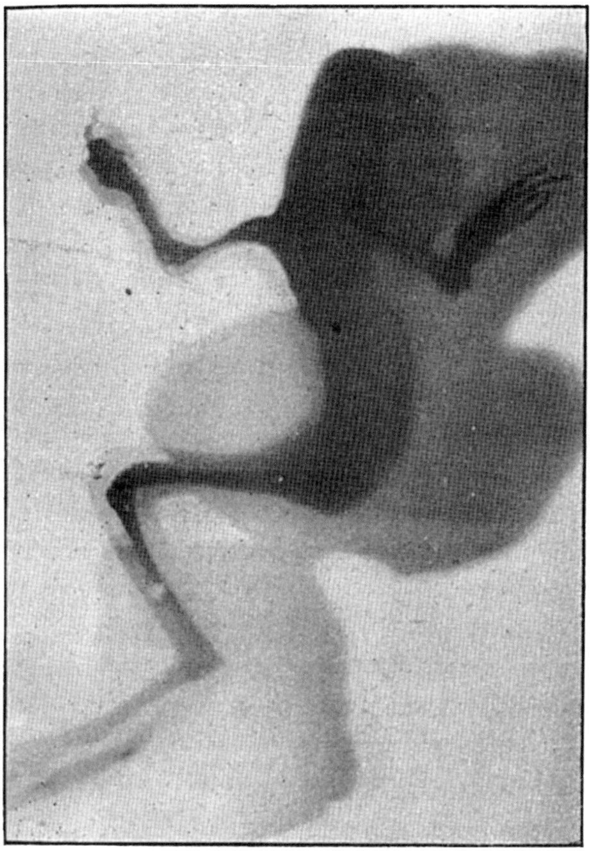

1: Henri Béclère u. Bonnin: Radiographie obtenue au moyen de minéraux uranifères, 1905, fotomechanische Reproduktion einer durch Uranstrahlen erhaltenen Radiografie.

hinter dem Frosch platziert worden war. Der Körper des Frosches bildet sich dunkel vor der helleren Spur des radioaktiven Materials ab, die sich in mehrfachen Ausbuchtungen abzeichnet und wie sein Schatten wirkt. Am linken Vorderbein sowie am einzigen Hinterbein des dreibeinigen Frosches ist deutlich eine doppelte Umrisslinie zu erkennen, die ähnliche Grautöne wie der Gesteinsschatten aufweist. Sie wurde durch die unterschiedliche Durchdringungskraft der Beta- und Gammastrahlen verursacht und ist auch am rechten Vorderbein auszumachen, wo sie jedoch nahezu mit dem Schatten des Kalkuranglimmers verschmilzt. Der Stein – beziehungsweise die von ihm ausgehende Strahlung – hatte den Frosch durchleuchtet und gleichzeitig seine eigene Spur auf der fotografischen Platte hinterlassen. Der Umriss des Kalkuranglimmers erschien in Béclères und Bonnins fotografischer Aufzeichnung als unbeabsichtigte, aber deutbare Einschreibung des Steins. Dessen eigentliche Funktion hätte ursprünglich darin bestehen sollen, den Frosch zu durchleuchten, nicht aber sich selbst abzubilden. Was sich hier zeigte, war ein Teil des Aufnahmedispositivs des bildgebenden Verfahrens, dessen Erscheinen im Bild neben Unschärfe und fehlendem Kontrast den größten Unterschied zur Röntgenaufnahme darstellt.[4] Interessant ist die Aufnahme, da sie zwei Darstellungsdispositive der Radioaktivitätsforschung vereint, die in Fachpublikationen der Zeit häufig bemüht wurden: die Durchleuchtung fester Körper durch radioaktive Strahlen und den Selbstabdruck radioaktiven Gesteins.

4 Vgl. dazu Michael Lynch: Art and Artifact in Laboratory Science. A Study of Shop Work and Shop Talk in a Research Laboratory, London/Boston 1985, S. 81–134.

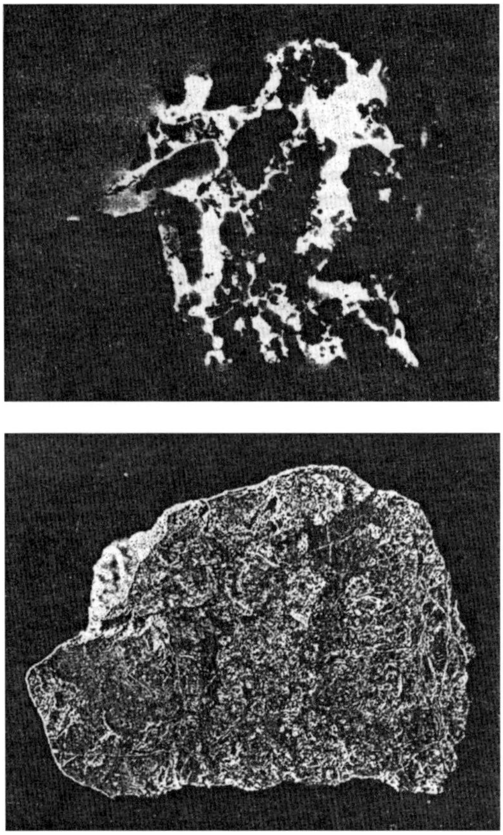

2: William Crookes: Photograph Taken by Daylight of a Cut and Polished Surface of Pitchblende (oben); Radiograph Impressed in the Dark by the Same Surface, Showing the Portions (White) Emitting Radiant Energy. The Luminous Parts are Pitchblende, the Dark Parts are Feldspar, Quarz, Pyrites & c. (unten), 1900, fotomechanische Reproduktion von einer Fotografie und einer Radiografie.

Ähnlichkeit – Unähnlichkeit

Im Jahr 1900 entwickelte der englische Physiker William Crookes eine fotografische Untersuchungsmethode, mit deren Hilfe Wissenschaftler überprüfen konnten, ob und in welcher Verteilung Gesteinsproben radioaktives Uran oder Thorium enthielten. Der Stein wurde zu diesem Zweck abgeschliffen und anschließend auf die fotografische Platte gelegt. Die in der Gesteinsprobe enthaltenen radioaktiven Spuren verursachten eine Schwärzung der fotografischen Schicht. Die Platte konnte auf diese Weise direkt durch das radioaktive Material belichtet werden. ↗ Abb. 2 In dem Abzug, den Crookes von dem auf diese Weise generierten Negativ erstellt hatte, zeigen sich die radioaktiven Partien des Steins hell, während die nichtstrahlende Materie keine Veränderung des Aufnahmematerials bewirkt hatte und wie der vor sonstigen Lichteinwirkungen geschützte Hintergrund im Positiv dunkel erscheint. In einem Bericht beschreibt Crookes das Verfahren und die aus dem Verfahren resultierende Repräsentation:

> *Von einem Stück Pechblende aus Cornwall wurde eine Scheibe abgeschnitten und die Oberfläche poliert. Eine lichtempfindliche fotografische Platte wurde dagegen gedrückt und nach vierundzwanzig Stunden wurde die Platte entwickelt. Der Abdruck zeigt die Struktur des Minerals in bemerkenswerter Weise. Jedes kleine Stück Pechblende zeigte sich schwarz, die Partien, in denen die radioaktive Substanz nicht so wirksam war, zeigte sich in Graustufen, während Feldspat, Quarz, Pyrith etc., die keine radioaktive Wirkung hatten, die Platte klar ließen.*[5]

5 William Crookes: Radio-Activity of Uranium. In: Proceedings of the Royal Society of London, 1899–1900, Heft 66, S. 409–423, S. 411 (Übersetzung Carolin Artz).

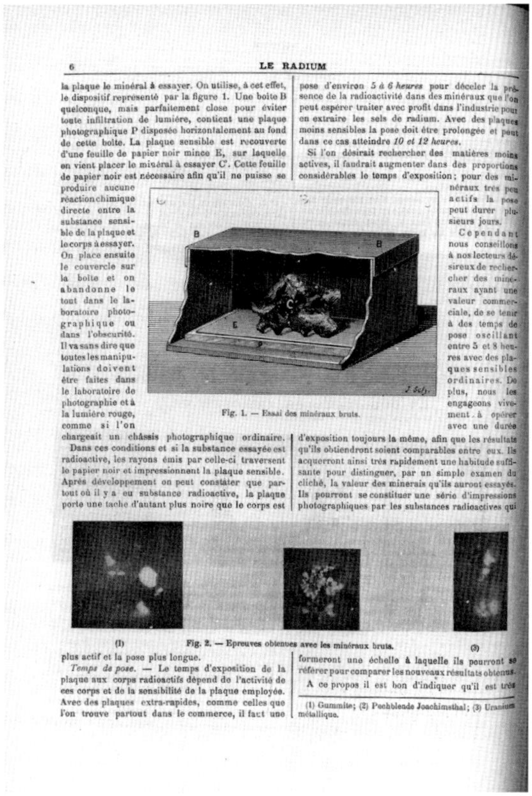

6 LE RADIUM

la plaque le minéral à essayer. On utilise, à cet effet, le dispositif représenté par la figure 1. Une boite B quelconque, mais parfaitement close pour éviter toute infiltration de lumière, contient une plaque photographique P disposée horizontalement au fond de cette boite. La plaque sensible est recouverte d'une feuille de papier noir mince E, sur laquelle on vient placer le minéral à essayer C'. Cette feuille de papier noir est nécessaire afin qu'il ne puisse se produire aucune réaction chimique directe entre la substance sensible de la plaque et le corps à essayer. On place ensuite le couvercle sur la boite et on abandonne le tout dans le laboratoire photographique ou dans l'obscurité. Il va sans dire que toutes les manipulations doivent être faites dans le laboratoire de photographie et à la lumière rouge, comme si l'on chargeait un châssis photographique ordinaire.

Dans ces conditions et si la substance essayée est radioactive, les rayons émis par celle-ci traversent le papier noir et impressionnent la plaque sensible. Après développement on peut constater que partout où il y a eu substance radioactive, la plaque porte une tache d'autant plus noire que le corps est plus actif et la pose plus longue.

Temps de pose. — Le temps d'exposition de la plaque aux corps radioactifs dépend de l'activité de ces corps et de la sensibilité de la plaque employée. Avec des plaques extra-rapides, comme celles que l'on trouve partout dans le commerce, il faut une pose d'environ *5 à 6 heures* pour déceler la présence de la radioactivité dans des minéraux que l'on peut espérer traiter avec profit dans l'industrie pour en extraire les sels de radium. Avec des plaques moins sensibles la pose doit être prolongée et peut dans ce cas atteindre *10 et 12 heures.*

Si l'on désirait rechercher des matières moins actives, il faudrait augmenter dans des proportions considérables le temps d'exposition; pour des minéraux très peu actifs la pose peut durer plusieurs jours.

Cependant nous conseillons à nos lecteurs désireux de rechercher des minéraux ayant une valeur commerciale, de se tenir à des temps de pose oscillant entre 5 et 8 heures avec des plaques sensibles ordinaires. De plus, nous les engageons vivement à opérer avec une durée d'exposition toujours la même, afin que les résultats qu'ils obtiendront soient comparables entre eux. Ils acquerront ainsi très rapidement une habitude suffisante pour distinguer, par un simple examen du cliché, la valeur des minerais qu'ils auront essayés. Ils pourront se constituer une série d'impressions photographiques par les substances radioactives qui formeront une échelle à laquelle ils pourront se référer pour comparer les nouveaux résultats obtenus.

A ce propos il est bon d'indiquer qu'il est très

Fig. 1. — Essai des minéraux bruts.

(1) Fig. 2. — Epreuves obtenues avec les minéraux bruts. (3)

(1) Gummite; (2) Pechblende Joachimsthal; (3) Uranium métallique.

3: Essai des minéraux bruts (oben), Holzstich; Epreuves obtenues avec les minéraux bruts (unten), fotomechanische Reproduktionen dreier Radiografien, 1904.

Um die Spur der Steinstrukturen richtig zu deuten, wurde es als notwendig erachtet, den Stein vor der Aufnahme so abzuschleifen, dass er während der Exposition flach auf der Platte lag. Zwar informierte die französische Fachzeitschrift Le Radium ihre Leser im Februar 1904 über die Möglichkeit, alternativ zu der von Crookes vorgestellten Methode, in der der Stein vor der Aufnahme abgeschliffen wurde, auch unbehandelte Gesteinsgefüge auf der fotografischen Schicht zu positionieren, durchsetzen konnte sich diese Methode nicht. Drei „Uranium-graphien“, die mit Hilfe der „essais des minéraux bruts“ – also mit unbehandelten Sedimenten – erstellt worden waren, ↗ **Abb. 3 unten** zeigen helle Flecken in verschiedenen Grauabstufungen von dunkelgrau bis zu einem hellen Weiß, die als Spuren von Gummit, Pechblende aus Joachimstal und metallischem Uran ausgewiesen werden. Da sich die Strahlung auf dem durch direkte Einwirkung erhaltenen „Negativ“ schwarz darstellte, dies jedoch der gängigen Vorstellung widersprach, nach der auch unsichtbare Strahlen hell und leuchtend wiedergegeben werden, reproduzierte man positive Abzüge des negativen Original-„Abdrucks“. Wie in der von Crookes reproduzierten Aufnahme mittels polierten Steins erscheinen die radioaktiven Bereiche auch auf den in Le Radium reproduzierten positiven Abzügen als helle Flecken. ↗ **Abb. 2 und 3** Wenngleich sie sich visuell kaum von der Crookes'schen Aufnahme unterschieden, blieben die Spuren, welche die unbehandelten „minéraux bruts“ auf der Fotoplatte hinterlassen hatten, gewissermaßen noch uneindeutiger als die geschliffenen. Während dunkle Flecken in dem positiven Abzug des bearbeiteten Steins eindeutig als inaktive Materie gedeutet werden konnten, war dies in den Abzügen, die mit unbehandelten Steinen erstellt wurden, nicht möglich. Die abstrakten Muster der hellen und dunklen Flecken konnten, wie Le Radium ausführt, auf unterschiedliche Ursachen zurückgeführt werden, was jede Deutung der Aufnahme ins Ungewisse laufen ließ.

> *In der Tat sind bestimmte Bereiche des Erzes weit von der Platte entfernt und wirken unter diesen Bedingungen schwach auf diese ein. Außerdem sind vielleicht einige aktive Teile in der Masse des Minerals eingeschlossen und die inaktiven Teile, die sich vor ihnen befinden, hindern sie daran, gut auf die Platte einzuwirken.*[6]

Es war nicht zu entscheiden, ob die im Abzug heller erscheinenden Partien von einer stärkeren radioaktiven Strahlung oder von einer größeren Nähe des Steins zur fotografischen Schicht herrührten. Dunkle Bereiche konnten entstehen, wenn die radioaktive Materie von inaktivem Gestein eingeschlossen war, der Abstand zwischen dem Stein und der Fotoplatte zu groß war oder wenn an dieser Stelle des Steins keine radioaktiven Substanzen vorhanden waren. Der unabgeschliffene Stein führte zu mehrdeutigen Aufnahmen.

Doch auch die aus dem Crookes'schen Verfahren resultierenden Visualisierungen, mit deren Hilfe die Verteilung des radioaktiven Materials in abgeschliffenen Gesteinsproben ermittelt werden sollte, waren nicht selbstevident. Was für viele durch Abdruck entstandene Objekte gilt, trifft auch auf die „Uranium-graphie" zu: Von der Spur lässt sich nicht ohne Weiteres auf den Referenten schließen.[7] „Ein Kontakt hat stattgefunden, doch Kontakt mit wem, mit was, wann, mit welchem ursprünglichen Objekt? Das lässt sich nicht mit Sicherheit sagen [...]."[8] Um des Referenten habhaft zu werden, um die Distanz zu überwinden, die sich notwendigerweise ergibt, da die Präsenz der Spur der Absenz des radioaktiven Minerals zu verdanken ist,[9] wurde die Gesteinsprobe fotografiert und die Fotografie zusammen mit der „Uranium-graphie" reproduziert. Zumindest auf den Seiten der radiografischen Fachpublikationen konnte die unüberbrückbare raum-zeitliche Distanz zwischen dem Stein und seiner „Spur" auf diese Weise vordergründig überwunden werden. Die Fotografien der Gesteinsproben sollten dem Leser ermöglichen, den Stein mit

6 Recherche des minerais de radium et des matières radioactives. In: Le Radium. La radioactivité et les sciences qui s'y rattachent. Publication mensuelle illustrée, Jg. 1, 1904, Heft 2, S. 5–10, S. 7f. (Übersetzung Carolin Artz).

7 Vgl. dazu Georges Didi-Huberman: Ähnlichkeit und Berührung. Archäologie, Anachronismus und Modernität des Abdrucks, Köln 1999, S. 190. Didi-Huberman beschreibt die Paradoxie des Abdrucks, die dadurch entsteht, dass die „unbezweifelbare Berührung [...] uns dennoch nicht die zweifelsfreie Identifikation des realen dargestellten Gegenstands [erlaubt]".

8 Didi-Huberman (s. Anm. 7).

9 Vgl. dazu Sybille Krämer: Immanenz und Transzendenz der Spur. Über das epistemologische Doppelleben der Spur. In: Gernot Grube, Sybille Krämer, Werner Kogge (Hg.): Spur. Spurenlesen als Orientierungstechnik und Wissenskunst, Frankfurt a. M. 2007, S. 155–181, S. 159.

seinem „Abdruck" zu vergleichen und zu sehen, ob Risse im Gestein sich in einer stärkeren Beeinflussung der Platte niederschlagen und ob die Kontur der Gesteinsprobe mit dem Umriss der Radiografie übereinstimmt. ↗ **Abb. 4** Die Zeitschrift Le Radium empfiehlt ihren Lesern:

> *Wir haben die Fotografie eines [...] Erzes und die Radiographie, die es auf einer photographischen Platte produziert hat, reproduziert. Indem man aufmerksam die zwei Abzüge untersucht, kann man auf der Fotografie des Erzes die Teile wiederfinden, die auf die fotografische Platte gewirkt haben.*[10]

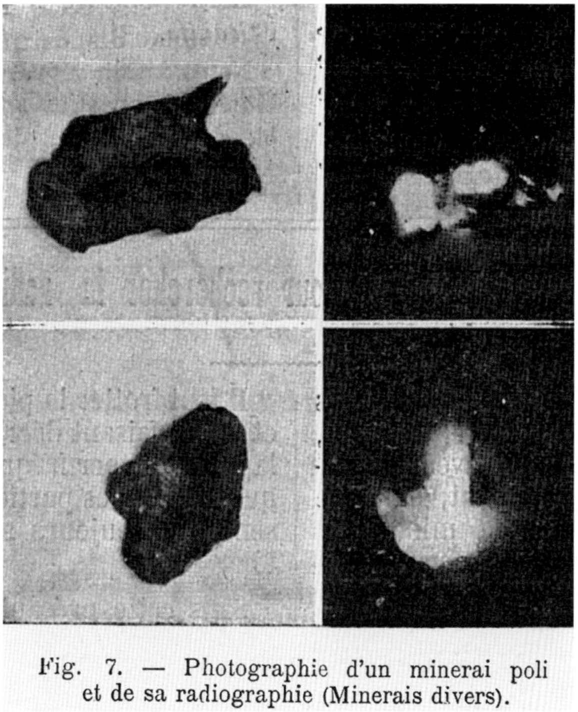

4: Photographie d'un minérai poli et de sa radiographie (Minerais divers), fotomechanische Reproduktion von zwei Radiografien und zwei Fotografien, 1904.

Nicht nur aufgrund des schlechten Drucks konnten die in Le Radium reproduzierten Bilder dieses Versprechen nicht einhalten. Eine wirkliche Analogie zwischen der Fotografie des Gesteins und der Spur der von ihm ausgehenden Emanation war nicht auszumachen, doch interpretierte die Fotografie die Spur, die das Gestein auf der Platte hinterlassen hatte. Wie eine Bildunterschrift machte die Aufnahme des Steins aus dem unlesbaren Index eine lesbare Information. Was Roland Barthes mit Blick auf die Bildunterschrift feststellt – dass sie „ein völlig neues Signifikat [produziert], das gewissermaßen rückwirkend so sehr auf das Bild projiziert wird, dass es als darin denotiert erscheint"[11] – traf auch auf die Fotografie zu, die der „Uranium-graphie" an die Seite gestellt wurde. Die Gegenüberstellung von Foto und Strahlenbild sowie eine erläuternde Bildunterschrift ermöglichte eine Sinngebung, die sich allerdings in der Information erschöpfte, dass der Stein in irgendeiner Weise auf die fotografische Schicht eingewirkt und so ein Bild erzeugt hatte.

10 Recherche des minerais de radium (s. Anm. 6), S. 9.

11 Roland Barthes: Die Fotografie als Botschaft [1961]. In: Ders.: Der entgegenkommende und der stumpfe Sinn, übers. v. Dieter Hornig, Frankfurt a. M. 1990, S. 11–27, S. 22.

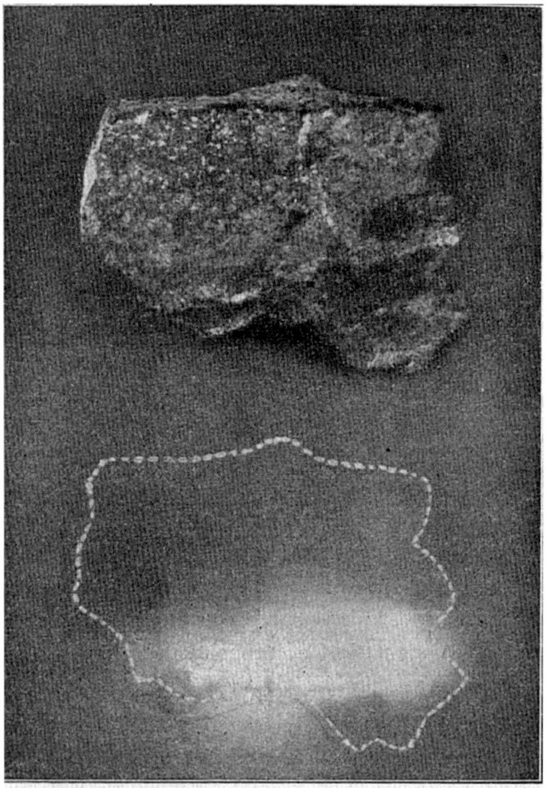

Fig. 6. **Photographische Wirkung der Pechblende.**

5: Bruno Donath: Photographische Wirkung der Pechblende, 1904, Lichtdruck von einer Fotografie.

Wie sehr trotz dieser Strategien unklar blieb, was genau auf diesen Bildern zu sehen war, bezeugen weitere Eingriffe, die zum Ziel hatten, den Lesern die durch das radioaktive Gestein generierten Visualisierungen verständlich zu machen. In seiner Publikation *Radium*, die auf einem 1904 an der Berliner Urania gehaltenem Vortrag basiert, präsentierte der Berliner Physiker Bruno Donath seinen Lesern eine Aufnahme, die den positiven Abzug einer „Uranium-graphie" und die dazugehörige Gesteinsprobe zeigt. Zusätzlich bemühte er sich, die Anschaulichkeit des Selbstabdrucks des radioaktiven Gesteins zu steigern, indem er die Spur des Minerals durch eine weiß punktierte Linie, die den Umriss des Gesteins nachfährt, markierte. ↗ **Abb. 5** Die punktierte Linie überzeichnet die helle Einschreibung der Spur und macht deutlich, dass die Ausstrahlung des Gesteins über dessen Umrisse hinaus wirksam sein kann. Bruno Donath scheute sich nicht, seine „Uranium-graphien" durch Markierungen zu ergänzen, um sie dem Stein zumindest ähnlicher zu machen. Ungeachtet des Verdachts, die Bildaussage seiner subjektiven Interpretation unterworfen zu haben, war die Ergänzung für Donath wesentlich. Die punktierte Linie sollte ebenso wie die beigefügte Fotografie aus der unanschaulichen Spur ein lesbares, interpretiertes Bild machen, das für das Publikum, das sich zu seinem populärwissenschaftlichen Vortrag in der Urania eingefunden hatte, verständlich war.[12]

12 Wie Lorraine Daston und Peter Galison feststellten, weicht das Ideal der mechanischen Objektivität – demzufolge die wissenschaftlichen Bildern zugeschriebene Objektivität nicht auf Ähnlichkeit als vielmehr auf Nichtintervention beruht – zu Beginn des 20. Jahrhunderts dem Ideal des geschulten Urteils. Wissenschaftler wie Donath folgten diesem Ideal, wenn sie eine „als unzureichend erkannte mechanische Abbildung" durch „notwendige Ergänzungen" optimierten. Lorraine Daston, Peter Galison: Objektivität, Frankfurt a. M. 2007, S. 329.

Indiz und der Entzug des Referenten. Strahlung als Spur

Die im ausgehenden 19. und beginnenden 20. Jahrhundert im Rahmen der Radioaktivitätsforschung entstandenen „Uranium-graphien" verdeutlichen, wie sehr Spuren ein „epistemologisches Doppelleben" führen. Einerseits, darauf hat Sybille Krämer hingewiesen, ist die Spur „empirisches Indiz; dazu geeignet, was abwesend, verborgen, unsichtbar oder nur zu weit entfernt ist, zu bestimmen, zu rekonstruieren oder gar zu erreichen [...]", anderseits ist sie polysemisches Zeichen und von konstitutiver Vieldeutigkeit bestimmt.[13] Alles, was die „Uranium-graphien" zeigen ist, dass hier eine Beeinflussung durch Strahlen stattgefunden hat. Weitere Informationen waren nur unter großem Aufwand abzuleiten. Ein wichtiger Eingriff, der dazu beitragen sollte, aus dem vieldeutigen Index ein epistemisches Objekt zu machen, war, den strahlenden Stein vor der Aufnahme abzuschleifen. Nur ein flach aufliegender Stein, der in direktem Kontakt zur Fotoplatte stand, produzierte einen „Abdruck", der sich durch den anschließenden Vergleich mit seinem Referenten deuten ließ, – so jedenfalls die Überzeugung der Produzenten. Doch auch dieser Abdruck blieb „spurhaft". Die Bilder waren nicht selbstevident, sie blieben uneindeutige, unscharfe Flecken auf dem Papier.

Was auch, könnte man fragen, verleiht Bildern von Dingen, die wir nicht sehen können, ihre Evidenz? Wie sollen Fotos ein Nachweis für etwas sein, das außerhalb der Wahrnehmung liegt? Was führt zur Gewissheit, dass das, was die fotografische Schicht zeigt, mit irgendetwas real Existierendem in Verbindung steht, wenn dieser Gegenstand (oder Zustand) prinzipiell unsichtbar ist? Anders als vor Gericht, wo die Beweiskraft der Fotografie, so Jennifer Mnookin,[14] vor allem an ihre Ähnlichkeit gebunden war, scheint es in erster Linie ihre Indexikalität zu sein, die die Fotografie für Naturwissenschaftler des 19. und beginnenden 20. Jahrhunderts zu einem wichtigen Instrument der Visualisierung unsichtbarer Strahlen machte.[15] Die direkte physische Verbindung des indexikalischen Zeichens zu seinem Referenten erlaubt, so die Vorstellung, von der Spur Rückschlüsse auf den fotografisch untersuchten Forschungsgegenstand zu ziehen.[16] Wird Evidenz, wie Mnookin behauptet, durch Ähnlichkeit erzeugt oder entsteht sie durch Berührung?

13 Dies lässt sie „zum Kristallisationspunkt der Unmöglichkeit von positivem Wissen" werden. Krämer (s. Anm. 9), S. 156.

14 Jennifer L. Mnookin: The Image of Truth. Photographic Evidence and the Power of Analogy. In: Yale Journal of Law and the Humanities, Jg. 10, 1998, Heft 1, S. 1–74, S. 16.

15 Zu diesem Thema hat die Autorin gerade ihre Dissertation abgeschlossen.

16 Vgl. dazu Robin Kelsey, Blake Stimson: Photography's Double Index (A Short Story in Three Parts). In: Dies. (Hg.): The Meaning of Photography, New Haven/London 2008, S. VII–XXXI, S. XII–XVII.

Im Fall der „Uranium-graphien" ist es der sich in der physikalisch-chemischen Einwirkung manifestierende Kontakt zwischen Strahlung und Fotoplatte, dem sich der epistemische Wert der Aufzeichnung verdankt. Wenngleich es eine Ähnlichkeit zwischen der Gesteinsprobe und der von ihr ausgehenden unsichtbaren Emanation nicht geben kann, verweisen die Experimentatoren auf Analogien zwischen dem Stein und seiner „Spur". Risse und Konturen sollen sich im fotografischen „Abdruck" widerspiegeln und auf diese Weise die unanschauliche, indexikalische Spur in ein anschauliches ikonisches Abbild verwandeln. Die Gegenüberstellung von Foto und Spurbild, die Verwendung von Bildunterschriften, die lineare Überzeichnung der Spur mit dem Umriss des Steins und nicht zuletzt die Umkehrung der originalen Strahleneinschreibung in eine negative Erscheinung, die mit Vorstellungen von Strahlen-Emanationen besonders gut in Verbindung gebracht werden konnte, sind Strategien, die gewisse Ähnlichkeiten herstellen sollten und eine Annäherung von Bild und Referenten zum Ziel hatten. Den „Uranium-graphien" allein gelingt es indes kaum, diesen Anspruch einzulösen. Auch in seiner Visualisierung bleibt das Unsichtbare nur als Differenz bestimmbar.

Andrea Klier

Der Naturabguss und die Vertreibung aus dem Paradies. Zwei Riesenschlangen in Hagenbecks Tierpark

Ein Naturabguss zweier Riesenschlangen betitelt der Künstler Frank Hesse eine Dia-Installation, die er 2005 dem um 1900 für seine lebensgetreuen Tierplastiken bekannten Josef Pallenberg und dessen Arbeiten für den Tierpark Hagenbeck in Hamburg-Stellingen widmet.[1] Über vier Projektoren werden Schwarz-Weiß-Bilder und Bilduntertitel in unterschiedlicher Frequenz langsam überblendet. Hesse entwirft in seinem Sampling von Bildern und Texten eine Geschichte über Pallenbergs zoologisches Interesse und künstlerische Arbeiten. Die Geschichte handelt zudem vom Hamburger Tierpark, dessen Konzeption die Zooarchitektur zu Beginn des 20. Jahrhunderts veränderte, indem den Besuchern die Tiere in Freigehegen anstatt in Käfigen präsentiert wurden. Die Bilderfolge beginnt mit einer Aufnahme des Hauptportals, für dessen Tierbronzen Carl Hagenbeck 1905 Pallenberg beauftragt hatte und an die sich mit den Dinosaurier-Plastiken für die Urweltlandschaft des Zoos nach Eröffnung des Tierparks 1907 ein weiterer Auftrag anschloss.[2]

Während die grob typisiert dargestellten Dinosaurier in mehreren Bildern vorgestellt werden, beschreibt Hesse Pallenberg als wissenschaftlich arbeitenden Künstler.[3] Fotografien von dessen ehemaligem Atelier in Lohausen folgen und geben Einblick in seinen Arbeitsraum, der neben Gipsmodellen und Tierplastiken, an denen Pallenberg arbeitete oder mit denen er sich umgab, auch dessen umfangreiche Sammlung von Geweihen, Tierskeletten und Abgüssen verwahrte.[4] ↗ Abb. 1 Die Untertitel berichten von Pallenbergs großer Tierliebe, die ihn zu einem genauen Studium der Tiere bewegte – von ihrer Anatomie bis hin zur präzisen Wiedergabe, die nicht zuletzt durch die von ihm perfektionierte Abgusstechnik ermöglicht wurde. Darauf folgt die Fotografie eines Gipsmodells zweier ineinander verschlungener und verbissener Riesenschlangen. Dieses Modell geht auf die Abgussform eines Bronzegusses zurück, der im Zentrum von Hesses Installation steht und den

1 Frank Hesse: Ein Naturabguss zweier Riesenschlangen, 2005. Dia-Installation mit vier Projektoren und digitaler Steuereinheit. Loop, 5 Minuten. Flash-Dokumentation unter: http://www.frankhesse.com/dt/projekte/riesenschlangen/flashdoku/dt.html (Stand: 07/2010).

2 Vgl. H. Rudolf Mückler: Josef Pallenberg: 1882–1946, seine Kunst, seine Tiere, Recklinghausen 1992, S. 11.

3 Pallenberg nutzte als Anschauungsmaterial für die Konzeption seiner urzeitlichen Tiere Skelette und Rekonstruktionen von Dinosauriern und auch neueste paläontologische Erkenntnisse, wie im Fall des großen Diplodocus, von dem das erste nahezu vollständige Skelett 1899 in Wyoming gefundenen worden war. Der Industrielle Andrew Carnegie hatte Gipsabgüsse des Skeletts europäischen Museen, darunter auch Berlin, zur Verfügung gestellt.

4 Laut Mückler wurden dem Museum Löbbecke in Düsseldorf die Sammlung Pallenbergs mit 62 Skeletten, 882 Schädeln, 302 Naturabgüssen und Rekonstruktionen 1952 als Schenkung übergeben. Vgl. Mückler (s. Anm. 2), S. 15.

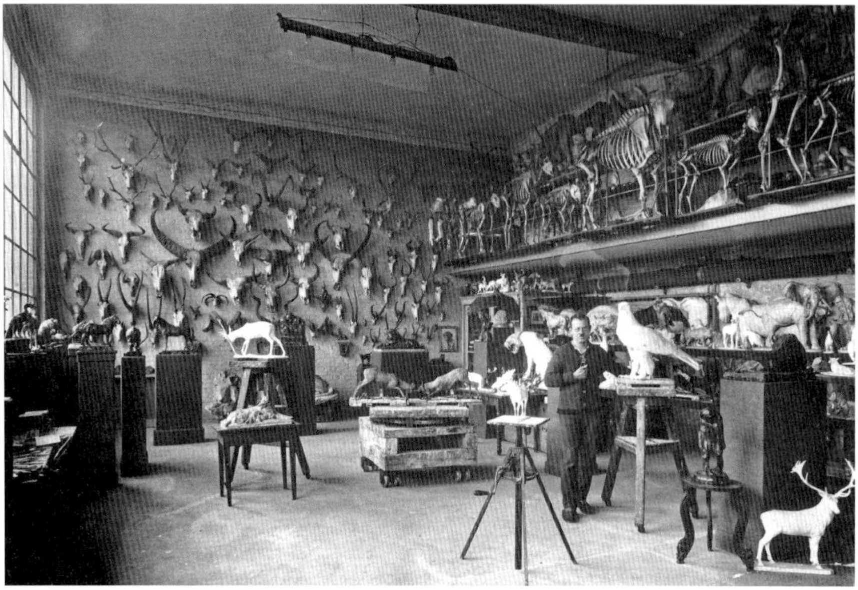

1: Atelier von Josef Pallenberg in Lohausen bei Düsseldorf.

Pallenberg 1909 für Hagenbecks Tierpark fertigte. ↗ Abb. 2 Bereits in den Untertiteln zu den Atelierbildern führt Hesse aus, dass Pallenberg, sobald er von verendeten Zootieren erfuhr, sich auf den Weg machte, um – an dieser Stelle wechseln die Bilder auf den Gipsabguss der Schlangen über – mit „säckeweise Kadavern" ins Atelier zurückzukehren und „aus ihnen Plastiken schuf, die er auf so wundersame Weise mit Leben zu füllen verstand". Der Naturabguss, in den Untertiteln zuvor noch in einen Zusammenhang mit Tierliebe, Naturstudium, wissenschaftlicher Rekonstruktion und exakter Naturwiedergabe gestellt, wird nun, da er im Bild zu sehen ist, mit der Vorstellung von Kadavern in Verbindung gebracht, die in Säcken transportiert werden. Hierdurch erfährt das tote Tier eine radikale Verdinglichung und der Abguss wird dem toten, der Verwesung preisgegebenen Körper zugeordnet.[5] Dabei bezieht sich Hesse nicht auf den für das Verfahren vorausgesetzten Tod der Tiere, vielmehr schreibt er mit der Nähe zum körperlichen Verfall dem Naturabguss wie den in diesem Moment sichtbaren Schlangen eine exklusive Geste ein.

5 Hesse bezieht sich hier nach eigenen Worten auf eine Passage aus dem 1961 erschienenen Roman von Rudolf Weber, ehemaliger Direktor des Düsseldorfer Zoos, „Wildnis hinter Gittern und Gräben – Ein Zooroman", in der dieser beschreibt, wie Pallenberg, um Tiere, Skelette und Trophäen für seine Sammlung zu bekommen, auf einer gemeinsamen Rückreise von Hagenbecks Tierpark in den dreißiger Jahren die Hülle eines Fasans, das übel riechende Haupt eines Sambarhirsches in einem Sack und eine gleichfalls ihrer Auflösung entgegengehende Schirrantilope im Wagen mittransportierte. Allerdings ist Pallenberg in der Akribie seiner Tierstudien unter den Tierbildhauern keine kauzige Ausnahme: Vgl. Petra Lange-Berndt: Animal Art. Präparierte Tiere in der Kunst 1850–2000, München 2009, S. 15–31.

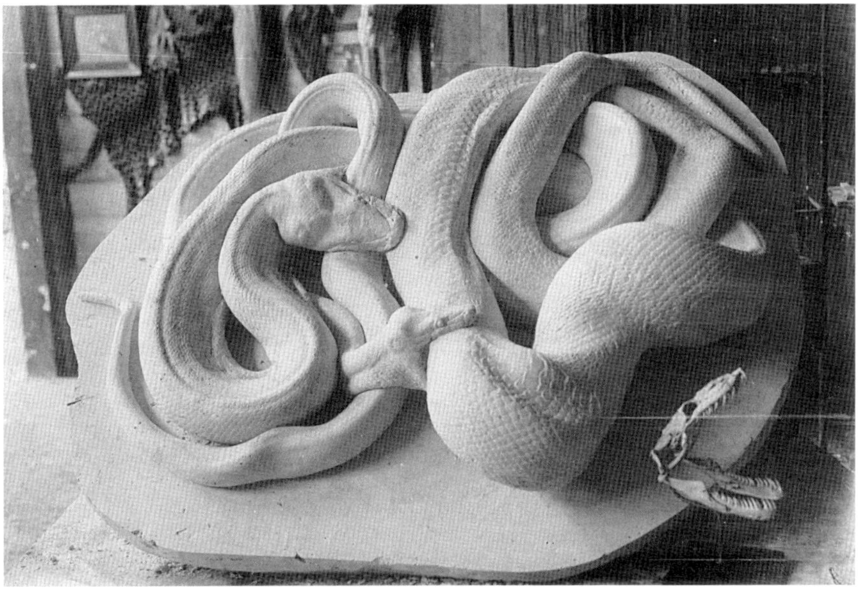

2: Josef Pallenberg: Gipsmodellguss zweier Riesenschlangen.

Umso eindrücklicher gerät mit dem Wechsel der Projektion vom Gipsmodell zu Bildern der in Bronze gegossenen Riesenschlangen die Behauptung der demiurgischen Fähigkeiten des Künstlers, der aus Kadavern „Plastiken zu schaffen" vermag, die „wundersam" mit Leben erfüllt sind. Mit dem Wechsel des Abgussmaterials von Gips zu Bronze wird hier nicht nur der künstlerische Eingriff als Moment der Verlebendigung reflektiert, sondern auch an kulturhistorische Traditionen und Wertigkeiten der beiden Materialien appelliert; das eine vergänglich, für Reproduktionen und auch für Totenmasken eingesetzt, das andere unvergänglich und kostbarer Werkstoff für die künstlerische Idee.[6]

Fixierte Natur

Tierparkbesucher stoßen auch heute noch auf Pallenbergs Riesenschlangen am Fuß des sogenannten Affenfelsens. ↗ **Abb. 3** Der Bronzeguss zeigt sie auf einem natürlichen Felsen liegend, die weit geöffneten Mäuler tief in den Körper der Artgenossin verbissen. Ein spannungsvolles Zusammenspiel bilden die lebensecht wiedergegebene Schuppentextur der Tiere und das in der aggressiven Handlung artifizielle Arrangement ihrer gewundenen Körper, wie es die konzentrierten, gegenläufig ein Oval konturierenden Körperwindungen der Schlangen bezeichnen. ↗ **Abb. 4**

6 Vgl. die Ausführungen von Dietmar Rübel und Bettina Uppenkamp zu den Materialien Bronze und Gips in: Monika Wagner, Dietmar Rübel, Sebastian Hackenschmidt (Hg.): Lexikon des künstlerischen Materials. Werkstoff der modernen Kunst von Abfall bis Zinn, München 2002, S. 49–56 und S. 106–113.

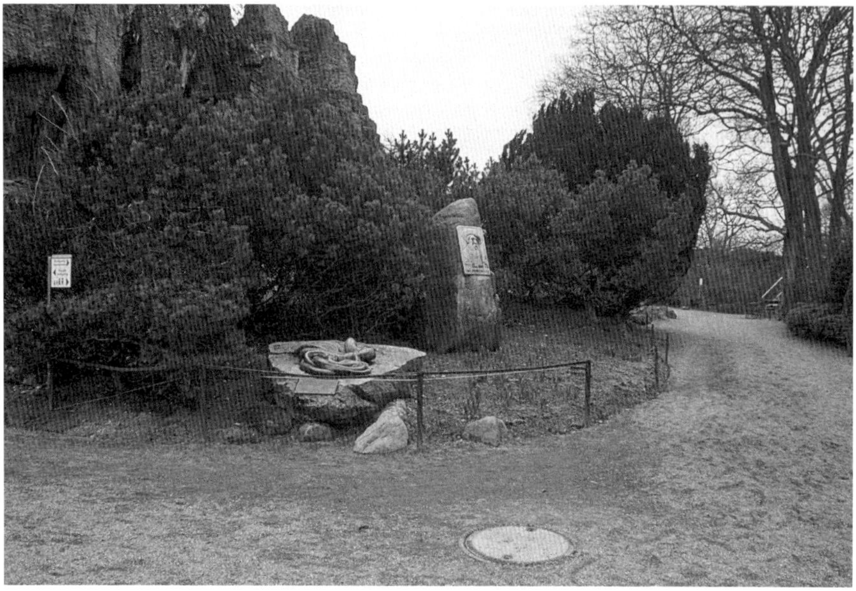

3: Frank Hesse: Naturabguss zweier Riesenschlangen, 2005, Dia-Installation, Detail.

Versprechen die veristische Wiedergabe der Textur, die Dichte der Windungen und die geöffneten, zubeißenden Mäuler lebendige Bewegung, so konfrontiert der Naturabguss in seiner Fixierung, da, wo er Bewegung verspricht, mit einer Pose. In dieser Inszenierung von etwas Lebendigem gleicht der Naturabguss dem, was Roland Barthes für die Fotografie ein „Lebendes Bild" genannt hat.[7] Lebend, weil die lebensechte Wiedergabe den Referenten als anwesend vermittelt, ihn jedoch zugleich in einem nicht zu wiederholenden Augenblick als Bild festhält. Die strukturelle Verwandtschaft zwischen den Medien Fotografie und Naturabguss kommt nicht allein in ihrer momenthaften Lebendigkeit, sondern auch in der Technik zum Ausdruck. Barthes spricht vom Foto als einer durch Lichtreflexion auf eine lichtempfindliche Oberfläche übertragenen Berührung.[8] Wie die Fotografie unterscheidet sich auch der Naturabguss von Zeichen, die in einer arbiträren Beziehung zu ihrem Referenten stehen. Er geht auf eine Negativform zurück und ist damit physische Spur des Gegenstands, den er repräsentiert. Dafür wird das tote Tier für den Abguss so formiert, dass es neben der für das Verfahren signifikant lebensechten Wiedergabe der Textur ein hohes Maß an Bewegungsmerkmalen aufweist, wie dies bei Pallenbergs Riesenschlangen in den dicht gelegten Windungen vor allem im Moment des Bisses erkennbar ist. Erst das Zusammenwirken von konzentrierter

7 Vgl. Roland Barthes: Die helle Kammer. Bemerkung zur Photographie, übers. von Dietrich Leube, Frankfurt a. M. 1989, S. 41.

8 Barthes (s. Anm. 7), S. 126 u. 90.

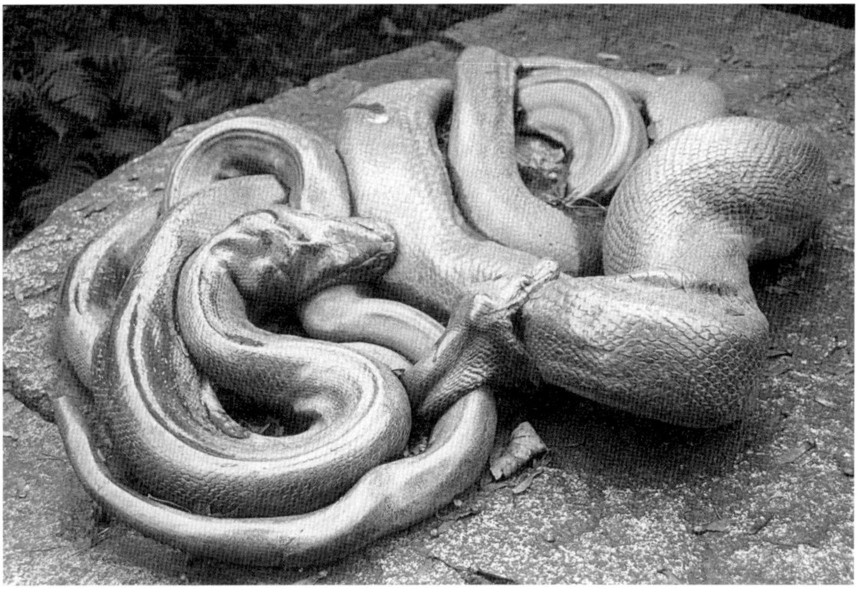

4: Frank Hesse: Naturabguss zweier Riesenschlangen, 2005, Dia-Installation, Detail.

Dynamik, detailgetreuer Wiedergabe und Fixierung ruft die im Abguss radikalisierte Form der Dialektik von An- und Abwesenheit des Repräsentierten hervor.[9] Hesse reagiert in seiner Installation auf diese Zwiespältigkeit, indem er durch den Bildausschnitt, den Wechsel der Perspektive, von Nähe und Distanz sowie durch den Rhythmus der Bilderfolge dieser Ambivalenz des Naturabgusses und derjenigen der Fotografie entgegenwirkt, um die Lebendigkeit und Präsenz zu unterstreichen. So schließen sich an die Gesamtansicht des Bronzeabgusses der Riesenschlangen drei in deutlich schnellerem Wechsel hintereinander geschaltete Detailaufnahmen, die aus verschiedenen Perspektiven und zum Teil aus größter Nähe den Biss vor Augen führen. Auf ein weiteres Detail und dem erheblich länger präsenten Bild einer neben dem Schlangenabguss auf den Felsen montierten Tafel mit der Erläuterung des Geschehens folgen wieder ein Detail mit den zubeißenden Schlangenhäuptern und abschließend eine Gesamtansicht. In den Untertiteln wiederholt Hesse den Text der Tafel, obwohl er ihn in einer langen Einstellung gut lesbar zeigt. Dort heißt es: „Naturabguss zweier Riesenschlangen, die sich im Tierpark in der Nacht vom 25. bis 26. Aug. 1909 aus Fressgier um den Kadaver eines Schwanes so ineinander verbissen, dass sie unfähig waren, sich wieder los zu lassen. Bei dem Kampf wühlten sich die Schlangen in das Bassin ihres Behälters und ertranken.“ Offensichtlich reichte und reicht Pallenberg die Wirkung der Bronzeplastik allein und Hesse deren fotogra-

9 Vgl. zur Inszenierung von Tieren für den Abguss Andrea Klier: Fixierte Natur. Naturabguß und Effigies im 16. Jahrhundert, Berlin 2004, S. 113ff.

fische Aufnahme nicht aus, um das Geschehen adäquat einzufangen. Während Hesse sich mit den in schwarz-weiß gehaltenen Aufnahmen der Monochromie des Naturabgusses annähert, versucht er mit Nahaufnahmen und Fokussierung auf den Biss, beschleunigtem Bildwechsel und Untertitelung, seine Bildergeschichte dort in Bewegung zu versetzen und eine Handlung zu illusionieren, wo die Fixierung der beiden Medien, Abguss und Fotografie, das aggressive Moment im Biss der Schlangen nicht zu vermitteln vermögen.

Präsenz und Bedeutung

Die Notwendigkeit für eine den Deutungszusammenhang vorgebende Beschriftung, wie sie sowohl den Abguss im Tierpark als auch Hesses Aufnahmen begleitet, führt Rosalind Krauss in ihren *Anmerkungen zum Index* auf die indexikalisch fixierte Präsenz eines Gegenstands zurück, die im Kontext der Kunst das Verhältnis zwischen Zeichen und Bedeutung verändere. Denn das Zeichen, in der Präsenz des Referenten aufgehend, schließe die reflexive, formale künstlerische Intervention aus, wie sie in Malerei und Bildhauerei wirksam sei.[10] Unter Berufung auf Walter Benjamin und dessen Analyse der Entwicklung der Fotografie im 19. Jahrhundert erkennt sie in der durch mangelnde künstlerische Bearbeitung begründeten Bedeutungslosigkeit des indexikalischen Zeichens die Voraussetzung für den Drang, ihm einen wegweisenden Text hinzuzufügen.[11] Benjamin sieht in den Textpassagen, auf die sich Krauss bezieht, die Rezeption von Fotografien in illustrierten Zeitungen durch Betitelung und noch extremer in der Bildfolge des Films einer Direktive ausgesetzt. Bemerkenswert allerdings ist, dass Benjamin zu Beginn des Absatzes, dem diese Ausführungen entstammen und der vom Zurückdrängen des Kultwerts zugunsten des Ausstellungswerts handelt, eine Bildgattung der Fotografie von dieser Entwicklung ausnimmt: das Porträt, hinter dem sich der Kultwert des Bildes verschanzen könne, da es die Erinnerung an ferne oder verstorbene Menschen wachzuhalten vermag.[12] Benjamin greift hier mit erstaunlicher Nähe ein Argument auf, das bereits Alberti mit Blick auf das gemalte Porträt vorgebracht hat. In seinem Traktat von 1435/36 *Della Pittura* schreibt er der Malerei die „göttliche Kraft" zu, ferne Menschen und

10 Vgl. Rosalind E. Krauss: Anmerkungen zum Index: Teil 1. In: Dies.: Die Originalität der Avantgarde und andere Mythen der Moderne, Schriftenreihe zur Geschichte und Theorie der Fotografie, Bd. 2, hg. von Herta Wolf, Amsterdam/Dresden 2000, S. 249–264.

11 Krauss (s. Anm. 10), S. 259.

12 Vgl. Walter Benjamin: Das Kunstwerk im Zeitalter seiner technischen Reproduzierbarkeit, Frankfurt a. M. (11. Aufl.) 1979, S. 21.

selbst Tote so zu vergegenwärtigen, dass sie zu leben scheinen.[13] Damit reklamierte Alberti für die Malerei Qualitäten, die im zeitgenössischen Florenz den in einigen Kirchen massenhaft vertretenen Votivfiguren zugesprochen wurden, deren Verismus auf eine Toten- oder Lebendmaske zurückgingen.[14] Zwar setzt Alberti die Malerei von einer mechanischen Naturnachahmung ab, fordert für sie aber eine in den Votivfiguren wirksame Präsenz des Dargestellten ein. Demgegenüber sieht Benjamin im Medienwechsel von der Malerei zur Fotografie mit der Aura Einmaligkeit und Dauer gegen Flüchtigkeit und Reproduzierbarkeit eingetauscht und einen Wechsel von einer exklusiven, kontemplativen zu einer definierten, entsubjektivierten Rezeption vollzogen.[15] Er lässt dabei das Moment unberücksichtigt, welches das Porträt zum Gegenstand einer sentimentalen Vergegenwärtigung werden lässt. Dieses Moment haben Barthes und nach ihm vor allem auch Georges Didi-Huberman beachtet und die Berührung des Referenten im Prozess des Abdrucks insofern als bedeutsam gewertet, als die durch sie hervorgerufene lebensechte Wiedergabe die einmalige Anwesenheit des Dargestellten versichert, der Abdruck aber gerade nicht in einer vollständigen Erfassung des Realen aufgeht, sondern in der gleichzeitigen Kennzeichnung der Abwesenheit des Referenten seine Bedeutsamkeit entfaltet.[16] Auf diesen „Anachronismus"[17] reagieren sowohl Pallenberg als auch Hesse in ihren Arbeiten, indem sie die Lebendigkeit der Schlangen medienspezifisch forcieren und dabei zugleich die künstlerische Inszenierung markieren. Es bleibt also zu fragen, was das Zusammenspiel von Text und Abguss oder von Text und Fotografie in den Arbeiten von Pallenberg und Hesse notwendig machte, wenn nicht die von Benjamin und Krauss unterstellte Bedeutungslosigkeit des indexikalischen Zeichens?

Verbannte und gebannte Wildheit

Die Vermutung, dass es Carl Hagenbeck selbst war, der Pallenberg mit dem Schlangenabguss beauftragt hat, liegt nahe, da er bereits Jahre zuvor mit der öffentlichkeitswirksamen Darstellung eines Schlangenkampfes befasst war. Für seinen Freund, den Tiermaler und -zeichner Heinrich Leutemann, reinszenierte er einen

13 Vgl. Leone Battista Alberti: Kleinere Kunsttheoretische Schriften (= Quellenschriften für Kunstgeschichte und Kunsttechnik des Mittelalters und der Renaissance, Bd. X), hg. und übers. von Hubert Janitschek, Neudruck der Ausgabe 1877, Osnabrück 1970, S. 88.

14 Vgl. Klier (s. Anm. 9), S. 53ff.

15 Vgl. Benjamin (s. Anm. 12), S. 15f.

16 Vgl. Georges Didi-Huberman: Ähnlichkeit und Berührung. Archäologie, Anachronismus und Modernität des Abdrucks, Köln 1999, S. 43f. und S. 190ff.

17 Benjamin (s. Anm. 12), S. 6ff.

Kampf mit lebenden Pythons. Am 9. April 1892 publizierte die Illustrirte Zeitung eine Zeichnung von drei ineinander verschlungenen Pythons, die um eine Ente kämpfen, mit dem Titel *Ein Schlangenkampf im Hagenbeck'schen Thierpark. Nach dem Leben gezeichnet von H. Leutemann.*[18] ↗ **Abb. 5** Leutemann berichtet in derselben Ausgabe von einem Schlangenkampf in Carl Hagenbecks Tierhandlung, der Wochen zuvor die Zeitungen beschäftigt hätte. Aufgrund des großen Interesses an der Geschichte, so Leutemann, möge „in manchen der Wunsch entstanden sein, eine solche Szene durch die bildliche Darstellung veranschaulicht zu sehen". Deshalb habe sich Hagenbeck auf Veranlassung der Illustrirten Zeitung bereit erklärt, eine Erneuerung des Geschehens zu versuchen, um ihm ein Vorbild für seine Zeichnung zu liefern.[19] Dieser Versuch gelang und Leutemann staunt darüber, dass der „Kampf ums Dasein" die ansonsten in ihren Behausungen so trägen Schlangen „zu so gewaltig-leidenschaftlichem Leben und außerordentlichen Kraftanstrengung anspornen kann".[20] Mit seiner Bemerkung „Kampf ums Dasein" stellt Leutemann einen Zusammenhang zwischen den Ereignissen im Tierpark und Darwins Evolutionstheorie her, ohne aber diesem Gedanken weiter nachzugehen. Darwins Werke waren früh ins Deutsche übersetzt und seine Theorie auch über die illustrierte Presse und populärwissenschaftliche Journale verbreitet worden. Dabei wurde ein Verständnis von Selektion gefördert, das Evolution im öffentlichen Bewusstsein vor allem mit Kampf oder Krieg assoziieren ließ, was unter anderem zu einer Flut von Tierkampf-Illustrationen führte.[21] Leutemann und vor allem Hagenbeck, der es verstand, in den „Völkerschauen" sogar Menschen-Vorführungen werbewirksam für seinen Zoo einzusetzen,[22] ist zu unterstellen, dass er mit dem in der Presse herrschenden Überbietungswettbewerb in der Darstellung sich gegenseitig bekämpfender und überwältigender Tiere vertraut war.[23]

Wenn nun Hagenbeck mit Pallenberg einen zoologisch versierten Künstler engagierte, um neben sich bekämpfenden Dinosaurierarten auch einen tödlich verlaufenden

18 Heinrich Leutemann: Ein Schlangenkampf im Hagenbeck'schen Thierpark zu Hamburg. In: Illustrirte Zeitung, 9. April 1892, Nr. 2545. Den Hinweis auf diese Zeichnung verdanke ich Klaus Gille, Archivar des Tierparks Hagenbeck.

19 Leutemann (s. Anm. 18), S. 387.

20 Leutemann (s. Anm. 18), S. 387.

21 Vgl. Julia Voss: Variieren und Selektieren in der illustrierten Presse. In: Darwin. Kunst und die Suche nach den Ursprüngen, Ausst.kat., Schirn-Kunsthalle, hg. von Pamela Kort, Max Hollein, Frankfurt a. M. 2009, S. 247 –256, vor allem S. 251ff.

22 Vgl. hierzu: Carl Hagenbeck: Von Tieren und Menschen. Erlebnisse und Erfahrungen, Berlin (2. Aufl.) 1909.

23 Hagenbeck (s. Anm. 22), S. 255.

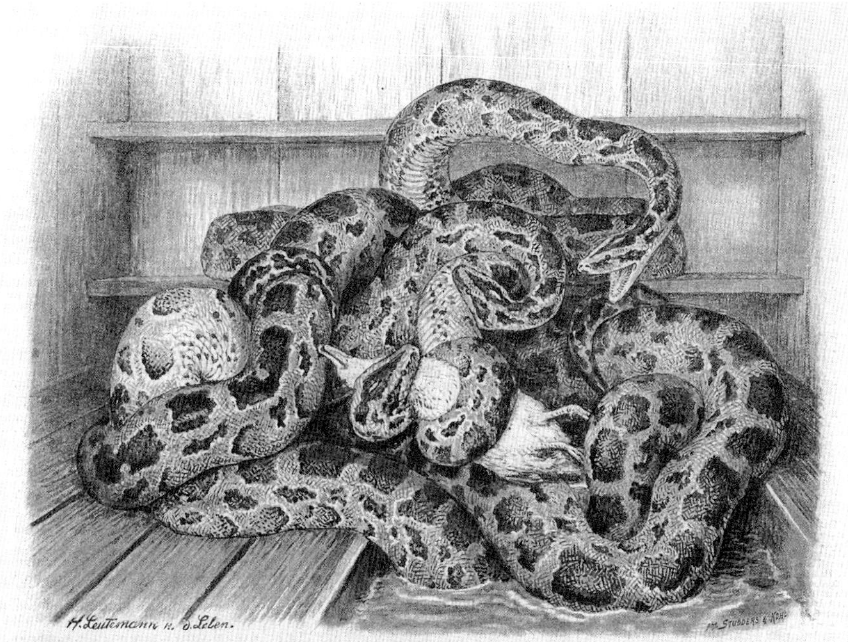

Ein Schlangenkampf im Hagenbeck'schen Thierpark zu Hamburg. Nach dem Leben gezeichnet von H. Leutemann. (S. 387.)

5: Heinrich Leutemann: Ein Schlangenkampf im Hagenbeck'schen Thierpark, 1892, Holzstich, 22 x 17 cm.

Schlangenkampf für den Zoo in Bronze auszuführen, muss er sich dessen spektakulärer Wirkung sicher gewesen sein. In einem von Hagenbeck selbst als Tierparadies vermarkteten Zoo drängt sich die Assoziation der Schlange mit dem alttestamentarischen Sündenfall, der Vertreibung aus dem Paradies, auf und aktiviert ihre über den christlichen Rahmen hinausgehende Tabuisierung.[24] Die bronzenen Schlangen waren und sind besuchernah platziert und berührbar, ganz im Gegensatz zu den sich in Freigehegen aufhaltenden Zootieren, die nur sporadisch zu sehen sind und sich in unerreichbarer Ferne bewegen.[25] Mehrere Stellen, an denen die Oberfläche blank poliert und das Schuppenrelief abgenutzt ist, zeugen von häufigen Berührungen der Besucher, obwohl eine mögliche Gefährdung, die die Berührung eines lebensgetreu wiedergegebenen wilden Tieres so reizvoll macht, merklich zurückgenommen ist, da der Abguss die Schlangen im Kampf ornamental ineinander verschlungen vor Augen führt. Über den als Bericht abgefassten Text werden jedoch insbesondere die mit den Tierkampf-Illustrationen des späten 19. Jahrhunderts vertrauten

24 Vgl. Mary Douglas: Reinheit und Gefährdung. Eine Studie zu Vorstellungen von Verunreinigung und Tabu, Frankfurt a. M. 1988, S. 70.

25 Vgl. zu diesem Dilemma auch: Nigel Rothfels: Savages and Beasts. The Birth of the Modern Zoo, Baltimore/London 2002, S. 7f.

zeitgenössischen Besucher mit einer außergewöhnlichen Wildheit und Gefräßigkeit konfrontiert. Dieser Schlangenkampf findet nicht innerhalb eines Selektionsprozesses statt und funktioniert deshalb nicht innerhalb der damals verbreiteten Rezeption von Darwins Lehre. Im Gegenteil sind es zwei Artgenossinnen, die aufgrund ihrer „Fressgier" im Kampf um ein Opfer kläglich verenden. Auch wird sich bei einem christlich geschulten Betrachter mit der auf der Tafel konstatierten „Fressgier" die Assoziation mit der christlichen Todsünde einstellen und der Tod beider Schlangen als Strafe gelesen werden.[26]

Erst die Vorstellung von undomestizierbarer Wildheit, wie sie der Text suggeriert, macht, verbunden mit der lebensechten Wiedergabe und inszenierten Aggressivität, die Berührung des Schlangenabgusses bedrohlich und hält die Vergewisserung der Künstlichkeit spannend. Hesse vermerkt in einem Bilduntertitel den Reiz der Berührung. Diesen Reiz greift er mit den Nahaufnahmen der Schlangen auf, in denen die Oberfläche der abgegossenen Schlangenhaut mit derjenigen der Fotografie zu verschmelzen scheint. Gleichzeitig konstatiert er die Nähe des Abgusses zum Kadaver und dramatisiert den Schlangenbiss im Bewegung illusionierenden Bild- und Perspektivwechsel als Drohgebärde.

Pallenberg wie Hesse insistieren mit den Verfahren Abguss und Fotografie auf einer in der veristischen Wiedergabe verbürgten einmaligen Präsenz des Referenten und reagieren auf dessen in der Fixierung evidente Abwesenheit mit künstlerischen Eingriffen, die dieser entgegenwirken und die Lebendigkeit des gefährlichen Tieres behaupten. Offenbar reichen dafür aber weder der Bronzeabguss zu Beginn des 20. Jahrhunderts noch die Schwarz-Weiß-Fotografien im 21. Jahrhundert aus. Um die in der Schlange symbolisierte Destruktivität zu aktualisieren, bedarf es der Beschriftung. Diese weist den dargestellten Schlangenkampf als Ereignis aus, das zu einem bestimmten Zeitpunkt real stattgefunden hat. Die Beschriftung wirkt der Entzeitlichung, die der Abguss in Bronze und die schwarz-weiß gehaltenen Fotografien evoziert, entgegen; sie gewinnt allerdings erst im Verbund mit dem Verismus der Darstellung Glaubwürdigkeit.

26 Seitenlang lässt sich Carl Hagenbeck zur Gefährlichkeit, vor allem aber auch zum ungeheuren Fressvermögen der Schlangen aus. Vgl. Hagenbeck (s. Anm. 22), S. 244–281.

Farbtafeln

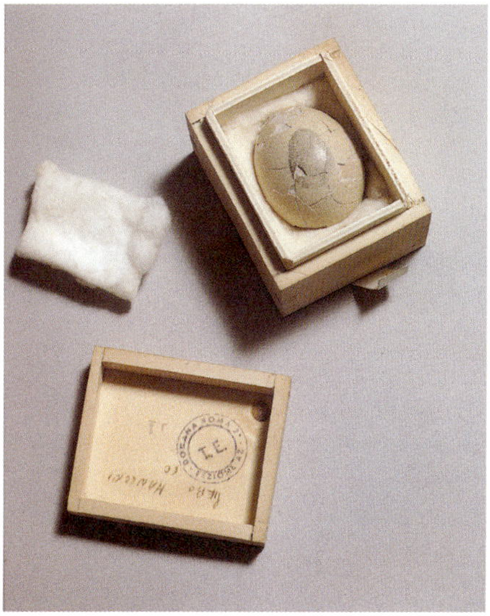

Tafel 1: Piero Manzoni: Ei Nr. 11, 1960, Mailand, Archivio Opera Piero Manzoni.

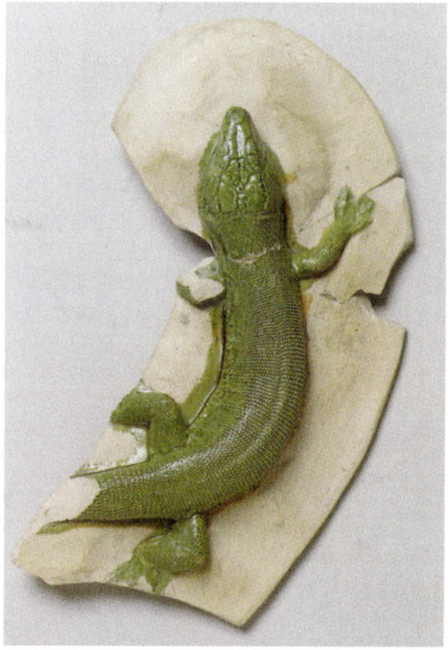

Tafel 2: Grüne Eidechse, aus B. Palissys Atelier, 2. Hälfte 16. Jahrhundert.

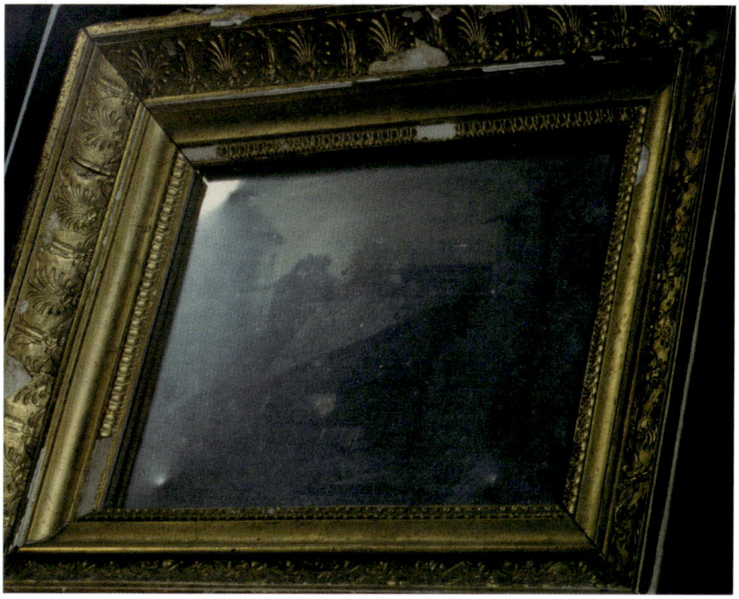

Tafel 3: Blick aus dem Fenster, Heliografie von Nicéphore Niépce, Original: Harry Ransom Humanities Research Center, University of Austin, Texas.

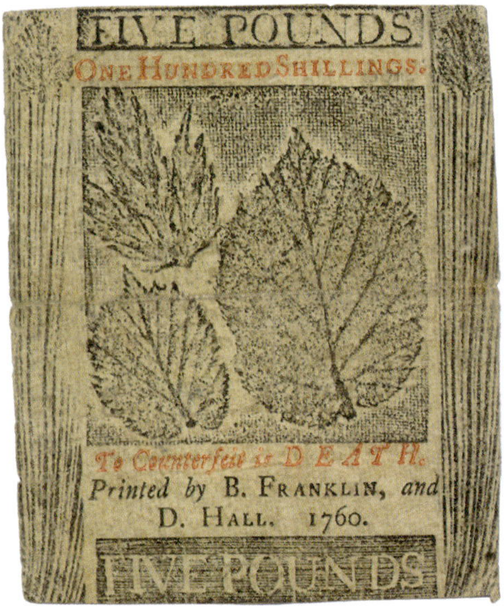

Tafel 4: Five Pounds, One Hundred Shillings, Pennsylvania Currency, 1. Mai 1760, Geldschein, gedruckt von B. Franklin und D. Hall.

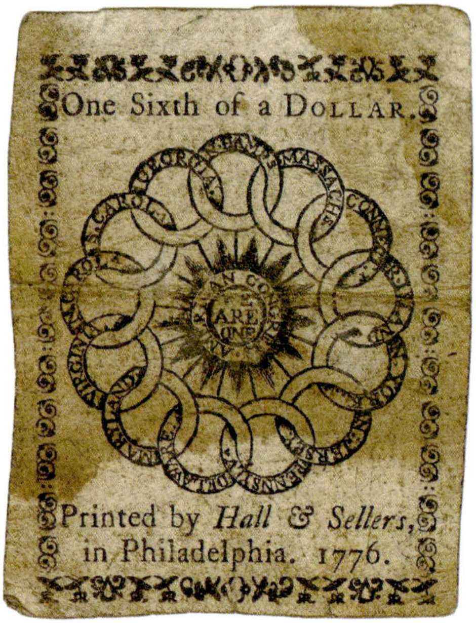

Tafel 5: One Sixth of a Dollar, Continantal Currency, Philadelphia, 17. Februar 1776, Geldschein, gedruckt von Hall & Sellers.

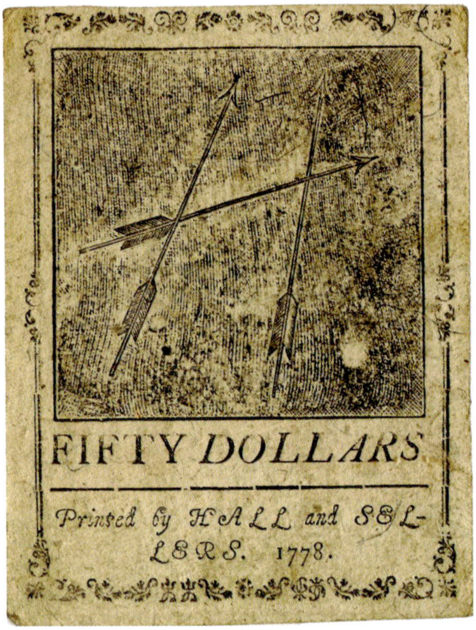

Tafel 6: Fifty Dollars, Continental Currency, 26. September 1778, Geldschein, gedruckt von Hall & Sellers.

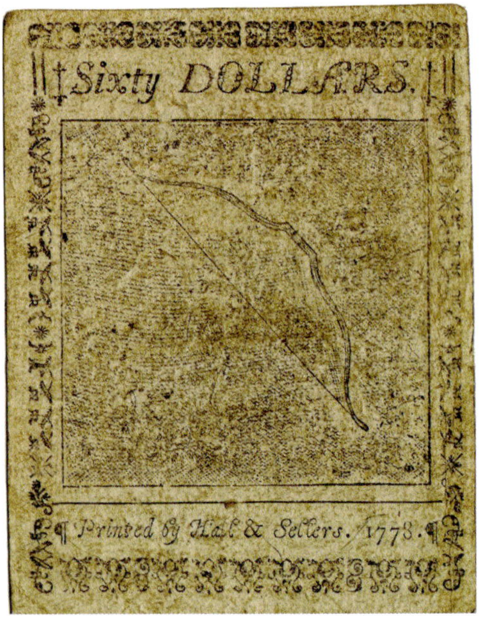

Tafel 7: Sixty Dollars, Continental Currency, 26. September 1778, Geldschein, gedruckt von Hall & Sellers.

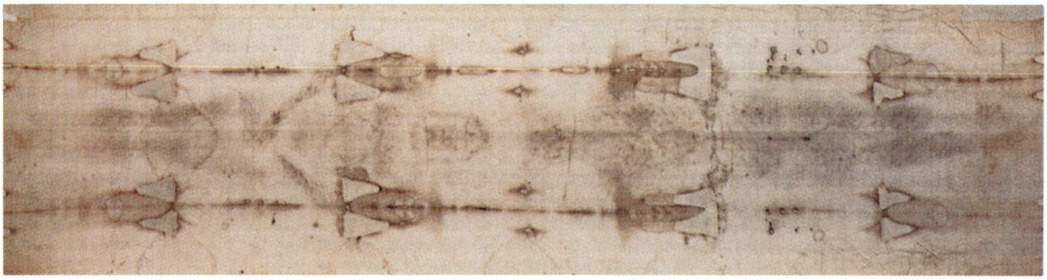

Tafel 8: Grabtuch Christi (Sacra Sindone), Turin, Dom.

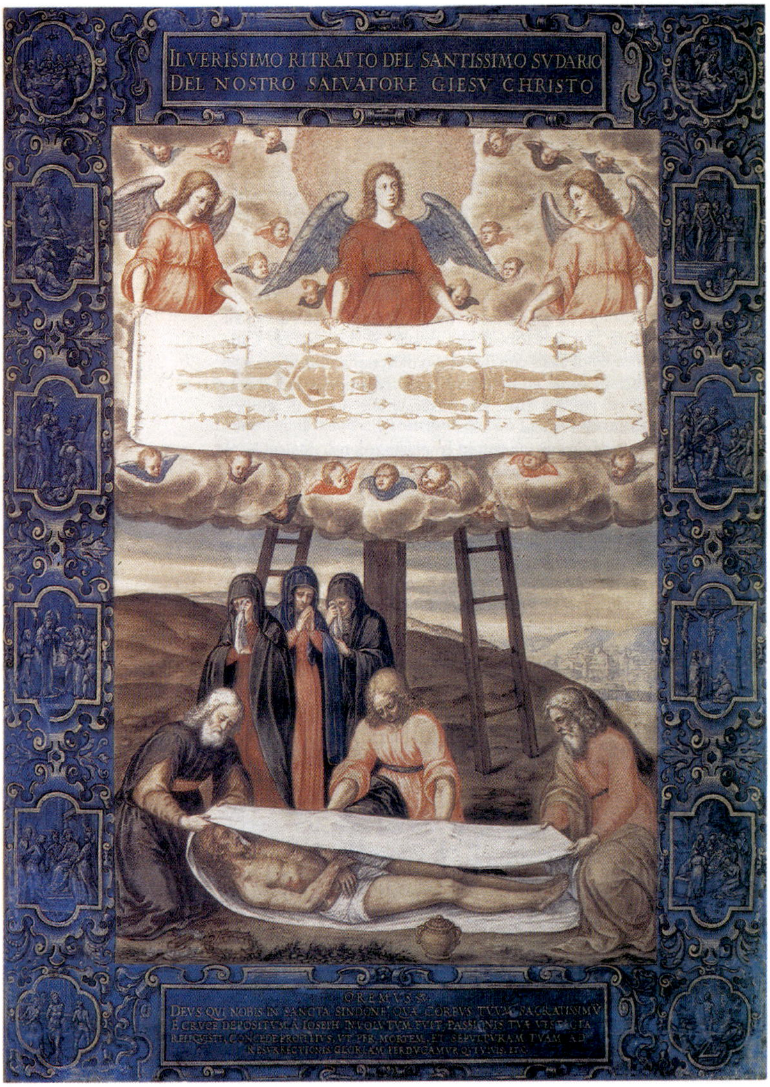

Tafel 9: Giovanni Battista della Rovere: Prozessionsbild mit Turiner Grabtuch und Beweinung/Grablegung, um 1620 (?), Turin, Pinacoteca Sabauda.

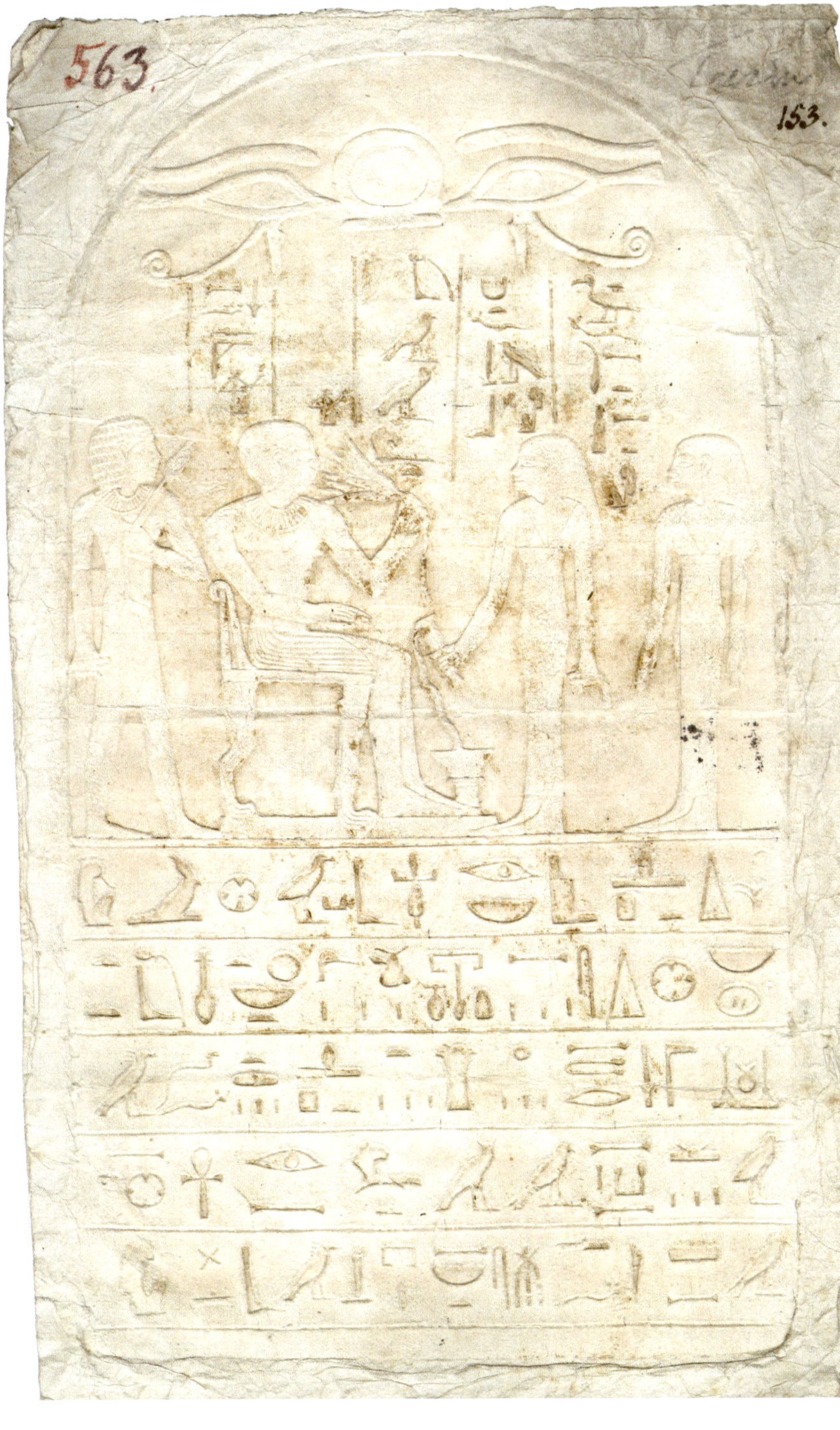

1: Stele des Priesters Horemhat, Ägyptisches Museum Turin, Fabretti Inv. Nr. 1611, Abklatsch von Richard Lepsius aus dem Jahre 1841, Archiv des Altägyptischen Wörterbuches, BBAW, Inv. Nr. 163.

Faksimile

Steine abgeklatscht. Die Papierabdrucksammlung in der Berlin-Brandenburgischen Akademie der Wissenschaften

Mit einem großen Denkmälerwerk – der berühmten *Déscription de l'Égypte* – hatten französische Gelehrte zwischen 1806 und 1823 eine erste wissenschaftliche Dokumentation der Bauten und Denkmäler Ägyptens vorgelegt. Hieran anknüpfend wollte auch Preußen bei der Erforschung der pharaonischen Kultur eine führende Rolle übernehmen. Ausgestattet mit direktem königlichem Mandat von Friedrich Wilhelm IV., wurde der junge Gelehrte Richard Lepsius aus Naumburg auf eine Forschungsreise geschickt mit dem Ziel einer „historisch-antiquarischen Untersuchung und Ausbeutung der altägyptischen Denkmäler im Nilthale und auf der Sinaihalbinsel". Die Ergebnisse dieser Reise, die in den Jahren 1842 bis 1845 über Alexandria bis weit in den Zentralsudan führte, waren überaus reich: faszinierende originale Denkmäler für das Neue Museum in Berlin und reiches Dokumentationsmaterial in Form von wissenschaftlichen Plänen, Zeichnungen und epigrafischen Papierabdrücken.

Dieses Material bildete den Grundstein für die Etablierung der deutschen Ägyptologie. Es war nicht nur dem ersten deutschen Lehrstuhlinhaber Richard Lepsius jahrzehntelang die wichtigste Arbeitsgrundlage, sondern ist auch bis heute eine grundlegende Quelle für die ägyptologische Forschung geblieben.

Die über 600 Serien von Papierabdrücken von Lepsius befinden sich heute im Archiv des Akademienvorhabens *Altägyptisches Wörterbuch* an der Berlin-Brandenburgischen Akademie der Wissenschaften. Bereits in Vorbereitung der Expedition ab 1834 bediente sich der Philologe dieses Verfahrens, um Denkmäler aus Museen maßstabsgerecht zu kopieren. ↗ **Abb. 1** Lepsius empfahl in seinem Antrag zur Durchführung seiner Expedition das Verfahren mit den Worten: „Flache Wandskulpturen und namentlich hieroglyphische Inschriften [...] sind in Papierabdrücken zu nehmen, eine noch fast unbekannte und für diese Zwekke unschätzbare Art, die treuesten Faksimile auf eine schnelle mechanische Weise zu gewinnen."[1]

Die früheste Erwähnung dieses Verfahrens aus dem Jahr 1631 beschreibt bereits den Einsatz von Papierabdrücken zur Faksimilierung von antiken Inschriften.[2] Das älteste bekannte Exemplar eines solchen Papierabdruckes war der Abdruck eines antiken Dekretes (242 nach Chr.) aus dem Besitz des Philologen Stephanus Winandus Pighius (1520–1604). Genaues zur Entstehung des Verfahrens ist aber nicht überliefert. Die Altphilologen Mommsen und Lepsius schätzten die Genauigkeit und Haltbarkeit der Papierkopien. Es war vor allem die schnelle und preiswerte Herstellung der Abdrücke, die es erlaubte, viel Material in wenig Zeit heimzutragen. Erst diese mechanische Art der Dokumentation ermöglichte eine exakte wissenschaftliche Bearbeitung zu Hause. Wurden vor Ort Zeichnungen angefertigt, die oft nur skizzenhaft sein konnten, so dienten die Abklatsche nach Rückkehr von der Reise der endgültigen Fertigstellung der Zeichnungen, und zwar ohne größeren Informationsverlust. Noch während der anschließenden Arbeiten zur Publikation des zwölfbändigen Denkmälerwerkes von Lepsius waren die Abklatsche unerlässlich, indem sie bis zum Druck der Tafeln immer wieder als Abgleich herangezogen wurden.

Das Archiv, das bereits zu Lepsius' Zeiten mit mehr als 30.000 Einzelblättern so groß geworden war, dass ägyptologische Kollegen wie Johannes Dümichen oder Heinrich Brugsch ihre Abklatsche ebenfalls an dieses Archiv übergaben, wuchs zu Zeiten Adolf Ermans, also ab 1897, durch Schenkungen sowie durch Übereignung von Nachlässen weiter an. Die Gesamtzahl der einzelnen Abklatsche ist nicht bekannt, aber es handelt sich mit grob geschätzten 90.000 bis

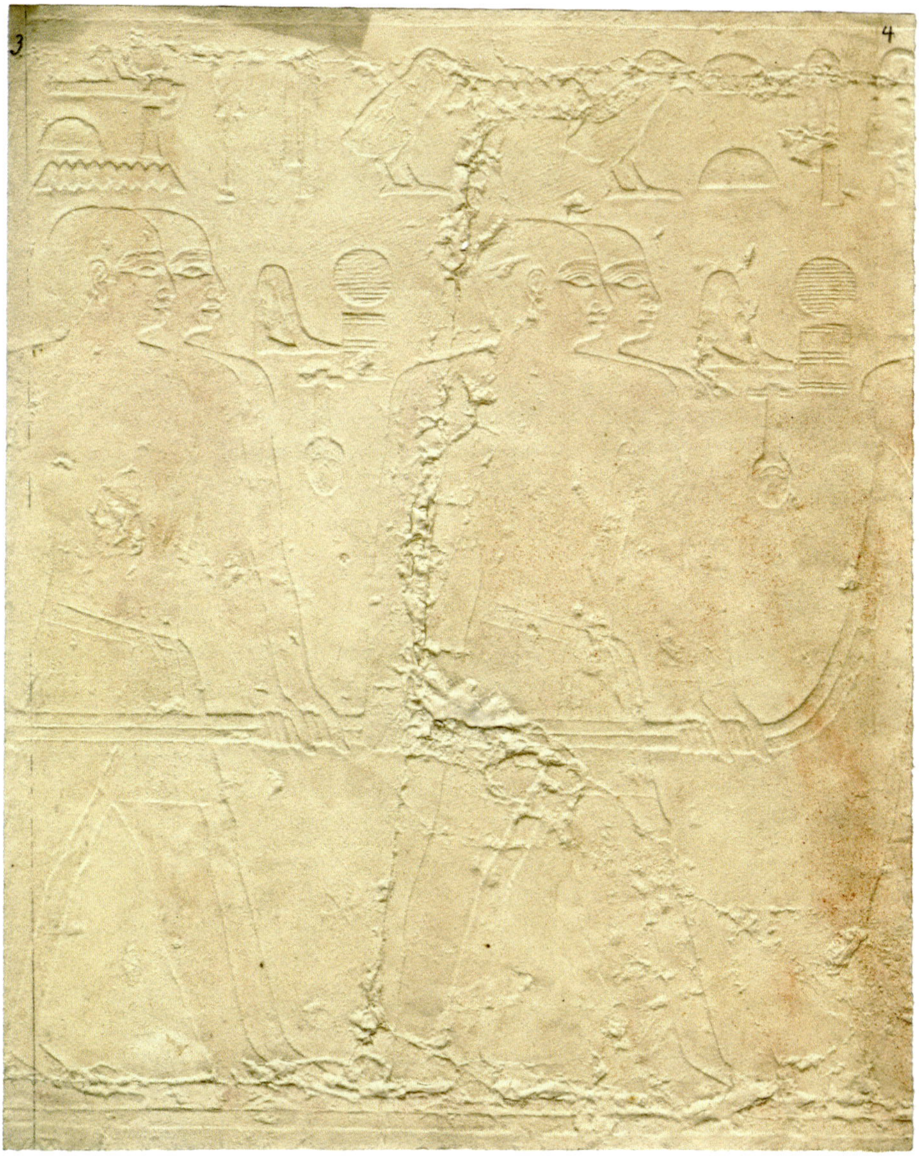

2: Relief aus dem Grab des Ti in Sakkara, aus dem Nachlass Jebens, 1886 an das Archiv übergeben, Serie F3, Kasten 243.

100.000 Einzelblättern in jedem Fall um die umfangreichste Abklatschsammlung auf ägyptologischem Gebiet. ↗ **Abb. 2**

Neben dem Zeitvorteil boten die Abklatsche den Vorteil des dauerhaften Festhaltens eines Originalzustandes von Objekten, die der Gefahr von Zerstörung oder Verwitterung ausgesetzt waren. Da das Verfahren der Papierabklatsche so außerordentlich exakt und dauerhaft ist, bildet es auch nach Jahrzehnten noch den früheren, inzwischen oft beschädigten oder gar zerstörten Originalzustand eines Denkmals ab.

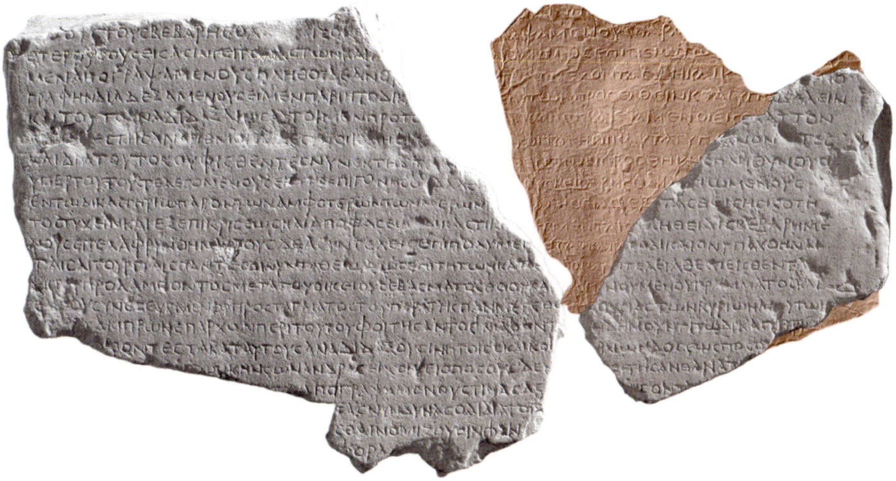

3: Schreiben des römischen Praeses Insularum an die Stadt Kos (IG XII 4, 273). Der Statthalter der Insel-Provinz referiert eine Entscheidung seines Kaisers über Modalitäten bei der Deklarierung der Kopfsteuer. Das kaiserliche Gesetz selbst liegt in der Sammlung des „Codex Theodosianus" vor (XIII 10, 7) und wurde am 16. Januar 371 n. Chr. von Kaiser Valens erlassen. Von dem rechten Fragment der Inschrift fehlt heute ein großer Teil. Den früheren Zustand überliefert ein Abklatsch (hier rot hinterlegt) aus dem Jahre 1908 im Archiv der „Inscriptiones Graecae". Nur mit seiner Hilfe war es möglich, die Inschrift weitgehend zu ergänzen und einen gesicherten Text vorzulegen.

Zudem macht es die Arbeitsobjekte transportabel. Zur Arbeit an der Edition in der Arbeitsstelle ist der Abklatsch bequem und vielfältig zu handhaben; er kann unter günstigster Beleuchtung untersucht werden, während der originale Stein oft schon aufgrund seiner Größe nicht zu bewegen wäre. Beim Entziffern liegen Wörterbücher und Nachschlagewerke griffbereit. Besonders wichtig ist das Verfahren bei der Arbeit mit Fragmenten, deren Steine sich an verschiedenen Orten befinden, und die zu Vergleichszwecken nebeneinander gehalten werden können. Außerdem helfen die Vergleichsmöglichkeiten oft, eine innere Chronologie der Inschriften zu erstellen, die sich auf die Entwicklung der Buchstabenformen gründet. Auch die Zusammensetzung von Fragmenten ist nur mit Hilfe des maßstäblichen Abklatsches möglich. Das originale Aussehen von Epigrafen wird dank der Abdrücke im Falle von Bruchstücken überhaupt erst rekonstruierbar: An verriebenen, abgearbeiteten oder künstlich zerstörten Stellen bieten sie für das andere große Traditionsprojekt der Berliner Akademie, die *Inscriptiones Graecae*, bis heute die einzige Chance zur Entzifferung. ↗ **Abb. 3**

Dem Ägyptologen Lepsius war auch das gerade neu entwickelte fotografische Verfahren bekannt. So besuchte er William H. Fox Talbot vor Expeditionsbeginn in England, um mit ihm die Möglichkeiten eines Einsatzes von dessen Negativ-Positiv-Fotografien zu erörtern.[3] Letztlich aber war sowohl das Verfahren von Daguerre als auch das von Talbot technisch viel zu aufwendig und unter den Bedingungen einer Expedition in Hitze, Staub und Wassermangel nicht durchführbar. Auch die Aufnahmen selbst waren selten befriedigend: Licht und Schatten waren schwer beherrschbar, Erhebungen und Vertiefungen als solche im flächigen Bild schwer zu deuten. Auch konnte es zu perspektivischen Verzerrungen des originalen Maßstabs kommen. Zudem war auch die geringe Haltbarkeit der Fotos ein großes Problem.

IV. Durchreibungen sind nur angezeigt bei wohlerhaltener glatter Oberfläche und kleiner Schrift auf Marmor oder Bronze. Man legt ein dünnes festes Papier auf und überfährt dasselbe mit einem Leinwandsäckchen, das mit Graphitpulver gefüllt ist (tampon), bis die Schriftzüge deutlich hervortreten.

V. Abklatsche sind in den meisten Fällen, insbesonders stets wenn die Schrift verletzt ist, vorzuziehen. Zu verwenden ist am besten weisses schwachgeleimtes Papier, ein Becken mit Wasser, ein Schwamm, eine gestielte, dichte, nicht zu harte Kleiderbürste und ein Farbstift. Man hat

1. den Grund abzustäuben und mit dem Schwamme sorgfältig zu reinigen, erforderlichen Falles die Schriftfurchen mit einem spitzen Stäbchen von hartem Holz (nie mit dem Messer) nachzufahren und, wo Kalksinter aufsitzen sollte, heisse Lauge oder eine dünne Lösung von Salzsäure (drei Theile Wasser auf einen Theil Säure) vorsichtig mittelst eines Pinsels aufzutragen;
2. die Schriftseite vollständig anzufeuchten und wenn möglich in eine geneigte Lage zu bringen;
3. das Papier zurechtzuschneiden, in Wasser zu tauchen, sobald es gleichmässig genässt ist, rasch aufzulegen und mit der Bürste sachte festzuklopfen, bis es sich in alle Vertiefungen schmiegt, wobei entstehende Luftblasen mit einer Nadel aufzustechen oder durch gleichmässig fortschreitendes Beklopfen mit der Bürste nach den Rändern zu vertreiben sind;
4. den Abklatsch entweder auf der Schriftfläche selbst oder in halbfeuchtem Zustande abgelöst, auf einer anderweitigen Unterlage, die Rückseite nach oben gekehrt, trocknen zu lassen und
5. das trockene Papier am Rande mittelst eines Farbstiftes durch eine Ziffer oder Ortsangabe zu signiren.

Bei Inschriften, für welche das Format des Papieres nicht zureicht, legt man zwei oder mehrere Bogen in durchnässtem Zustande nebeneinander auf die Schriftfläche, so dass sie sich noch mit einem Rande decken, und überfährt diese Ränder vor Ablösung des Abklatsches an mehreren Stellen mit dem Farbstifte, um die Zusammengehörigkeit zu markiren; ein Zusammenkleben der Bogen ist unnöthig, die Signatur (V 5) dagegen auf allen Theilen des fertigen Abklatsches zu wiederholen. Wenn Risse, Löcher oder schadhafte Stellen im Papier entstehen, flickt man dieselben durch Auflegen und Festklopfen einzelner Stücke oder ganzer Bogen; ist das Papier dünn oder die Schrift sehr beschädigt, so empfiehlt es sich, sofort eine Doppellage zu verwenden. Beim Festklopfen trachte man jeden Buchstaben zu treffen und schwer lesbare Stellen, insbesondere die den Bruchrändern nächstliegenden Theile deutlich auszuprägen. Im Freien gelingen Abklatsche meist nur bei Windstille gut; in jedem Falle vermeide man aber, die Papierenden besonders zu befestigen, da sich der Abdruck beim Trocknen dadurch verzieht. Man beschwere vielmehr die Papierenden mit kleinen Steinen oder schneide sich im Nothfalle schmale Papierstreifen von höchstens zwei Zeilen Breite zurecht, welche einzeln aufzulegen und sofort festzuklopfen sind.

VI. Eine Verbindung des trockenen und nassen Verfahrens erhöht zuweilen die Deutlichkeit des Abdruckes. Man betupft den fertigen Abklatsch, so lange er noch halbfeucht aufliegt, mit dem Graphitsäckchen, bis die Fläche schwarz wird, während die Schriftvertiefungen weiss bleiben. Zweckwidrig und unzulässig ist es dagegen, den Abklatsch durch Nachfahren der Schriftzüge mittelst eines Farbstiftes lesbarer zu machen.

4: Aus der „Anweisung zur Herstellung von Inschriftencopien" des archäologisch-epigrafischen Seminars der Wiener Universität vom Dezember 1891.

Die Technik des Abklatsches war dagegen sehr einfach. Für die Herstellung eines Abklatsches braucht man ein spezielles, ungeleimtes, weiches Papier, eine sehr dichte und federnde Bürste sowie sauberes Wasser. Ein Papierbogen geeigneter Größe wird durch das Wasserbad gezogen und auf den gereinigten Stein gebracht. Mit der Bürste wird dann gleichmäßig und zunächst vorsichtig, später, wenn alle Luftblasen zwischen Papier und Stein seitlich weggedrückt sind, kräftig auf das Papier geschlagen. Das in die Buchstaben gepresste Papier wird nach Möglichkeit auf dem Stein selbst getrocknet. Das Trocknen geht zwar während des Sommers am Mittelmeer relativ schnell, aber gelegentlich reichen auch die wenigen Minuten aus, die für die Anfertigung des nächsten Abklatsches erforderlich sind, dass Katzen, Ziegen oder auch neugierige Touristen ihre Krallen, Zungen oder Finger in dem trocknenden Papier verewigen.

Nicht nur aufgrund der Einfachheit des Verfahrens, sondern vor allem wegen der maßstabsgetreuen Wiedergabe ist die Abklatsch-Technik dem Foto bis heute überlegen. So nutzten sie die ägyptologischen Nachfolger von Lepsius an der Berliner Akademie ebenso wie die Epigrafiker der *Incriptiones Graecae* dies bis heute tun. Seit Mitte des 19. Jahrhunderts war den Epigrafikern an der Berliner Akademie die Anfertigung von Abklatschen, wo immer erlaubt und möglich, zur Pflicht gemacht worden. Dies gilt besonders für das griechische Inschriftenwerk, das 1815 durch August Boeckh begründete *Corpus inscriptionum Graecarum* (heute *Inscriptiones Graecae*). Mit gelehrter Gründlichkeit war um 1900 dann eine Instruktion zum Anfertigen von Papierabdrücken verfasst worden. ↗ **Abb. 4** Aber erst im Jahre 1902 wurde ein entsprechendes Abklatsch-Archiv des Griechischen Inschriftenwerkes eingerichtet. Es umfasst heute etwa 80.000 Abklatsche aus Griechenland, Kleinasien, den Inseln der Ägäis und Italien, aufbewahrt in mehr als 350 Kästen. Nach vorsichtigen Schätzungen dürften bei etwa 10 bis 15% die originalen Steine verwittert, verschollen oder gar zerstört sein, so dass der

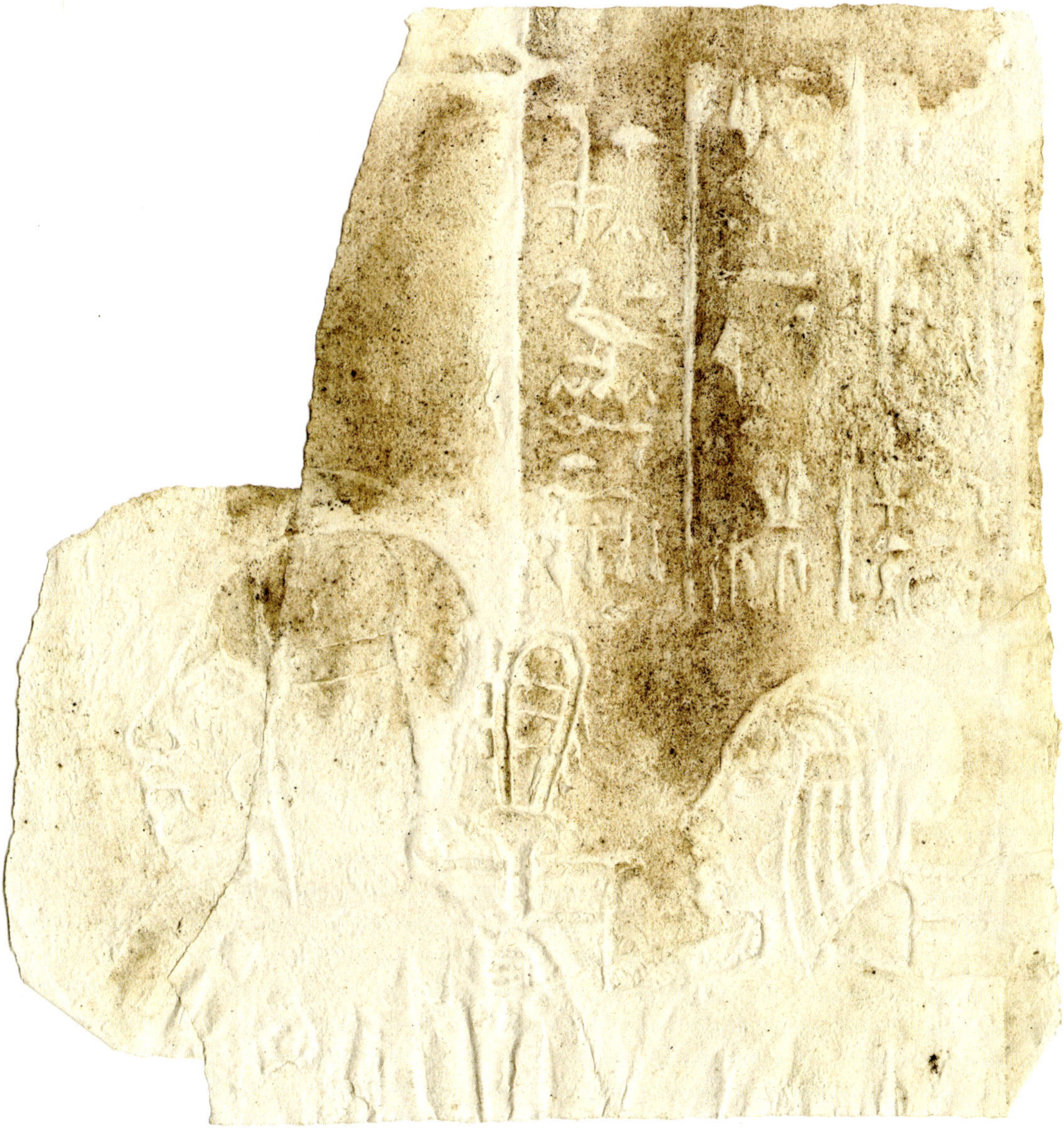

5: Relief aus dem Grab des Merire von Tell el Amarna (Hauptkammer), Abklatsch von Richard Lepsius aus dem Jahre 1845, Archiv des Altägyptischen Wörterbuches, BBAW, Inv. Nr. 507, Blatt 1 (Detail).

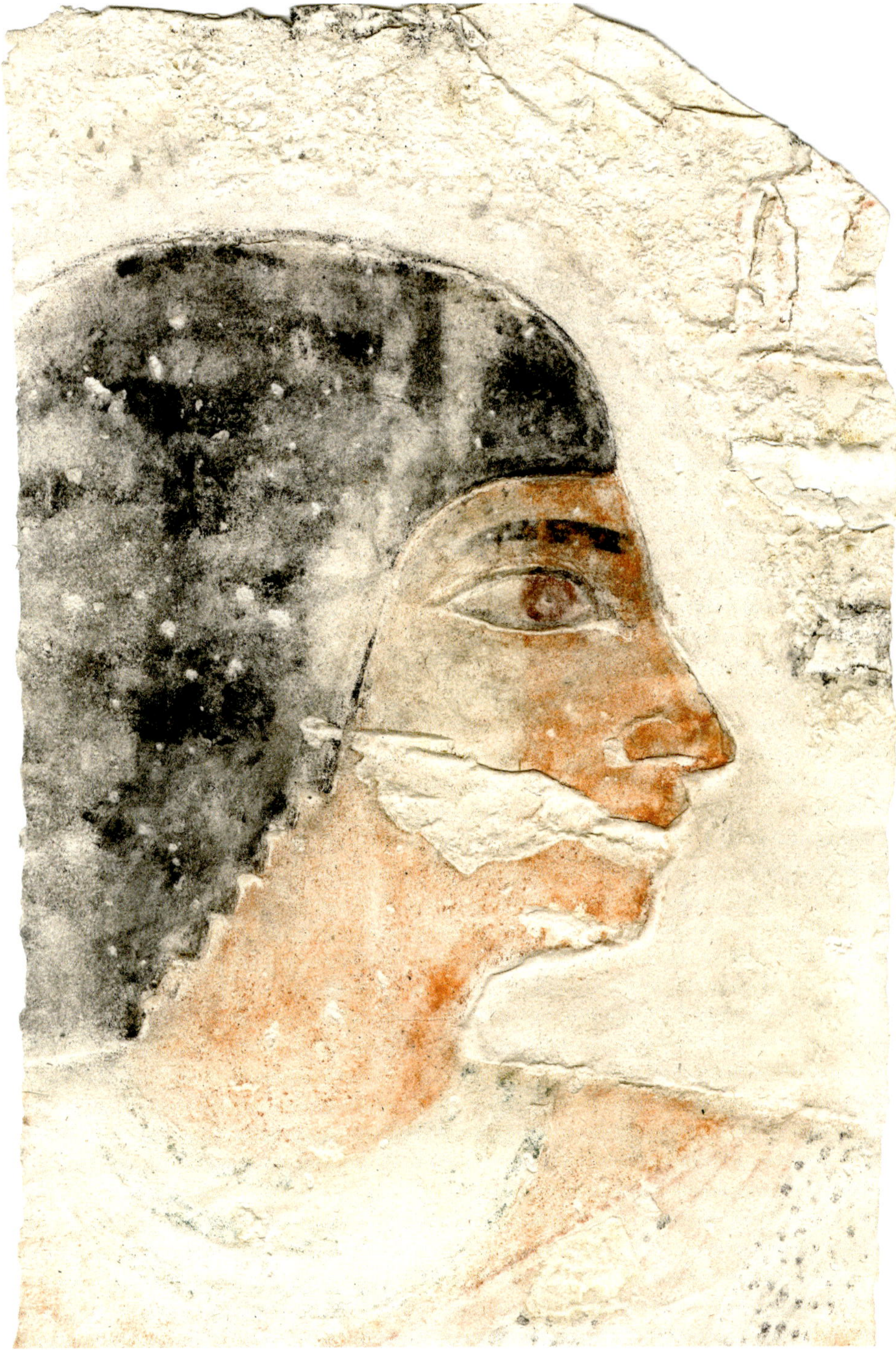

6: Relief aus dem Grab des Persen (Kopf des Grabherrn), Abklatsch mit Farbresten, Archiv des Altägyptischen Wörterbuches, BBAW, Inv. Nr. 68.

Abklatsch das letzte Zeugnis für den ursprünglichen Zustand der Inschrift ist.

In der Ägyptologie griff Adolf Erman, der Begründer des Wörterbuches der ägyptischen Sprache, seit 1897 sowohl auf die Lepsius-Abklatsche im Archiv, ↗ **Abb. 5** als auch auf eigene, neu angefertigte Abklatsche zurück. Die Ägyptologen, die für dieses große Akademie-Projekt weltweit Inschriften kopierten, wurden gebeten, neben Abschriften und eventuellen Fotos immer auch, wenn möglich, Papierabklatsche zu nehmen.

Die für Inschriften verwendeten Steinsorten in Ägypten waren Kalkstein, Sandstein und Granit. Beim Abziehen der feuchten Papiere wurden bei weichen Sandsteinen oft gleichzeitig Steinpartikel oder gar Farbpartikel von Kolorierungen mit abgelöst. ↗ **Abb. 6** Deshalb wurde das Abklatschen in Ägypten mit dem Antikengesetz vom 8.12.1912 untersagt. Dem griechischen Marmor kommt das Abklatschen dagegen zugute, indem das Säubern des Marmors, das dem Verfahren vorausgeht, den Stein von Schmutz und Bewuchs befreit.

Aus konservatorischer Sicht ist der Papierabklatsch unangefochten. Da kein Leim im Papier ist, gibt es keine Probleme mit der Konservierung. „Auf einem guten Abklatsch können Sie getrost spazieren gehen", ist mündlich überliefert von einem, der es wissen musste: Johannes Kirchner, der Editor von mehr als 13.000 Inschriften aus Athen und Attika. Es gibt drei natürliche „Feinde" des Abklatsches: Wind, Feuer und Wasser. Eine nachhaltige Sicherung des einmaligen Abklatsch-Bestandes der Berliner Akademie ist daher angebracht. Auch ist geplant, Scans beziehungsweise digitale Fotografien aller Abklatsche ins Internet zu stellen ↗ **Abb. 7** und mit den bereits vorhandenen Textdatenbanken so zu verknüpfen, dass der Nutzer neben dem Bild der Inschrift auch Text und Übersetzung einsehen kann.[4]

Ingelore Hafemann und Klaus Hallof

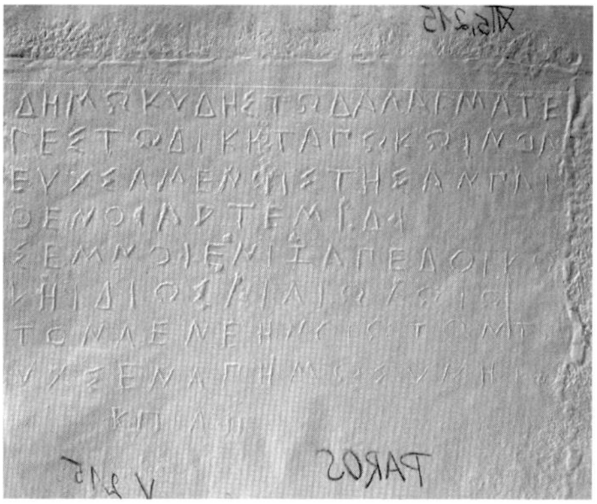

7: Digitalisat des Abklatsches einer archaischen Epigramms von der Insel Paros (IG XII 5, 215), um 500 v.Chr. Demokydes und (seine Frau?) Telestodike weihen aufgrund eines Gelübdes der Göttin Artemis eine Kultstatue und bitten sie, „ihre Familie und ihre Lebensgüter in Gesundheit zu mehren".

1 Geheimes Staatsarchiv, Preußischer Kulturbesitz, I, HA, Rep. 76 V c Sekt. 1.

2 Erwähnt in: Über Mechanische Copien von Inschriften, von E. Hübner, Berlin 1881, Kapitel III, Anhang I.

3 Ingelore Hafemann: Richard Lepsius, William Henry Fox Talbot und die frühe Fotografie. In: Göttinger Miszellen 221, Göttingen 2009, S. 119–125.

4 Siehe die Web-Präsenz der Projekte Altägyptisches Wörterbuch: http://aaew.bbaw.de und Inscriptiones Graecae: http://www.bbaw.de/bbaw/Forschung/Forschungsprojekte/ig/de/. Weitere altertumswissenschaftliche Projekte des Zentrums Grundlagenforschung Alte Welt an der BBAW: http://altewelt.bbaw.de (Stand: 07/2010).

Bildbesprechung I

„Modulation und Patina". Franz Krause arbeitet mit Druckluft.[1]

Ein schwarzes, feinmaschiges Gitter liegt vor einer in unterschiedlich starken Grau-Schwarz-Tönen abgestuften Hintergrundfläche. ↗ **Abb. 1** Die Tiefenräumlichkeit des Bildes erweitert ein darüber liegender weißer Fleck ins Vielfache: Seine an den Rändern in dicken Linien im Uhrzeigersinn verlaufende, stark plastisch und weich erscheinende Masse verdichtet sich im Zentrum zu einer tunnelartigen Häufung von kleinen, unregelmäßigen Farbzellen. Diese werden zur Mitte hin winziger und das sie zu einer wolkig erscheinenden Formation modellierende, bläuliche Weiß dunkler. Für den Betrachter ergibt sich daraus geradezu ein Tiefensog – ein Effekt, der mit Druckluft erzeugt wurde, die man für die Oberflächengestaltung der 20 x 29 Zentimeter umfassenden Sperrholztafel nutzte. So ist das gekästelte Muster der Grundfläche durch Aufspritzen von druckluftvernebelter, silbergrauer Farbe entstanden, die durch ein als Schablone dienendes Gitter aufgebracht wurde. Nach einer Trocknungsphase wurde darauf die weiße Farbe aufgesetzt und in flüssigem Zustand mit senkrecht aufgeblasener Druckluft modelliert. Die dabei schwungvoll nach außen geschobene Farbe bildete erst konzentrische Ausläufer, wurde dann durch das simultan erfolgende Abdampfen des Lösemittelbestandteils zunehmend zähflüssiger und formierte sich schließlich in Farbansammlungen von unterschiedlicher Intensität.

Die kleine Holztafel fertigte der Architekt und Künstler Franz Krause (1897–1979) im Jahre 1942 an, als er zusammen mit Willi Baumeister und Oskar Schlemmer bei der Lackfabrik Dr. Kurt Herberts & Co in Wuppertal angestellt war. Franz Krause hatte nach seinem Studium in Darmstadt und Stuttgart unter anderem 1928 als technischer Bauleiter an der Weißenhofsiedlung gearbeitet und baute für Herberts 1947 in Wuppertal das Haus Waldfrieden. Außer wenigen lokalen Ausstellungen seiner Aquarelle ist das Werk dieses Eigenbrödlers – zu dem auch Styroporskulpturen und Erfindungen wie ein Brettspiel und ein Flugapparat gehören – vergessen. Für die Künstler bedeutete die Anstellung bei dem an Kunst interessierten und Kunst fördernden Herberts ein festes Einkommen in unsicherer Zeit. Krause und seine Kollegen wurden zuerst herangezogen zu Entwürfen für Werbematerial, Typografien, Fresken in neuen Gebäuden und die Gestaltung kleiner lackierter Schränke und Dosen, die Kunden als Weihnachtsgeschenke erhielten. Baumeister und Schlemmer hatten 1933 sofort ihre Professuren verloren und galten als „entartet", ab 1941 hatten sie auch Mal- und Ausstellungsverbot. Beide waren bei Herberts als „Professoren für Maltechnik" geführt und unternahmen gemeinsam mit Krause umfassende Forschungen auf dem Gebiet der (historischen) Werkstoffkunde und der Maltechniken, die in mehreren Büchern und Broschüren mündeten. Die Unmöglichkeit, als Künstler in Erscheinung treten zu können, ließ sie in einem Maße zu wissenschaftlichen und praktischen Forschern sowie Autoren von Fachtexten werden, wie es von anderen Künstlern nicht bekannt ist. Ihr letztes gemeinsames Projekt, das sie zwischen 1940 und 1944 bearbeiteten, nannten sie *Modulation und Patina*. Das eingangs beschriebene Täfelchen Franz Krauses ist eine von noch ca. 172 erhaltenen Bildern, die als Abbildungen für das geplante Buch dienen sollten.

Im Mittelpunkt von *Modulation und Patina* standen jedoch nicht das Konzept oder Agieren des Künstlers, sondern die „Eigenkräfte" des von ihm zusammengefügten Materials. Unter diesem Oberthema suchte die Wuppertaler Arbeitsgruppe auch nach Wegen, auf künstliche Weise Spuren hervorzurufen, die natürlichen Strukturen und Alterungsprozessen ähnlich wirken. Die Trägermaterialien reichten von Briefpapier über Pappen und Sperrholz bis zu Metallblechen, auf denen u. a. Tusche, Öl- oder Dispersionsfarben und immer wieder Lacke aufgetragen wurden. Ihre ästhetische Wirkung umfasst kommentierte Versuchsreihen genauso wie sehr bildhafte Tafeln, die etwa Baumeisters *Fliegende Formen* zitieren oder seine Sandbilder. Die durch den Krieg bedingte Materialknappheit

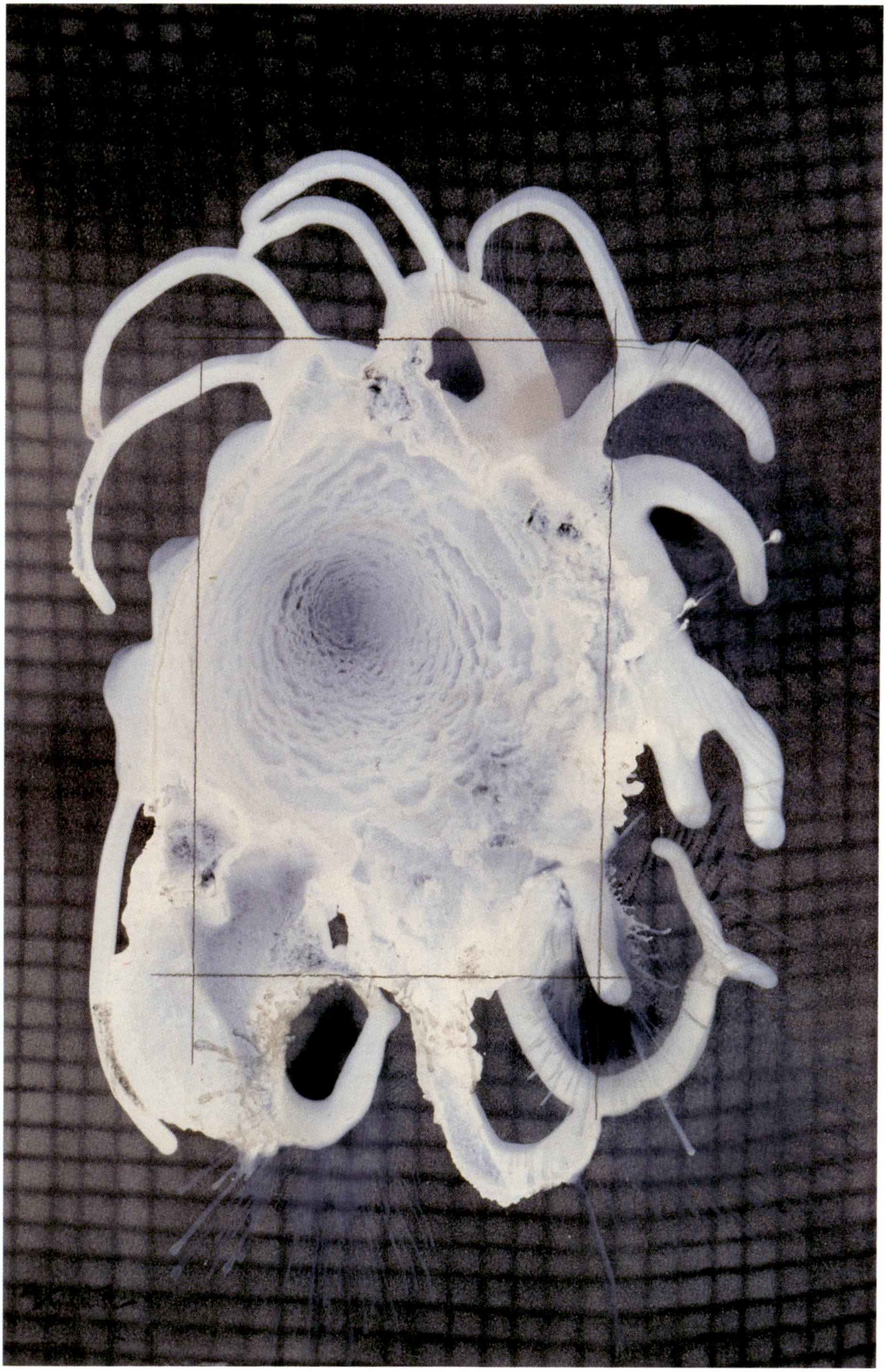

1: Franz Krause: Versuchstafel, 1941, Lackfarben auf Sperrholz, 20 x 29 cm.

hat zum Potpourri der verwendeten Stoffe ebenso beigetragen wie der umfassende Anspruch des Projekts. Mit der Frage nach dem „Selbstbildungstrieb der Stoffe" bewegten sich die drei Künstler – wie sie selbst 1944 entdeckten, als sie ihr Projekt so benennen wollten – auf den Spuren des Chemikers Ferdinand Friedlieb Runge, der bereits 1855 ein gleichnamiges Buch publiziert hatte.[2] Wo Runge aber systematisch das Wirken chemischer Substanzen an die Methode der Papierchromatografie koppelte, um charakteristische Farb- und Formenbildungen anhand dieses Visualisierungsverfahrens zu zeigen, ging es in Wuppertal um die Nähe der Gestaltungen zur Ästhetik von Naturphänomenen. Wichtige künstlerische Bezugspunkte waren, wenn es um die „Eigenkräfte" des Materials und den Zufall als Gestaltungsprinzip ging, auch die Surrealisten und etwa die von ihnen genutzte Abklatschtechnik, die Décalcomanie, immer aber auch für Baumeister die prähistorische Höhlenmalerei und ihre Bildtechniken wie Sandritzungen und die Einfachheit ihrer Formen.

Der für die Veröffentlichung 1944 angefertigte Bebilderungsplan vermerkt zu dieser Tafel: „Durch Pressluft verblasene Farbe ergibt scheinbare Tiefe durch die Wellenbildung. Ähnliche Erscheinungen wie am Meere oder auf Wasserspiegeln."[3] Eine solche an Wellen erinnernde Zellenstruktur wäre durch diese Erklärung ohne Weiteres nachzubilden, da die zufällige Bildung zum guten Teil zu lenken ist. Wenn die Gestaltung der Tafel heute Assoziationen an einen Wasserstrudel hervorruft, so kann man also davon ausgehen, dass dies von ihrem Verfertiger durchaus gewünscht war: Derartige Analogiebildungen waren das Thema des Buches. Die verschiedenen Möglichkeiten, durch den Umgang mit dem Material strukturierte Farbflächen hervorzurufen, wurden ergänzt durch optisch vergleichbare Naturphänomene.[4] Im Band sind deshalb neusachlich anmutende Naturfotografien ebenso abgebildet wie Reproduktionen von Kunstwerken. Wolken- und Sandformationen, Kristallbildungen, Blüten, verwitterte Wände boten ebenso Anregung wie Werke von Rembrandt, Renoir, van Gogh oder auch Asiatika, jeweils versehen mit Detailabbildungen der Pinselführung.

Kurt Herberts gelang es, die Forschungen als „kriegswichtig" einstufen zu lassen. Sie erscheinen unter diesen Vorzeichen ähnlich widersprüchlich wie ihr Auftraggeber, der Wehrwirtschaftsführer und Anthroposoph Kurt Herberts. Seine Firma stellte Industrielacke genauso her wie Beschichtungen, Bau-, Schiffs- und Tarnfarben.[5] Die Naturnähe der Modulationen zur Tarnung ist bestechend und diese Verbindung der Lackexperimente zur Gestaltung von Tarnfarben erscheint plausibel, obgleich sie nicht eindeutig belegbar ist. Hinzu kommt, dass Schlemmer während des Krieges immer wieder für den Stuttgarter Malermeister Kämmerer, einen Verwandten Baumeisters, Tarnanstriche ausführte. Die Verwendung von Pressluft zum Auftrag von Farbe, die Spritztechnik, war ein bereits lange etabliertes Verfahren zur Oberflächenbeschichtung in der Industrie.[6] Mit ihr arbeitete Krause auch noch bei acht weiteren Tusche- oder Schablonenbildern, und sie wurde auch von Schlemmer und Baumeister benutzt. Die Tafeln lassen sich jedoch genauso wenig eindeutig der Farbtechnologie *oder* der künstlerischen Gestaltung zuordnen, wie der Kriegsindustrie *oder* der Forschung; sie sind Teil aller dieser Kontexte.

Die immer wieder als „Versuchstafeln" bezeichneten Objekte verschwanden nach 1945 für Jahrzehnte in einem Schrank in der Lackfabrik. Erst im Nachhinein, im Jahre 1968, wurden sie von Franz Krause den Beteiligten zugeschrieben, und damit begann ihre eindeutige Zuweisung zum Kunstkontext. Die von ihm angefertigten Tafeln signierte Krause und datierte sie teilweise auch. Seine eigene Kunst der 1930–1950er Jahre weist jedoch starke Ähnlichkeit zur Ästhetik der Tafeln auf, und Willi Baumeister nahm bereits während der gemeinsamen Arbeit einige Tafeln aus Wuppertal nach Stuttgart mit und lehnte sie unter seine Bilderwand im Wohnzimmer. Er bezeichnete auch in einem Brief an Heinz Rasch von 1943 das Thema „Modulation und Patina" als „einen der Kernpunkte moderner Malerei".[7] Damit sprach er der gemeinsamen Arbeit künstlerischen Wert zu, auf den auch die Analogiebildungen zu Kunstwerken im Buch verweisen sollten. Ihr Status blieb ambivalent, denn das Schaffen von Ästhetiken war Arbeitsmethode und Arbeitsziel zugleich: Sie gaben Aufschluss über Eigenschaften von Materialien und Gestaltungstechniken sowie deren Wirkung. Die Bildpraxis erschloss die Theorie bildhafter Erkenntnis, und dabei brachte die Oberfläche das tiefere Wissen. Aber durch sie gelangten auch in neuer Form der Stellenwert der Materialästhetik und vor allem die industrielle Technik in die Kunst. Lange bevor sich Künstler der Pop-Art wie Roy Lichtenstein und James Rosenquist mit der Technik des Airbrush beschäftigten, taten dies drei „Maltechniker" in ihren zu einer Wuppertaler Lackfabrik gehörenden Arbeitsräumen.

Stella Eichner und Angela Matyssek

1 Der Objektbestand von „Modulation und Patina" befindet sich seit Ende 2006 in der Sammlung des Kunstmuseum Stuttgart und war Gegenstand der Ausstellung „Laboratorium Lack. Baumeister, Schlemmer, Krause 1937–1944" (Kunstmuseum Stuttgart, 28. April–22. Juni 2007) zu der ein gleichnamiger Katalog erschienen ist. Für Austausch und Anregungen danken die Autorinnen Marion Ackermann herzlich. Vom 11. Mai bis 25. Juli 2010 zeigt das Von der Heydt-Museum Wuppertal die Ausstellung „Der dritte Mann – Franz Krause 1897–1979".

2 Vgl. Hans-Jürgen Krug: Der Bildungstrieb der Stoffe. Faksimile. In: Bildwelten des Wissens 1,2 (Oberflächen der Theorie), Berlin 2003, S. 57–61.

3 Bebilderungs-Plan für die Publikation von „Modulation und Patina", Typoskript im Archiv Baumeister im Kunstmuseum Stuttgart, ca. 1944, S. 25.

4 Kurt Herberts: Vorwort. In: Ders. (Hg.): Modulation und Patina. Ein Dokument aus dem Wuppertaler Arbeitskreis um Willi Baumeister, Oskar Schlemmer, Franz Krause 1937–1944, Stuttgart 1989, S. 7.

5 Zur Tarnung auch Birgit Schneider: Gefleckte Gestalten. Die Camouflage von Schiffen im Ersten Weltkrieg. In: Claudia Blümle und Armin Schäfer (Hg.): Struktur, Figur, Kontur. Abstraktion in Kunst und Lebenswissenschaften, Zürich/Berlin 2007, S. 141–158.

6 Enzyklopädie der technischen Chemie, hg. von Fritz Ullmann, Bd. 7, 2: Kunstharz – Natrium, Berlin 1931, S. 262.

7 Baumeister an Rasch, 21.9.1943, zitiert nach Günter Aust, Chronik 1937–1944. In: Enzyklopädie (s. Anm. 6), S. 24.

Bildbesprechung II

Das Zimmer als intimes Höhlenszenario. Schatten und Berührung in Fabio Sandris *stanze*

Als Ursprung der Malerei wird in vielen einschlägigen kunstgeschichtlichen Werken immer wieder die Projektion eines Schattens im nächtlichen Schein einer Kerze herangezogen. Prototypisch für die Entstehung eines Bildes gilt das antike Szenario, in dem die Tochter des Korinther Töpfers Dibutades den an die Wand projizierten Schatten ihres Geliebten durch Umreißen als Profil festhält. Diese Schilderung im 35. Buch der Naturgeschichte Plinius des Ältern (ca. 23–79 n. Chr.) bleibt jedoch nicht auf die Fixierung einer flächigen Projektion beschränkt: In einer späteren Passage wird die umrissene Fläche ins Plastische erweitert, indem Dibutades Vater dem Schattenriss eine räumliche Gestalt gibt und mit Ton ausfüllt. Diese Rückübersetzung in einen Körper hat sich vom planen „Ursprung" – so scheint es – weit entfernt. Aber bereits die geschilderte horizontale Projektion lässt, indem sie aus der Distanz an die Wand geworfen wird, vergessen, was den Schatten ursprünglich kennzeichnet: Erst bei Tageslicht betrachtet zeigt sich, dass jeder Schatten unvermeidbar mit einem Körper verbunden ist.

Dass der Schatten ein besonderes visuelles Potenzial aus der relativen räumlichen Nähe von Objekt und Oberfläche entfaltet, wird mit der Entdeckung lichtempfindlicher Aufzeichnungsmedien deutlich. Mit der Einführung von fotosensitiven Platten, Filmen und Papieren wandelt sich die Schattendarstellung: Negiert das Silhouettieren das nuancierte Wechselspiel von Halb- und Vollschatten innerhalb der Umrisslinie, so können die auf einem lichtempfindlichen Träger festgehaltenen Schatten zuweilen differenzierte Binnenstrukturen aufweisen. Den ästhetischen Reiz verdankt das Verfahren vielfach dem Spiel mit Berührung und Distanz, die ein direkt auf das lichtempfindliche Material

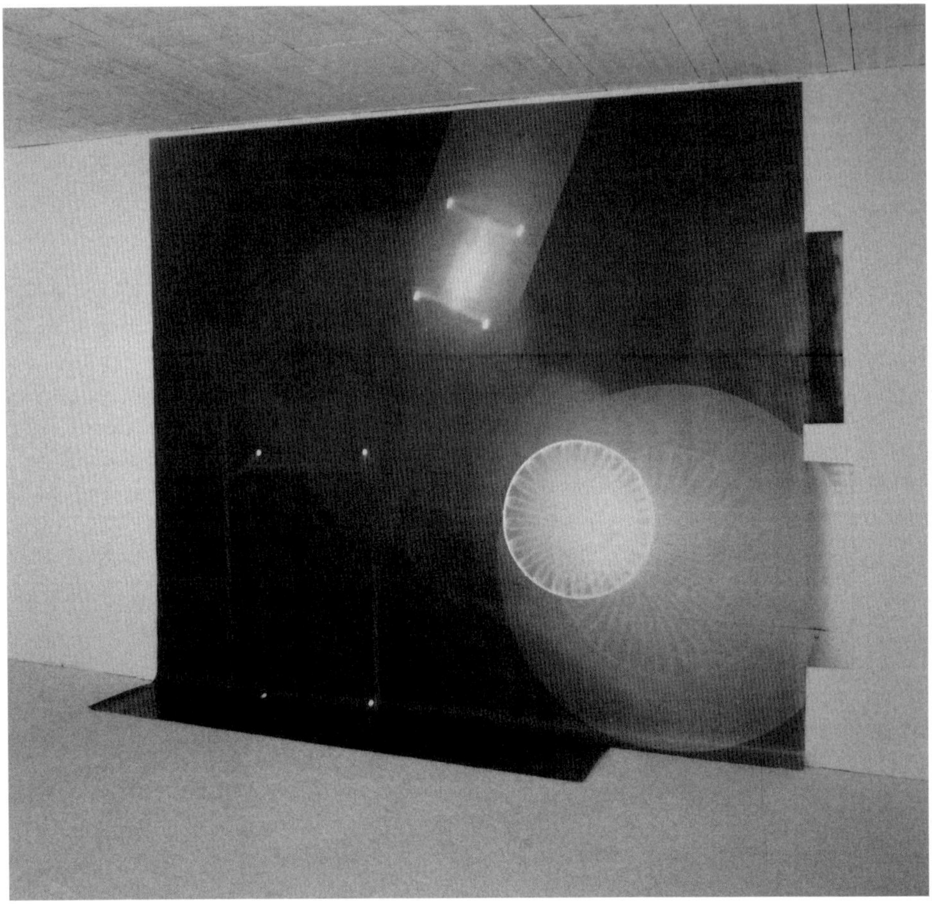

1: Fabio Sandri: Stanza 10, 2004, Reflexkopie und Schattenaufnahme, schwarz-weißes Kunststofffotopapier, 381 x 425 cm.

gelegter Gegenstand unter Wirkung verschiedener Lichtquellen hervorruft.

Trotz der potenziellen Gründung von Abdruck und Schatten im Taktilen, blieben Schattenbilder in der theoretischen Reflexion bislang eher unterbelichtet.[1] Dies verwundert umso mehr, als Schattenaufnahmen in Form des Röntgenverfahrens Ende des 19. Jahrhunderts für eine Bildrevolution in den Naturwissenschaften sorgten.[2] Wenig später wurde nach dem Ersten Weltkrieg die Schattenaufnahme unter Namen wie *Rayographie* oder *Fotogramm* von der künstlerischen Avantgarde als Kunstform etabliert.[3]

Dass gerade die Schattenaufnahme hinsichtlich ihres Verhältnisses zur Berührung bis heute noch lange nicht künstlerisch ausgeschöpft ist, zeigt beispielsweise das aktuelle Œuvre von Fabio Sandri. In seinem Zyklus der *stanze* (ital. Zimmer) vermögen Abdruck und Schattenaufnahme gar eine besondere Liaison einzugehen.[4] Hierzu vertikalisiert der norditalienische Künstler seit 2003 gewissermaßen das korinthische Szenario, indem er Innenräume in eine platonische Höhle verwandelt: Als Projektionsquelle dient ihm die Glühbirne der Deckenlampe, zur Projektionsebene wird der Boden des Raumes. Er räumt ein Zimmer vollständig aus, dunkelt es ab und legt den Boden mit Bahnen von Schwarz-Weiß-Fotopapier aus. Nachdem er das Mobiliar und die Gegenstände wieder an der ursprünglichen Stelle positioniert hat, belichtet er die Anordnung durch die kurze Betätigung des Lichtschalters. Die langen schwarz-weißen Kunststofffotopapierbahnen werden schließlich von Hand in großen Bassins entwickelt.

Was Sandris *stanze* eine außerordentliche Haptik verleiht, ist eine weitere Besonderheit in der Vorgehensweise, die ihn etwa von den skulpturalen Blaupausenräumen des deutschen Künstlers Jörg Wagner unterscheiden. Sandri bedient sich des Verfahrens der Reflexkopie, wie es u. a. von Floris M. Neusüss für seine Nachtbilder der 1980er Jahre verwendet wurde: Die lichtempfindliche Schicht des Schwarz-Weiß-Papiers zeigt nicht nach oben, sondern ist nach unten gekehrt. Die Emulsion berührt überwiegend den Boden und wird durch das Papier hindurch belichtet. Der italienische Kunsthistoriker Elio Grazioli spricht nicht zuletzt deshalb von „doppelten Fotogrammen": Nicht nur die Schatten der Gegenstände hinterlassen ihre Spur in den großen Schattenaufnahmen, sondern auch Details des Bodens drücken sich sprichwörtlich in einem Akt der Berührung ab.[5]

Steht man unmittelbar vor einer solchen *stanza*, wie sie im Sommer 2009 in der Gruppenausstellung *Lichtklang + Schattenblitz* im Kulturhaus Karlshorst im Berliner Bezirk Lichtenberg erstmals in Deutschland zu sehen war,[6] so ist diese Berührung durch die Dichte der Repräsentation unmittelbar spürbar. ↗ **Abb. 1** Betrachtet man eine der beiden in Karlshorst präsentierten *stanze* näher, so stellt sich ein „mehrdeutiges Raumgefühl" ein: Der Abdruck des Laminatbodens durchdringt sich in der 2004 entstandenen *stanza* mit den Schattenprojekten dreier Möbelstücke. Dabei zeigt sich die Berührung im Abdruck und im Schattenbild jeweils grundverschieden. Die Stellen, an denen die Möbel das Fotopapier berührten, resultieren vollkommen weiß, da kein Licht dorthin gedrungen ist. Der Laminatboden zeigt sich an den Berührungsstellen in voller Konkretion, verliert sich aber nur beim geringsten Abstand in einem Sfumato. ↗ **Abb. 2**

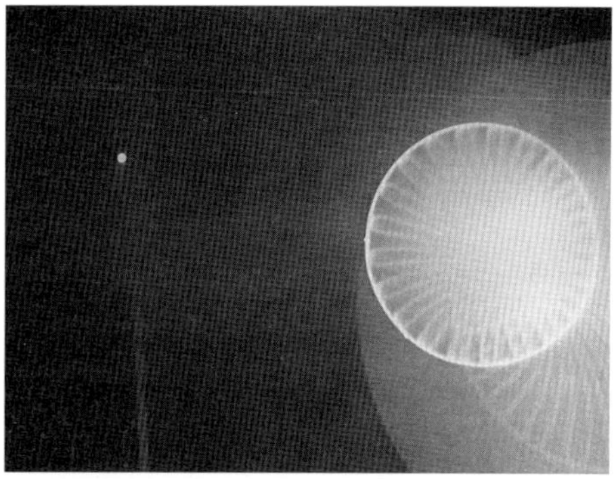

2: Fabio Sandri: Stanza 10, Detail.

Die aus drei matten Fotopapierbahnen zusammengesetzte Arbeit sprengt nicht nur aufgrund ihrer Größe (381 x 421 cm) gängige Präsentationsformate; da die horizontal angeordneten Bahnen entsprechend der den Boden konturierenden Zimmerwände zugeschnitten sind, fällt die *stanza* zudem sprichwörtlich aus der rechwinkligen Disposition konventioneller Rahmen. Aufgrund der nicht ausreichenden Deckenhöhe ist ein Teil der untersten Bahn auf den Boden geklappt.

Drei Möbelstücke, die mehr oder weniger in einem Dreieck zueinander angeordnet sind, dominieren motivisch die *stanza*: ein Drahtliegegestell, ein kreisförmiger Glastisch mit einem runden, nach unten sich verjüngenden Ständer – vermutlich aus Rohrgeflecht – und schließlich ein rechtwinkliger Gegenstand mit einem fahrbaren Untersatz. Der Lichtkegel der belichtenden Glühbirne macht sich nicht nur durch eine kreisförmige Projektion in der Mitte der drei Gegenstände bemerkbar,[8] sondern er wirkt wie eine Zentrifugalkraft, die die Schatten von der Bildmitte weg zum Rand hin schleudert.

Sandri ist von Hause aus Maler, der sich bereits früh für den Abdruck interessierte. Für den Schüler des informellen Malers Emilio Vedova bildeten Abdrücke eine technische, aber

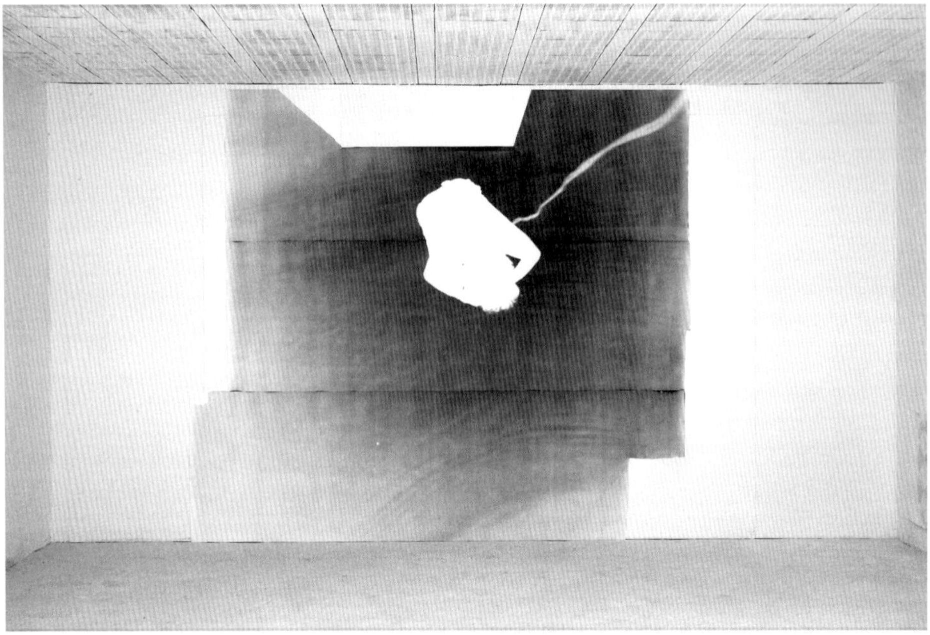

3: Fabio Sandri: Stanza 2, 2003, Reflexkopie und Schattenaufnahme, schwarz-weißes Kunststofffotopapier, 318 x 340 cm.

auch konzeptionelle Brücke von der Malerei hin zu einem schattenbildnerischen Umgang mit lichtempfindlichen Materialien. Der Arbeit mit dem eigenen Schatten auf Fotopapier gingen Experimente mit dem plastischen Abdruck seines Körpers in Materialien wie Gips, Parafin oder einem Gemisch aus Silikon, Heu und Grafit voraus. Wahrscheinlich inspirierten ihn derartige Erfahrungen mit dem Abdruck, Schattenaufnahmen mit zum Boden hin gewandtem Fotopapier herzustellen, so dass sich sein Körperschatten mit dem Abdruck des Dielenfußbodens durchdrangen. ↗ **Abb. 3** Beinahe wie ein Embryo schwebt Fabio Sandri hier im Schattenbildraum. Der Auslöserdraht, der den Künstler mit der an der Decke befindlichen Birne verbindet, wird zur Nabelschnur. In den darauf folgenden *stanze* ersetzt er seinen Körper schließlich durch das vorhandene Mobiliar. Waren es anfangs noch einzelne Zimmer, so hält Sandri mittlerweile ganze Wohnungen in seinem unverwechselbaren Verfahren fest.

Sandris *stanze* wecken Assoziationen zu den *Delocazione*, in denen Claudio Parmiggiani seit 1970 anstatt Licht immer wieder Staub und Rauch einsetzt, um ganze Raumsituationen auf Wänden zu projizieren.[9] Wenn Parmiggiani das Resultat dieses räumlichen Übersetzungsprozesses als ein „Schattenambiente"[10] bezeichnet, so unterstreicht er die Nähe zum Schatten und die atmosphärisch wirkende Raumdarstellung. Auch Sandri geht es in den *stanze* keineswegs nicht nur um den konkreten Zimmerraum, sondern vor allem um eine andere Konzeption von Räumlichkeit (concetto spaziale). Diese offenbart sich jedoch auf sehr unterschiedliche Weise im Abdruck und in der räumlichen Schattenprojektion: Im Abdruck ist das Räumliche abwesend, da nur das wiedergegeben wird, was sich im unmittelbaren Kontakt mit dem Fotopapier eingedrückt hat. Der Raum verschwindet hinter all diejenigen Stellen, die ohne Kontakt mit einer Objektoberfläche geblieben sind. Dagegen bietet die Schattenprojektion ein breites räumliches Interaktionsfeld von Licht und Körper. Die Schatten bleiben dabei in spezifischer Weise auf das taktile Moment bezogen. Wo sich schattenwerfender Gegenstand und lichtempfindlicher Träger berührten, schlägt sich der Kontakt in höchster Schärfe nieder, die sich jedoch mit zunehmender Distanz kontinuierlich in Grauwerten verliert. Oftmals zeigt sich der Ort der Berührung zugleich auch als Leerstelle: Opake Auflageflächen verbleiben im unbelichteten Weiß.

Diese wesentlichen Charakteristika von Abdruck und Schattenaufnahme lässt Fabio Sandri durch die Durchdringung beider Verfahren in den *stanze* nur allzu deutlich werden. Während Parmiggianis Arbeiten an den Ort ihrer Entstehung gebunden bleiben, löst Sandri sie von diesem ab. Abwesend sind bei ihm nicht mehr nur die Gegenstände, sondern auch der Raum selbst. Schatten und Abdruck verlassen die Wände der platonischen Höhle und emanzipieren sich so vollends zum Bild.

Tim Otto Roth

1 Vgl. Victor I. Stoichita: Eine kurze Geschichte des Schattens, München 1999 und Georges Didi-Huberman: Ähnlichkeit und Berührung. Archäologie, Anachronismus und Modernität des Abdrucks, Köln 1999. Beide Autoren gehen nicht auf Schattenaufnahmen ein. Ferner behandelt die meiste Literatur zu Schattendarstellungen die Darstellungen von Schatten in Bildern, jedoch nicht den Schatten als eigenständiges bildgebendes Phänomen. Vgl. z. B. Ernst H. Gombrich: Schatten – ihre Darstellung in der abendländischen Kunst, Berlin 1997.

2 Monika Dommann: Durchsicht, Einsicht, Vorsicht. Eine Geschichte der Röntgenstrahlen 1896–1963, Zürich 2003; Vera Dünkel: Röntgenblick und Schattenbild. Zur Spezifik der frühen Röntgenbilder und ihren Deutungen um 1900. In: Horst Bredekamp, Birgit Schneider, Vera Dünkel (Hg.): Das Technische Bild. Kompendium zu einer Stilgeschichte wissenschaftlicher Bilder, Berlin 2008, S. 136–147.

3 Vgl. Roland März: Die Kunst der kameralosen Fotografie – Versuch über das Fotogramm. In: Bildende Kunst 30, 1982, Nr. 6, S. 279–283; Floris M. Neusüss: Das Fotogramm in der Kunst des 20. Jahrhunderts, Köln 1990. Der im Folgenden verwandte Begriff der Schattenaufnahme für einen direkt auf lichtempfindlichem Material festgehaltenen Schatten geht auf den Braubiologen Paul Lindner zurück und bezieht auch nichtkünstlerische Verwendungsweisen mit ein. Vgl. Paul Lindner: Photographie ohne Kamera, Berlin 1920.

4 Im Folgenden ist mit Abdruck der bildhafte, überwiegend flächig-strukturierende Abdruck gemeint.

5 Vgl. Elio Graziolis Begleittext zu Fabio Sandri: Fotosensibilità, Ausst.kat., Bologna 2006, o. S.

6 Katharina Hausel: Giusi Fanella, Pierpaolo Pagano Fabio Sandri – „Lichtklang und Schattenblitz". In: Brennpunkt, 2009, Nr. 3, S. 8.

7 Hausel (s. Anm. 6).

8 Dass dieser Kreis sich heller darstellt, ist auf die ungleichmäßige Ausleuchtung durch die Birne zurückzuführen.

9 Parmiggiani staubt oder räuchert möblierte Räume ein und entfernt anschließend das Mobiliar. Vgl. dazu Georges Didi-Huberman: Génie du non-lieu. Air, poussière, empreinte, hantise, Paris 2001; Peter Weiermeier: Claudio Parmigiani, Ausst.kat., Bologna 2003.

10 „un ambiente di ombre", vgl. Claudio Parmiggiani: Stella, sangue, spirito, Arles 2004, S. 232.

H. Walter Lack

Bilder aus Asphalt. Zur Rolle von Kontaktverfahren bei der Erfindung der Fotografie

Die Ikone der Fotografiegeschichte ist eine aufwendig gerahmte, sonst aber unscheinbare Zinnplatte.[1] ↗ **Abb. 1, Tafel 3** Teilweise mit einer hauchdünnen, gehärteten Asphaltschicht bedeckt, lässt sich auf ihr nur unter einem bestimmten Blickwinkel ein Bild erkennen. Es zeigt den Blick aus einem Fenster auf den Hühnerhof des Landgutes Le Gras im Dorf Saint-Loup-de-Varennes bei Chalon-sur-Saône in Frankreich. In einer luftdichten, mit inertem Gas gefüllten und klimatisierten Sicherheitsvitrine im Harry Ransom Center der Universität Austin in Texas ausgestellt,[2] lockt die wenig spektakuläre, gerahmte Platte keine Besuchermassen an und doch beginnt mit ihr recht eigentlich die von Fotografien durchflutete Moderne. Erstmals war es nämlich gelungen, das Licht zu zwingen, ein dauerhaftes Bild einer Ansicht zu hinterlassen. Mit diesem Durchbruch ging der Hersteller der Platte in die Technikgeschichte ein, auch wenn seine Erfindung erst sechs Jahre nach seinem Tod durch einen am 2. März 1839 erschienenen Leserbrief an die Zeitschrift Literary gazette and journal of belles lettres, arts, sciences etc. bekannt gemacht wurde.[3] Zu sehen war die berühmte Ansicht des Hühnerhofs erstmals am 19. März 1839 bei einem Empfang, den Joshua Alwyne Compton, 2nd Marquess of Northampton, Präsident der Royal Society, in London gab.[4] Im Folgenden wird gezeigt, dass Kontaktbilder eine wesentliche Zwischenstation auf dem langwierigen Weg zum *Blick aus dem Fenster* bilden und wie die berühmte Platte an die University of Austin gelangte.

Erfinder der Bilder aus Asphalt war Joseph-Nicéphore Niépce, am 7. März 1765 in Chalon-sur-Saône geboren, Besitzer einiger Landgüter und unermüdlicher Experimentator, über dessen Tätigkeit nur die Korrespondenz mit seinem Bruder Claude informiert, während die Masse der von ihm angefertigten Bilder und anderer Materialien verlorengegangen ist. Veröffentlicht hat Niépce keine einzige Zeile. Gerade aus diesem Grunde stellen seine Arbeiten für die Erforschung der frühen Fotografiegeschichte eine besondere Herausforderung dar, und so haben sich zahlreiche Wissenschaftler mit diesem Thema beschäftigt.[5] Erst die vollständige Veröf-

1 Helmut Gernsheim: The 150th anniversary of Photography. In: History of Photography 1, 1977, S. 3–8.

2 http://www.hrc.utexas.edu/exhibitions/permanent/wfp (Stand: 12/2009).

3 Franz Bauer: Letter dated 26 February 1839. In: Literary gazette and journal of belles lettres, arts and sciences 1154, 1839, S. 137–139.

4 R. C. Smith: Nicéphore Niépce in England. In: History of Photography 7, 1983, S. 43–50.

5 Geoffrey Batchen: Burning with Desire. The Conception of Photography, Cambridge, Mass./London 1997; Kelley Wilder: Photography and Science, Chicago 2009; Friedrich Tietjen: Unternehmen Fotografie. Zur Frühgeschichte und Ökonomie des Mediums. In: Fotogeschichte 100, 2006, S. 9–16.

1: Blick aus dem Fenster, Heliografie von Nicéphore Niépce, Original: Harry Ransom Humanities Research Center, University of Austin, Texas.

fentlichung des Briefwechsels von Niépce vor sieben Jahren gestattet einen vertieften Einblick und erlaubt in erster Annäherung die Rekonstruktion und Wiederholung seiner bahnbrechenden Arbeiten.[6] Dabei ist zu vermuten, dass es Niépce sowohl um das dauerhafte Festhalten eines flüchtigen Bildes, als auch um die Herstellung von durch das Licht angefertigten Druckformen ging.

Schon in den Jahren 1793 bis 1794 hatten sich Nicéphore Niépce und sein Bruder Claude mit der Frage beschäftigt, wie man das in einer Camera obscura, das heißt im Inneren eines nur durch ein kleines Loch belichteten Raumes, entstehende Bild festhalten könne. Die Existenz derartiger auf dem Kopf stehender, lichtschwacher Bilder war seit der griechischen Antike bekannt, ebenso wie die Tatsache, dass sie nur bei ausreichender Abdunklung beobachtet werden können. Planmäßige Experimente mit Licht begann Niépce offensichtlich erst im Jahre 1816, wobei er mit lichtempfindlichen Silbernitraten arbeitete, sie auf den Träger Papier aufbrachte und die bei Exposition, also bei Belichtung, auf der Papieroberfläche entstehenden Bilder untersuchte. Die Ergebnisse waren allerdings unbefriedigend, da sich die auf dem

6 M. Bonnet (Hg.): Niépce. Correspondance et papiers, Paris 2003, S. 1f; davor Auszüge aus der Korrespondenz in P. Jay: Nicéphore Niépce: lettres et documents, Paris 1983.

Träger zeigenden Bilder als nicht dauerhaft erwiesen und bei erneuter Exposition wieder vergingen. Er sah sich – wie auch davor Thomas Wedgwood in England – daher gezwungen, seine Arbeiten mit Silbersalzen abzubrechen. Spätestens im Frühjahr des folgenden Jahres begannen Experimente mit Resina guajaci, dem Harz des Gujacbaumes (*Guaiacum officinale* L.), das die Eigenschaft besitzt, seine Farbe im Licht zu verändern. Während diese Eigenschaft bereits seit dem achtzehnten Jahrhundert bekannt war, scheint Nicéphore Niépce der erste gewesen zu sein, der entdeckte, dass mit der Farbänderung auch eine Veränderung der Löslichkeit einherging. Kurz gesagt, Licht härtet eine dünn aufgetragene Harzschicht. Ähnliche Eigenschaften zeigt auch eine dünne, auf einen Träger aufgebrachte Asphaltschicht, damals *bitume de Judée* (Bitumen aus Judäa, das heißt vom Toten Meer) genannt: Im Licht wurde die Asphaltschicht hart, im Dunkeln blieb sie weich. Niépce erkannte, dass die gehärtete Asphaltschicht nicht mit einem Lösungsmittel – er verwendete ein Gemisch aus Terpentin und Lavendelöl – vom Träger abgelöst werden konnte, sehr wohl aber die weich gebliebene Asphaltschicht. Damit hatte er eine irreversible fotochemische Reaktion entdeckt, denn die neu erworbene Eigenschaft der Asphaltschicht war nicht mehr rückgängig zu machen.

In den folgenden Jahren verglich Niépce verschiedene Träger für die lichtempfindliche Asphaltschicht, darunter Zinn, Glas sowie für Lithografien geeignete Steinplatten und suchte nach Anwendungsmöglichkeiten. In der ersten Hälfte des Jahres 1822 gelang ihm ein erster vielversprechender Erfolg: Er brachte auf einer Glasplatte eine lichtempfindliche Asphaltschicht auf, ließ sie trocknen, bedeckte sie mit einem mit Öl transparent gemachten Kupferstich, der Luigi Barnabà Niccolò Maria Graf Chiaramonti (1742 – 1823), den damals regierenden Papst Pius VII., darstellte, und setzte dieses Ganze dem Sonnenlicht aus. Nach einer Exposition von unbekannter Dauer wurde der Kupferstich entfernt und die nur teilweise gehärtete, teilweise weich gebliebene Asphaltschicht mit dem Lösungsmittelgemisch behandelt. Dabei lösten sich die unbelichteten Asphaltschichten vom Glas, während die gehärteten am Glas haften blieben. Ergebnis dieses Experiments war das erste durch Licht hergestellte Negativbild: Die schwarzen Linien des Kupferstichs erschienen als transparent gebliebene Linien des Glases, während die hellen Flächen des Kupferstichs als Asphaltflächen auf dem Glas hafteten. Genauer betrachtet war das Licht durch die hellen, nicht mit Druckerschwärze bedeckten, durch Öl transparent gemachten Stellen des Papiers auf die Asphaltschicht gedrungen, hatte sie gehärtet und fest an das Glas gebunden; an anderen Stellen konnte das Licht nicht durch die mit Druckerschwärze bedeckten Stellen des Papiers auf die Asphaltschicht dringen, die daher dort nicht gehärtet wurde, nicht fest am Glas haftete und so leicht abgewaschen werden konnte. Erhalten hat sich diese Glasplatte mit dem durch das Licht entstandenen Bild von Pius VII. nicht. Man wird es als Kontaktbild bezeichnen können, weil es im unmittelbaren Kontakt von Kupferstich mit Asphaltschicht entstanden ist, wobei sich jedoch nicht die Oberfläche, sondern das an einigen Stellen durch den Kupferstich dringende Licht als bildgebend erwies.

Spätestens vier Jahre danach gelang Niépce ein weiterer Schritt: die Herstellung einer Druckform, wobei er wieder mit einer lichtempfindlichen Asphaltschicht auf einem Träger, diesmal einer polierten Zinnplatte, zu arbeiten begann. Verwendet wurde ein mit Firnis transparent gemachter Kupferstich von Isaac Briot aus den Jahre 1633, der Georges d'Ambroise (1460–1510), Kardinal, Erzbischof von Rouen und Minister von Ludwig XII., König von Frankreich, zeigt. Es entstand wie bei Pius VII. ein Negativbild. An den unbelichteten Stellen glänzte nach der Behandlung mit dem Lösungsmittelgemisch das Metall, an den belichteten Stellen blieb die dünne, dunkle Asphaltschicht fest auf dem Metall haften. Niépce ließ nun vorsichtig die Zinnplatte ätzen, wobei die Säure nur die blanken Metallflächen angreifen und vertiefen konnte, nicht aber die durch die Asphaltschicht geschützten Bereiche. Dem Säurebad entnommen und getrocknet, folgte nun ein zweiter Arbeitsschritt mit einem zweiten Lösungsmittel, möglicherweise Alkohol. Damit entfernte Niépce die gehärtete Asphaltschicht von der Zinnplatte und hatte so eine Druckform[7] hergestellt. Färbte man nämlich die Druckform ein, so füllte die Druckerschwärze die von der Säure geschaffenen Vertiefungen, während die zuvor von der gehärteten Asphaltschicht bedeckten Partien nach dem bei einer Radierung üblichen Auswischen weiß druckten. Ohne Stichel oder Radiernadel war so eine Platte entstanden, mit der das Porträt des Kardinals gedruckt werden konnte. ↗ **Abb. 2** Sowohl diese Druckform aus Zinn als auch mehrere Papierabzüge davon haben sich im Muséum Nicéphore Niépce in Saint-Loup-de-Varennes und anderswo erhalten.[8] Niépce nannte die Herstellung der geätzten Druckform *héliographie* (Sonnenzeichnung), denn die Sonne, und nicht die Hand des Menschen, hatte das Bild hervorgebracht. Unbekannt sind die Expositionszeiten, sie dürften, wie bei Pius VII., viele Stunden betragen haben.

Erst nach diesen Erfolgen mit Kontaktverfahren wandte sich Niépce wieder seinem ursprünglichen Anliegen zu, das in einer Camera obscura projiziierte Bild dauerhaft festzuhalten. Ein wesentlicher Schritt dafür war die Anfertigung einer

7 F. Cheval: Photographies: histoires parallèles. Collection du Musée Nicéphore Niépce, Paris 2000.
8 http://www.niepce.com/pages (Stand: 12/2009).

Linse bei dem Pariser Optiker Vincent Chevalier, die – vor das kleine Loch gesetzt – ein für damalige Verhältnisse lichtstarkes Bild auf der Innenwand der Camera obscura entstehen ließ. In die so verbesserte Holzschachtel brachte Niépce eine mit einer lichtempfindlichen Asphaltschicht bedeckte Zinnplatte ein und richtete die Linse von einem Dachfenster auf den Hühnerhof und die dahinterliegenden Felder seines Landgutes Le Gras. Nach einer Expositionszeit von wahrscheinlich mehreren Tagen trat der erwünschte Effekt ein:[9] Die Asphaltschicht hatte sich an den belichteten Partien der Platte verhärtet, die unbelichteten Stellen blieben hingegen weich und konnten mit einem Lösungsmittel abgewaschen werden. Damit war es Niépce gelungen, das Licht direkt – ohne Kontakt der lichtempfindlichen Schicht mit einem Objekt – dazu zu zwingen, ein dauerhaftes Bild der Natur entstehen zu lassen. ↗ **Abb. 1** Die lange Expositionszeit hatte allerdings auch wandernde Schatten zur Konsequenz, sodass keine scharfen Konturen entstanden waren. Im Gegensatz zum Kardinal d'Amboise hat Niépce, soweit bekannt, keinen Versuch unternommen, die getrocknete Zinnplatte weiterzuverarbeiten und zur Druckform zu machen – vielleicht auch aufgrund der Unschärfen. Aber ein Durchbruch mit unabsehbaren Folgen war gelungen, und Niépce scheint sich auch der Tragweite seiner Erfindung bewusst gewesen zu sein.

Trotzdem veröffentliche Niépce nichts über seine Experimente, ja er blieb auch in seiner Korrespondenz sehr zurückhaltend, so dass man für die Entstehung des *Blicks aus dem Fenster* nur einen Terminus ante quem benennen kann – August 1827. Zu diesem Zeitpunkt brach nämlich Niépce von Chalons-sur-Saône auf, um seinen schwer erkrankten Bruder Claude in England zu besuchen. Es kann nicht überraschen, dass er einige seiner belichteten Metallplatten auf die Reise mitnahm und in London den Versuch unternahm, andere für seine Entdeckung zu interessieren. Im Archiv der Russischen Akademie der Wissenschaften aufbewahrte und im Jahre 1949 veröffentlichte Briefe informieren sehr genau über den Ablauf der Ereignisse und zeigen, dass alle Bemühungen von Niépce in London umsonst geblieben sind.[10] Ab Oktober 1827 wohnte Niépce bei dem Ehepaar Cassel in Kew an der Themse, damals ein Dorf im Westen Londons. Bald lernte er den Obergärtner des dortigen Königlichen Gartens William Townsend Aiton kennen und verstand es, ihn für die Platten zu interessieren. Auf Bemühen Aitons wurden einige

9 S. Petersen: Niépce, Joseph Nicéphore (1765–1833), French inventor. In: J. Hannavy (Hg.): Encyclopedia of Nineteenth-Century Photography 2, New York 2008, S. 1003–1006.

10 T. P. Kravec: Dokumenty po istorii izobretenija fotografii, Trudy Archiva Akademii Nauk, SSSR 7 1949.

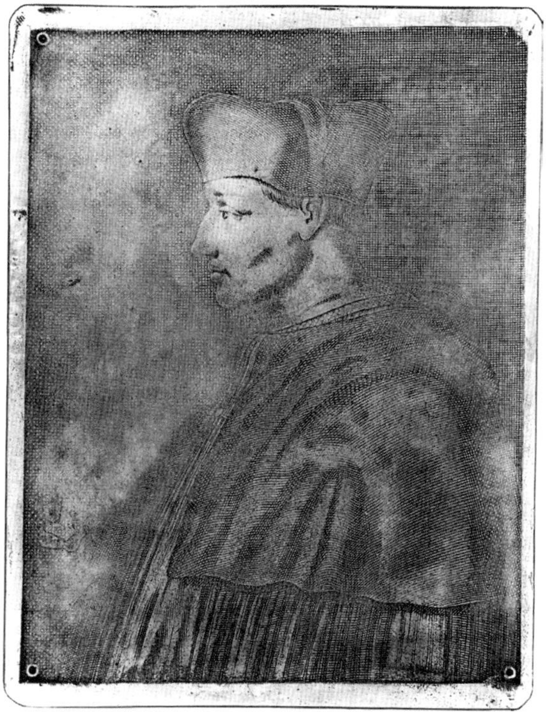

2: Porträt von Kardinal Georges d'Amboise, geätzte Heliografie von Nicéphore Niépce, 1826, Original: Musée Nicéphore Niépce, Chalons-sur-Saône.

davon nachweislich ab dem 12. November 1827 im Chamberlain's Office (Büro des Haushofmeisters) in Windsor Castle ausgestellt und am 18. November 1827 zurückgegeben. Ob sie von George IV., König des Vereinigten Königreichs von Großbritannien und Irland, überhaupt wahrgenommen wurden, ist unbekannt, Konsequenzen hatte diese Initiative jedenfalls nicht. Aiton empfahl Niépce anschließend, Kontakt zu Franz Bauer,[11] einem Mitglied der Royal Society, aufzunehmen, der damals neunundsechzigjährig in Kew lebte und als bedeutendster naturwissenschaftlicher Zeichner Englands galt. Bauer war sehr beeindruckt und empfahl Niépce, seine Entdeckung in einem Memorandum zu beschreiben, das er an einen der Vizepräsidenten der Royal Society, mit an Sicherheit grenzender Wahrscheinlichkeit an Sir Everard Home, einen vielbeschäftigten Chirurgen, weiterleiten wollte. Zu dem von Niépce angestrebten persönlichen Zusammentreffen mit Home kam es offensichtlich nicht, auch eine weitere Bemühung blieb ohne Erfolg: Die Society of Arts in London interessierte sich für die Platten nicht. Am 1. Januar 1828 schrieb Niépce dann direkt an Dr. Young, den Sekretär der Royal Society, bat um ein Gespräch und legte sein Memorandum bei. Dies führte zu einem Brief von Young an Home, der den wahren Grund der Zurückhaltung erahnen lässt, denn hier heißt es:

> *Mr. Niépce's invention appears to me to be very neat and elegant and I have no knowledge of any similar method having been before employed [...] How far it may become practically useful hereafter is impossible for me to judge especially without knowing the whole of the secret.*[12]

11 H. Walter Lack: Franz Bauer. Das gemalte Zeugnis der Natur, Wien 2008.
12 Zitiert in Smith (s. Anm. 4), S. 46.

Ein Geheimnis bedeutete und bedeutet in den Naturwissenschaften immer einen Tabubruch, und Experimente und Erfindungen mussten und müssen grundsätzlich wiederholbar sein beziehungsweise so genau beschrieben werden, dass ihre Wiederholbarkeit sichergestellt ist, Niépce aber wollte offensichtlich keine Details bekannt geben. Auch seine Versuche, den Londoner Kunsthändler Rudolph Ackermann und den vielseitig interessierten William Hyde Wollaston, auch er Mitglied der Royal Society, Entdecker der Camera lucida und an optischen Fragen sehr interessiert, zu treffen, schlugen aus verschiedenen Gründen fehl.

Enttäuscht kehrte Niépce über Paris nach Saint-Loup-de-Varennes zurück, wo er seine fotochemischen Versuche fortsetzte, mit besseren Linsen arbeitete, erstmals mit einer dünnen Silberschicht überzogene Metallplatten verwendete und die nach der Behandlung mit Lösungsmittel wieder freigesetzten Metalloberflächen Joddämpfen aussetzte. Wichtiger noch, etwas mehr als ein Jahr nach der Rückkehr aus London schloss Niépce eine vertragliche Vereinbarung mit dem Bühnenbild- und Dioramenmaler Louis Jacques Mandé Daguerre in Paris ab, mit dem Ziel, die von Niépce begonnenen Arbeiten gemeinsam fortzusetzen. Nichts davon hat sich erhalten, lediglich aus dem Briefwechsel zwischen den beiden Partnern sind begrenzte Rückschlüsse über den weiteren Fortgang der Versuche möglich. Der Tod von Nicéphore Niépce am 5. Juli 1833 in Saint-Loup-de-Varennes beendete schon bald die angestrebte Zusammenarbeit.

Umso bedeutsamer sind jene sechs Heliografien, die Niépce vor der Rückkehr nach Frankreich drei Bekannten geschenkt hatte: Eine Platte ging an James Everard Home, den älteren Sohn von Sir Edward Home, eine weitere an Mr. Cassel, seinen Quartiergeber in Kew, beide Heliografien sind verschollen. Vier Heliografien kamen an Franz Bauer, unter ihnen der *Blick aus dem Fenster*, der die 16,5 × 20,5 Zentimeter große Platte auf der Rückseite mit folgendem handschriftlichen Vermerk versah: „L' Heliographie. Les premieres résultats obtenus spotanément par l'action de la lumière. Par Monsieur Niepce de Chalon sur Saône 1827. Monsieur Niépce' s first successful experiment of fixing permanently the Images from nature." Als knapp zwölf Jahre später der berühmte Physiker, Astronom und Politiker François Arago vor der Académie de France die Ergebnisse der von Isidore Niépce, einem Sohn von Niépce, und Daguerre unter Verwendung von Quecksilber weitergeführten Arbeiten als Daguerres Entdeckungen bezeichnete, verfasste Bauer den anfangs genannten Leserbrief. Er konnte als Beweis für die Priorität der Erfindung von Isidore Niépces Vater, Nicéphore Niépce, die in seinem Besitz befindlichen, mit einem

Datum versehenen Heliografien angeben und dafür sorgen, dass diese wenige Tage später bei dem erwähnten Empfang ausgestellt wurden.

Nach dem Tod von Franz Bauer am 11. Dezember 1840 in Kew wurde dessen Nachlass bei Christie's in London versteigert.[13] Obwohl vor der Auktion in der Zeitung Times ausdrücklich auf die Heliografien hingewiesen worden war, wo sie Lots 187 bis 190 bildeten, erzielten sie zusammen mit dem Memorandum von Niépce nur lächerliche 14 Pfund und 4 Schilling und kamen in das Eigentum von Robert Brown, Botaniker, Mitglied der Royal Society und wie Arago Träger des Ordens Pour le Merite. Nach dem Tod von Brown ging dieses Material an dessen Nachfolger als Kustos am British Museum, den Botaniker John Joseph Bennett, auch er ein Mitglied der Royal Society, dessen Nachlass man im Jahre 1884 versteigerte. H. Baden Pritchard, Herausgeber der Zeitschrift Photographic News erwarb unter anderem den *Blick aus dem Fenster* sowie das Memorandum und stellte die Heliografie zuletzt im Jahre 1898 in der großen retrospektiven Crystal Palace Photographic Exhibition in London aus, wobei er allerdings fälschlicherweise behauptete, St. Anne's Church in Kew wäre im Bild festgehalten worden. Dann verlor sich die Spur, und es bedurfte detektivischer Eigenschaften, um die Zinnplatte in einem Schiffskoffer wiederzufinden, der im Jahre 1917 von einem Erben von Pritchard in einem Londoner Depot hinterlegt worden war. Dem Wiederentdecker und Fotografiehistoriker Helmut Gernsheim gelang es im Jahre 1952, die Eigentümerin zu bewegen, ihm den *Blick aus dem Fenster* zu überlassen, und als er elf Jahre später seine Sammlung an das Harry Ransom Center verkaufte, kam diese Ikone nach Austin in Texas.

13 H. Walter Lack: Ferdinand, Joseph und Franz Bauer: Testamente, Verlassenschaften und deren Schicksal. In: Annalen des Naturhistorischen Museum Wien 104, 2003, S. 479–551.

Gianenrico Bernasconi

Authentizität und Reproduzierbarkeit. Naturselbstdrucke auf amerikanischen Geldscheinen des 18. Jahrhunderts

Der Abdruck eines Pflanzenblattes gegen die Fälschung von Geldscheinen in den amerikanischen Kolonien und, ab 1776, in der jungen Republik als eine Form des Naturselbstdrucks[1] ist verbunden mit einer der einflussreichsten Persönlichkeiten der amerikanischen Geschichte, mit Benjamin Franklin (1706–1790).[2] Franklin war Drucker, Gelehrter, Erfinder und Staatsmann und benutzte diese Drucktechnik von 1736 an für die Geldscheine von New Jersey.[3] Angesichts monetärer Probleme in den amerikanischen Kolonien bediente er sich dieser, bis dahin nur für wissenschaftliche Illustrationen verwendeten Technik, um die Echtheit der amerikanischen Geldscheine zu gewährleisten. Möglich geworden war diese Anwendung des Naturselbstdrucks durch die Einführung des Stereotypie-Verfahrens. Während zuvor bewegliche Drucktypen verwendet worden waren, wurde nun das gesamte zu druckende Motiv auf eine Metallplatte übertragen, die dann als Druckstock diente.[4]

Die Scheine, die Franklin auf diese Weise herstellen ließ, sind rechteckige Papierstücke, auf denen der Geldwert, der Name des Schriftsetzers und die Strafe stehen, die auf Fälschung ausgesetzt ist. ↗ **Abb. 1, Tafel 4** Vor einem quadratischen, fein gerasterten Untergrund in der Mitte des Scheins sind drei unterschiedlich große Pflanzenblätter scheinbar zufällig angeordnet und doch genau so in den Raum eingepasst, dass man sie vollständig erkennen kann. Deutlich zeichnen sich die

1 Zur Technik des Naturselbstdruckes allgemein siehe Roderick Cave: Impressions of nature: a history of nature printing, London 2008; Gianenrico Bernasconi: The nature self-print. In: Gianenrico Bernasconi, Anna Märker, Susanne Pickert (Hg.): Objects in Transition. An exhibition at the Max Planck Institute for the History of Science, Berlin (16.8.–2.9.2007), Berlin 2007, S. 14–23; Karen M. Reeds: Leonardo da Vinci and Botanical Illustration. Nature Prints, Drawing, and Woodcuts ca. 1500. In: Jean A. Givens, Karen M. Reeds, Alain Touwaide (Hg.): Visualizing Medieval Medecine and Natural History, 1200–1500, Aldershot 2006, S. 205–237; Peter Heilmann: Über den Naturselbstdruck und seine Anwendung. In: Silke Opitz, Gerhard Wiesenfeldt (Hg.): Die Sache selbst, Weimar 2002, S. 100–109; Armin Geus: Nature Self-Prints as Methodological Instrument in the History of Botany. In: Giuseppe Olmi, Lucia Tongiorgi Tomasi, Attilio Zanca (Hg.): Natura-Cultura. L'interpretazione del mondo fisico nei testi e nelle immagini, Firenze 2000, S. 245–253; ders. (Hg.): Natur im Druck: eine Ausstellung zur Geschichte und Technik des Naturselbstdrucks, Ausst.kat., Marburg a. d. Lahn 1995; Roderick Cave, Geoffrey Wakeman: Typographia naturalis, Wamondham 1967; Ernst Fischer: Zweihundert Jahre Naturselbstdruck. In: Gutenberg-Jahrbuch, 8, 1933, S. 186–213.

2 Eric P. Newman: Nature Printing on colonial and continental currency. In: The Numismatism 77, 1964, Februar: S. 147–154, März: S. 299–305, April: S. 457–465, Mai: S. 613–623.

3 Leider ist kein einziges Exemplar dieser Geldscheine erhalten geblieben, siehe Eric P. Newman: The Early Paper Money of America. An illustrated, historical and descriptive compilation of data relating to American paper currency from its inception in 1686 to the year 1800 supplemented with current values of available bills, Iola (3. Aufl.) 1990, S. 224.

4 George A. Kubler: A short history of stereotyping, New York 1927; A. Isermann: Anleitung zur Stereotypengießerei in Gips und Papiermatrizen, Leipzig 1869.

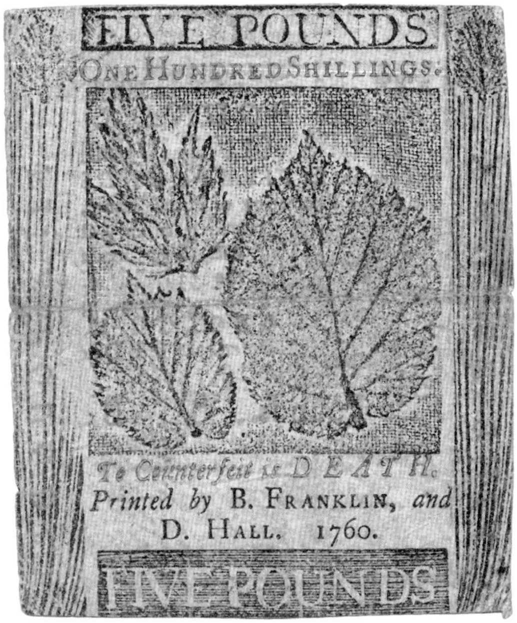

1: Five Pounds, One Hundred Shillings, Pennsylvania Currency, 1. Mai 1760, Geldschein, gedruckt von B. Franklin und D. Hall.

unterschiedlichen Formen der Blätter und ihrer geäderten Binnenstruktur ab. Schrift und Bild werden seitlich von zwei vertikal gestreiften, eine Holzmaserung imitierenden Bändern flankiert, die oben mit jeweils noch einem kleinen Pflanzenblatt vor gerastertem Untergrund abschließen. Auch die Inschrift „FIVE POUNDS", welche die obere und untere Rahmung des Scheins bildet, erscheint unten vor einem – diesmal horizontal – gemaserten Grund. Ihrer regelmäßigen Komplexität nach entsprechen die Strukturen der Blätter in der Mitte den sie rahmenden Mustern aus Schrift, Holzmaserung und Stoffstruktur. Auf der Rückseite des Scheins befinden sich der Geldwert und der Gesetzestext zum Druckrecht.

Es ist die komplexe und unverwechselbare Äderung der im Naturselbstdruck wiedergegebenen Blätter, die jede Fälschung erheblich erschwert. Der Naturselbstdruck gesellt sich zu verschiedenen Techniken, mit denen das Papiergeld typografisch gegen Fälschungen abgesichert werden sollte. Dazu gehören absichtlich in den Text eingestreute Fehler, die Komplexität der Embleme, die Verwendung von Randmotiven, die Gestaltung der Papierfarbe, die Nummerierung der Scheine oder auch die Unterschrift der Ausgabebehörde und die Erklärung des Strafmaßes, das auf Fälschung ausgesetzt war.[5] Solche hochentwickelten Maßnahmen waren jedoch keine Echtheitsgarantie, denn offenbar waren Fälschungen in den Kolonien trotzdem gang und gäbe.[6]

Nicht nur seine Funktion macht den Naturselbstdruck interessant. In ihm vereinigt sich der Begriff der Authentizität mit der Idee der Reproduzierbarkeit, wodurch die Frage nach dem Status des Bildes aufgeworfen wird. Nach der bekannten Schrift Walter Benjamins (1892–1940) waren diese beiden Begriffe als wider-

5 Zur Beschreibung dieses Dispositivs vgl. Dawn Barrett: „Modest Enquiry" and Major innovation: Franklin's Early American Currency. In: Visible Language, 29, 1995, 3/4, Money! A special Issue, S. 316–363.

6 Kenneth Scott: Counterfeiting in Colonial America, Philadelphia, (2. Aufl.) 2000; Stephen Mihn: A Nation of Counterfeiters. Capitalists, con Men, and the Making of the United States, Cambridge, Mass./London 2007.

sprüchlich aufgefasst worden. Sie schlossen sich für ihn dadurch gegenseitig aus, dass die technische Reproduktion dem Bild die Aura nimmt, die in seiner Authentizität begründet liegt.[7] Georges Didi-Huberman hat diesen Widerspruch im Zusammenhang einer bestimmten Geldprägung, dem Konterfei des römischen Kaisers Caesar auf Münzen, in Frage gestellt:

> *Wir rühren hier an den Kern der Paradoxie des Abdrucks: einerseits gewährleistet die unmittelbare Berührung (der Vorgang der Prägung) die Macht des Einmaligen; andererseits gewährleistet die Herstellung (oder das Inumlaufsetzen) der Münzen, dass die Macht sich unendlich reproduzieren kann – solange jedenfalls eine Matrize existiert –, und vor allem, dass sie in der von ihr autorisierten Disseminierung nicht verloren geht, nicht verschwindet. Dies scheint Walter Benjamin in seinem berühmten Aufsatz über die Reproduzierbarkeit der Bilder nicht erkannt zu haben: dass das Element der Berührung auch über die Reproduktion hinaus eine Garantie der Einmaligkeit, der Authentizität und der Macht – das heißt, der Aura – bedeutet.*[8]

Der Naturselbstdruck, wie ihn Franklin entwickelte, ergänzt die von Didi-Huberman zitierten Beispiele um einen weiteren Aspekt. Im Falle des Papiergeldes macht das Spannungsverhältnis zwischen Authentizität und Reproduktion aus dem Bild ein Antriebsmedium, das den Betrieb des amerikanischen Währungssystems am Laufen hält. Diese Funktion hat Rückwirkungen auf das Bild, dem nun über das von ihm angetriebene System eine politische Rolle zukommt. Spielt das Geld beim Aufbau einer Gesellschaft eine grundlegende Rolle, indem es Handel und Finanzwirtschaft antreibt, so geben Geldscheine, deren Ausgabe das Vorrecht des Souveräns ist, den visuellen Motiven, die sie in Umlauf bringen, einen politischen Charakter, der mit der politischen Machtausübung verbunden ist.[9] So kommt auch den Blättern, die Franklin und seine Nachfolger drucken lassen, eine über ihre Funktionalität hinausweisende Rolle zu, die mit dem politischen Prozess

7 Walter Benjamin: Das Kunstwerk im Zeitalter seiner technischen Reproduzierbarkeit (4. Fassung). In : Walter Benjamin: Gesammelte Schriften, Frankfurt a. M. 1974, Bd. I, 2, S. 471–508.

8 Georges Didi-Huberman: Ähnlichkeit und Berührung. Archäologie, Anachronismus und Modernität des Abdrucks, Köln 1999, S. 43.

9 Virginia Hewitt: Soft images, hard currency: the portrayal of women on paper money. In: Virginia Hewitt (Hg.): The Banker's Art. Studies in Paper Money, London 1995, S. 162; vgl. auch die Bemerkungen von Eric Helleiner: The Making of National Money. Territorial Currencies in Historical Perspective, Ithaca 2003, S. 100–120.

der Gründung der amerikanischen Republik zusammenhängt. Die symbolische Dimension dieser Drucke lässt sich indessen nur schwer fassen; alles, was man über sie erfahren kann, zeigt sich in kleinsten Variationen der Anwendung dieser Technik. Zu dieser heuristischen Schwierigkeit kommt die Stille, die diese Erfindung bereits im 18. Jahrhundert umgibt. Es scheint, als ob man, gerade um die Bekämpfung von Geldfälschungen nicht zu schwächen, kein Aufsehen um sie erregen wollte.[10]

Franklins Netz: Die Verbreitung des Naturselbstdrucks auf amerikanischem Papiergeld

Im Rahmen der Erforschung des Naturselbstdrucks sind Geldscheine erfasst und geordnet worden, bei denen diese Technik angewendet wurde.[11] Die erste dokumentierte Anwendung des Naturselbstdrucks zur Verhinderung von Fälschungen ist auf den 25. März 1737 datiert, als Franklin die Technik in New Jersey einsetzte.[12] Dann verbreitete sie sich in anderen Kolonien, etwa in Pennsylvania, hier zum ersten Mal 1739, oder in Delaware 1746 und in Maryland 1770. Ab 1775 erscheint der Naturselbstdruck auch auf der kontinentalen Währung (Continental Currency), die vom Kontinentalkongress (Continental Congress) ausgegeben wird, um die amerikanische Revolution zu finanzieren.

Die Verbreitung des Naturselbstdrucks in den Kolonien geschah vermittels eines Netzes von Druckereibesitzern, die sich auf Benjamin Franklin bezogen. In Pennsylvania handelte es sich um seinen ehemaligen Lehrling David Hall (1714–1772),[13] dessen Name seit 1755 neben Franklins Namen auf den Geldscheinen steht. Seit 1767 erscheint Hall als Geschäftspartner von William Sellers (1725–1804), mit dem zusammen er zwischen 1775 und 1779 die Kontinentalwährung druckt. An die Stelle der beiden tritt John Dunlap (1747–1812), dann folgt 1785 Francis Bailey (1744–1817). In New Jersey wird von James Parker (1715–1770) zwischen 1755 und 1764 und später, zwischen 1776 und 1786, von Isaac Collins (1746–1817)

10 Joyce E. Chaplin: The First scientific american: Benjamin Franklin and the pursuit of genius, New York 2006, S. 359–362.

11 Vgl. das Verzeichnis von Eric P. Newman in „The Early Paper Money of America" (s. Anm. 3) sowie die Website des Department of special collections der Bibliotheken der University of Notre Dame in Indiana: http://www.coins.nd.edu (Stand: 12/09).

12 Eric P. Newman: Franklin Making Money more plentiful. In: Proceeding of the American Philosophical Society, vol. 115, 1971, 5, S. 345.

13 Zu David Hall und anderen im Folgenden erwähnten Druckern vgl. Ralph Frasca: Benjamin Franklin's Printing Network: Disseminating Virtue in Early America, Columbia/London 2006.

das Salbeiblatt verwendet, das Franklin zum ersten Mal 1737 druckte. Parker war ein wichtiger Geschäftspartner Franklins. In Delaware arbeitete Franklin mit Hall zusammen. Auf den Naturselbstdruck-Geldscheinen von Maryland findet man zwischen 1756 und 1767 den Namen von Jonas Green (1712–1767) und ab 1770 den Namen von Anne Catherine Hoof Green (um 1720–1775) und William Green (?–1770), die aus einer bedeutenden Drucker-Dynastie in dieser Kolonie kamen.

Die Führungsrolle Franklins in diesem Netz bestätigt sich durch die vielfache Verwendung seiner Druckplatten auch auf Scheinen, die nicht mehr unter seinem Namen gedruckt wurden. Hierin zeigt sich, wie sehr Franklin die Technik bis zum Ende der sechziger Jahre des 18. Jahrhunderts kontrollierte – obgleich er sich bereits Ende der vierziger Jahre aus dem Druckereiwesen zurückzuziehen begann, um sich seinen wissenschaftlichen Arbeiten und seinen politischen Ämtern zu widmen.

Franklins Abdruckverfahren

Die erste belegte Anwendung der Technik durch Franklin betrifft nicht das Papiergeld. Vielmehr findet sie sich in einem Artikel Franklins für den Poor Richard's Almanack for the Year 1737, in dem es um das „rattle-snake herb" geht,[14] eine Pflanze, aus der Eingeborene ein Mittel gegen Klapperschlangenbisse gewannen.[15] Ein Blatt dieses „Klapperschlangenkrautes", mit dem Naturselbstdruck-Verfahren reproduziert, dient in diesem Artikel als Illustration.

Die Betrachtung der Geldscheine erlaubt einige genauere Bemerkungen zu der von Franklin verwendeten Technik.[16] Aus der Geschichte wissenschaftlicher Illustration sind zwar verschiedene Beispiele für die Verwendung dieser Drucktechnik vor Franklin bekannt. Die Originalität des Franklin'schen Verfahrens besteht indessen darin, den Abdruck eines Blattes auf einen metallischen Träger zu übertragen, wodurch eine Vervielfältigung möglich wird. Newman bemerkt nach botanischer

14 Im 18. Jahrhundert zieht die Klapperschlange großes wissenschaftliches Interesse auf sich. Viele Artikel erscheinen über sie. Erwähnt sei hier nur der Text von Hans Sloane: Conjectures on the Charming or Fascinating Power attribueted to the Rattle-Snake: grounded on credible account, Experiments and Observations. In: Philosophical Transactions, vol. 38, 1733–1734, S. 321–331.

15 Im Bekanntenkreis von Franklin befindet sich John Breitnall (?-1747), Mitglied vom Lektüre- und Selbsterziehungsclub („Lederschürzenclub") Junto und erster Sekretär der Library Company of Philadelphia, der mit dem Naturselbstdruck beschäftigt war, s. Philadelphia Museum of Art: Philadelphia, three centuries of American art. Selections from the bicentennial exhibition held at the Philadelphia Museum of Art, April 11 to October 10, 1976, Philadelphia 1976, S. 37–39.

16 Da Franklin sich über diese Technik ausschwieg und keine Negative oder Druckplatten erhalten sind, sei hier eine induktive Beschreibung unter Bezug auf Arbeiten von Newman (s. Anm. 2) versucht.

Analyse, dass die Blätter auf diesen Drucken keinerlei „artistic licence" aufweisen,[17] das heißt, dass sie in keiner Weise nach ästhetischen Kriterien bearbeitet wurden. Die einzige botanische Besonderheit besteht in der Wahl besonders junger und kleiner Exemplare einer Spezies, was auf den geringen Platz auf dem Geldschein zurückzuführen ist. Die Übertragung auf einen Metallträger ist Franklins eigentliche Neuerung. Diese Technik, aus der die Stereotypie entsteht, hat ihre Vorläufer schon im 17. Jahrhundert in Holland und in England.[18] Franklins Naturselbstdruck besteht aus einem Blatt und einem Stück Stoff, die aufeinander liegen.[19] ↗ **Abb. 1** Für die Vorbereitung der Matrize muss das Blatt zunächst präpariert, also von dem dünnen Film befreit werden, der seine Gefäße schützt. In diesem Zustand wird das Blatt auf ein Stück Stoff gelegt, das zunächst als Träger fungiert. Es muss eine haftende Verbindung zwischen beiden entstehen, damit der Abdruck gemacht werden kann. Anschließend muss ein Gips-Negativ angefertigt werden, wobei dem Gips wohl Asbest und zermahlener Backstein beigemengt werden, um das Negativ gegen die Hitze des verflüssigten Metalls resistent zu machen.[20] Innerhalb dieses Prozesses fungiert der Stoff zunächst als Träger des Pflanzenblattes, der die Herstellung eines Druckstocks ermöglicht. Im gedruckten Bild dieser Vorlage dient er als quadratischer Hintergrund, auf dem der Abdruck des Blattes erscheint. Es lohnt sich hier, auf die Analogie zwischen dieser Art des Naturselbstdruckes und der Vera Ikon zu verweisen, in der es ebenfalls eine Kombination aus einem Stück Stoff und einem Bild gibt. Während für die Vera Ikon der Stoff jedoch ein Medium des *sacro volto* ist, dessen Abdruck sie bewahrt,[21] wird er im Naturselbstdruck selbst zum Abdruck, dessen komplexes Gewebe selbst als Mittel gegen Fälschungen dient. Die Kombination ist hier vor allem eine zweckdienliche: Die Komplexität sowohl des Gewebes als auch des Blattskeletts erschwert die Fälschung des Abdrucks auf doppelte Weise.

17 Newman (s. Anm. 2), S. 299.

18 1725 gelingt es dem schottischen Waffenschmied und Mechaniker William Ged (1690–1749), auf einem Metallträger eine Seite aus beweglichen Typen zu formen. Siehe dazu John Carter: William Ged and the invention of stereotype. In: The Library. The transactions of the Bibliographical Society, ser. 5, vol. XV, 1960, S. 161–192. Obwohl Ged während Franklins London-Aufenthalt in London aktiv ist, lässt sich nicht nachweisen, dass die beiden sich getroffen haben oder dass Geds Arbeit Franklin beeinflusste.

19 Bei den ersten Anwendungen des Naturselbstdruckes durch Franklin ist der Stoff noch nicht zu finden.

20 Da die geformten Metalltafeln nicht mehr aufzufinden sind, ist es sehr schwierig, etwas Genaueres über die Zusammensetzung des Metalls zu sagen; Newman (s. Anm. 2), S. 301–305. An den erhaltenen Geldscheinen kann man sehen, dass vermutlich mehrere Tafeln aus demselben Negativ erstellt wurden.

21 Siehe dazu den Artikel von Heike Schlie in diesem Band.

Franklin und die Zirkulation

Franklins Anwendung des Naturselbstdrucks ist zunächst als Antwort auf die geldwirtschaftlichen Probleme in den amerikanischen Kolonien zu verstehen. Gold- und Silberknappheit, die profitgierige Politik des britischen Parlaments, die den Währungsexport in die Kolonien verbieten lässt, verschlimmern die „monetäre Hungersnot". Die Regierungen der Kolonien versuchen Anfang der neunziger Jahre des 17. Jahrhunderts, dieses Problem mit der Ausgabe von Geldscheinen zu lösen. In seinem Aufsatz *Modest Enquiry into the Nature and Necessity of a Paper-Currency* (1729) spricht sich der junge Franklin dafür aus, die Geldmenge zu vergrößern und den Umlauf anzukurbeln, um Anreize für Handel und Manufakturen zu geben und den Konsum zu beleben.

Fragen des Geld-, Waren- und Informationsflusses prägen auch Franklins Aktivität als Buchdrucker und Herausgeber. So spielte er etwa durch die Herausgabe der Pennsylvania Gazette (1729–1766) und des Poor Richard's Almanack (1732–1758) eine große Rolle bei der Verbreitung von Informationen. Daneben war er seit 1737 als stellvertretender Postminister von Philadelphia mit dem Aufbau der amerikanischen Infrastruktur betraut – eine der schwierigsten Herausforderungen angesichts der politischen Instabilität der Kolonien Anfang des 18. Jahrhunderts. Die Herausgebertätigkeit wie auch die Verwaltung des Postwesens bedurften beide eines auf Vertrauen basierenden Systems des Informations- und Warenflusses. Anders als viele von seinen europäischen Kollegen sah Franklin in Geschäftspartnern und ehemaligen Lehrlingen keine Konkurrenten, sondern half ihnen, sich zu etablieren und unterstützte sie in ihren Geschäften. Auf diese Weise gelang es ihm, ein Netzwerk an Vertrauensbeziehungen aufzubauen, welches das Funktionieren der Zirkulation ermöglichte.

Der Themenkomplex der Zirkulation in ihren verschiedenen Spielarten und Erscheinungsformen prägt auch Franklins wissenschaftliche Tätigkeit – etwa in seinen Studien zur Wärme, zur Elektrizität, über den Golfstrom oder auch über die Belüftung von Wohnräumen und die Kamintechnik. Ohne dass hier im Detail auf Franklins wissenschaftliche Forschungen oder auf seine Tätigkeit als Herausgeber und Postminister eingegangen werden kann, ist zu vermuten, dass die vielfache Behandlung und die Relevanz der Zirkulation in seiner Arbeit mit seinem Verhältnis zum Naturselbstdruck zu tun haben. Dies wird auch an der Überführung dieses Verfahrens von einem Medium zur Herstellung wissenschaftlicher Illustrationen in eine visuelle Methode zur Gewährleistung der Echtheit von Geldscheinen und damit des Funktionierens eines Währungssystems deutlich.

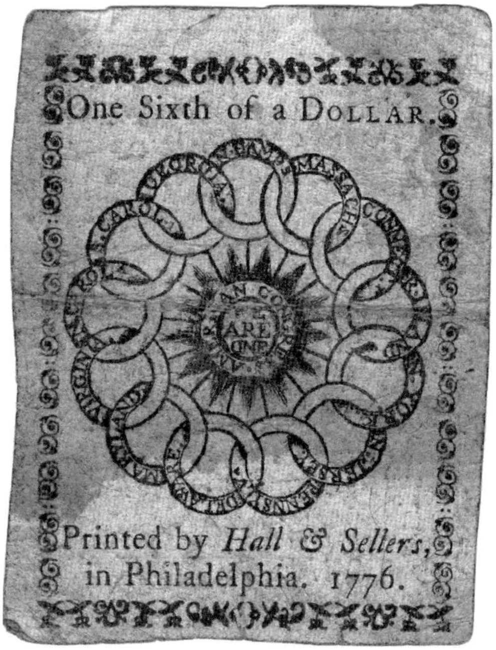

2: One Sixth of a Dollar, Continantal Currency, Philadelphia, 17. February 1776, Geldschein, gedruckt von Hall & Sellers.

Der Abdruck zwischen Natur und Nation

Die Mobilität dieses Finanzinstruments und seine wirtschaftliche und politische Funktion wiederum verändern das Wesen der Naturselbstdrucke; zu ihrer Funktionalität kommt eine ikonologische Dimension hinzu: Die Gefäße der Blätter werden zu einem Natur und Politik verbindenden *symbolon*.

Um dieser Hypothese nachzugehen, sei erneut auf Benjamin Franklin und die von ihm in die Wege geleiteten visuellen Dispositive verwiesen.[22] Denn Franklin entwickelt verschiedene politische Symbole mit Hilfe verschiedener Medien wie Zeitungen, Memoiren und eben Geldscheinen. Die Embleme *Join, or Die* von 1754 und *Magna Britannia: her Colonies Reduc'd* von 1765/66 verweisen darauf, dass die amerikanischen Kolonien gegen den gemeinsamen Feind Frankreich mit seinen Verbündeten zusammenhalten müssen und erinnern zugleich daran, wie wichtig die amerikanischen Kolonien für das britische Empire sind.[23] 1776 steht das Emblem *We are one* für die Einigkeit und für die Unabhängigkeit des neuen Staates. ↗ **Abb. 2, Tafel 5** Dreizehn Kreise sind um eine Sonne herum angeordnet, die den Kongress symbolisiert. Ein letztes Beispiel für die von Franklin in Umlauf gebrachten Symbole ist die *Libertas Americana* von 1782/83.

Angesichts der Franklin'schen Leidenschaft für das Symbolische stellt sich zunächst die Frage, ob die verschiedenen botanischen Musterexemplare, die Franklin verwendet, auf die jeweilige Flora der verschiedenen Kolonien zurückgehen. In Ermangelung verlässlicher Informationen kann darauf leider keine Antwort gegeben werden; selbst wenn man sich auf die Geldscheine von New Jersey konzentriert, auf denen zwischen dem 2. Juli 1736 und dem 20. Februar 1776 immer dasselbe Salbeiblatt zu sehen ist, fehlen in der Geschichte der politischen Ikonografie dieser Provinz verlässliche Belege für diese Hypothese.

22 Lester C. Olson: Benjamin Franklin's vision of American Community: a Study in Rhetorical Iconology, Columbia 2004.

23 Die Bedeutung dieser Embleme verändert sich im Lauf der zweiten Hälfte des 18. Jahrhunderts, vgl. Olson (s. Anm. 22), S. 28 und 78.

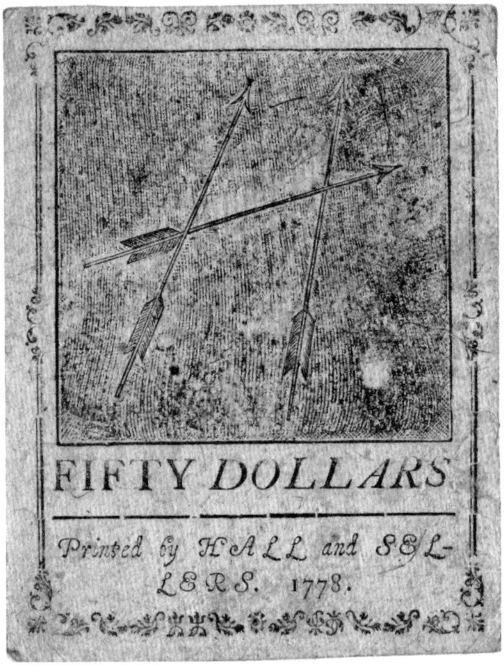

3: Fifty Dollars, Continental Currency, 26. September 1778, Geldschein, gedruckt von Hall & Sellers.

Lohnender wird es, wenn man von der Person Franklins Abstand nimmt und sich zwei Bildern zuwendet, die Analogien zum Naturselbstdruck aufweisen. Am 26. September 1778 beschließt der Kontinentalkongress die Einführung zweier Scheine mit den neuen Geldwerten 50 Dollar und 60 Dollar.[24] Hall und Sellers werden mit dem Druck beauftragt. Auf dem 50-Dollar-Schein sind im Vordergrund drei Pfeile zu sehen, ↗ **Abb. 3, Tafel 6** auf dem 60-Dollar-Schein ein Bogen. ↗ **Abb. 4, Tafel 7** Der Hintergrund ist bei beiden ein Gewebe-Abdruck, wie er auch beim Naturselbstdruck zu finden war. Die hier verwendete Drucktechnik ist jedoch eine andere als bei den Scheinen, die Blätter zeigen: Nach der Herstellung einer Metallmatrize aus dem einfachen Abdruck des Gewebes wird der Hochdruck an den Stellen eingeebnet, wo die Pfeile und der Bogen eingraviert werden sollen. Dort gestaltet man die Motive als Relief und arbeitet dann die eingeebneten Teile des Hintergrunds nach, stellt sie also künstlich wieder her.

Trotz der unterschiedlichen Techniken sind die Scheine mit den Pfeil-und-Bogen-Motiven denen mit botanischen Abdrücken ähnlich, nicht nur, weil beide der Fälschungsprävention dienen sollen, sondern aufgrund ihrer symbolischen Funktion. Nach der amerikanischen Revolution brauchte der neue Staat eine Legitimation der territorialen Grenzen und ein Zusammengehörigkeitsgefühl der Bürger. Bei der Suche nach der eigenen Identität konnte das Bild des Indianers auf eine paradoxe Art zur Findung eines amerikanischen Nationalbewusstseins beitragen, wie Elise Marienstras gezeigt hat.[25] Zwar gilt der Ureinwohner als der Wilde, der von der neuen Nation zivilisiert und missioniert werden soll, doch ist er auch Teil

24 Journals of the Continental Congress, 1774–1779, Washington D. C. 1904–1937, Bd. 12, S. 962.

25 Elise Marienstras: The Common Man's Indian. The image of the indian as a promoter of national identity in the early national era. In: Frederick E. Hoxie, Roland Hoffman, Peter J. Albert: Native American and the Early Republic, Charlottesville/London 1999, S. 261ff.; John. M. Murrin: A Roof without Walls: The Dilemma of American National Identity. In: Richard R. Beeman, Stephen Botein, Edward C. Carter II (Hg.): Beyond Confederation: Origins of the Constitution and American National Identity, Chapel Hill 1987, S. 344.

der kulturellen Eigentümlichkeit, mit der sich der neue Staat von Großbritannien absetzten will. So haben Pfeil und Bogen als Symbole der indigenen Kultur eine Identität stiftende Funktion für den neuen Staat.

Es stellt sich nun die Frage, ob den botanischen Motiven auf dem gleichen Medium eine ähnliche Funktion zukommt. In den Jahren nach der Unabhängigkeitserklärung spielte die Natur durchaus eine Rolle bei der Herausbildung einer nationalen Identität, konnte doch vermittels der Umwelt die Einzigartigkeit des amerikanischen Territoriums greifbar gemacht werden. Mehrere Gelehrte des 18. Jahrhundert weisen auf diesen Zusammenhang hin und haben die Grundlagen der Unabhängigkeit in den Besonderheiten der amerikanischen Naturgeschichte gesucht.[26] Wenn die Natur solcherart der Festlegung einer gemeinsamen Identität dient, verleiht die Authentizität des Naturselbstdrucks dem Geld eine „nationale Prägung“. So kann man ableiten, dass die Gefäße der Blätter – in ihrer Unverwechselbarkeit und Authentizität – nicht nur der Fälschungsprävention dienten, sondern die Natur darüber hinaus gewissermaßen zur Legitimierung des neuen Staates herangezogen wurde. Es ist kein Zufall, dass die botanischen Exemplare auf den Scheinen des Kontinentalkongresses nach der Unabhängigkeitserklärung eine große Variationsbreite zeigen – anders als noch in der Zeit vor 1776, als immer wieder dieselben Bilder reproduziert wurden.[27] Aus der Diversifikation und der Neuartigkeit dieser Abdrücke scheint die Natur als Zeugin für die Einzigartigkeit und Unabhängigkeit des Landes zu sprechen. Schon ab den achtziger Jahren des 18. Jahrhunderts jedoch wird der Naturselbstdruck nicht mehr für Geldscheine verwendet und botanische Abdrücke finden keinen Platz mehr in der politischen Symbolik Amerikas.

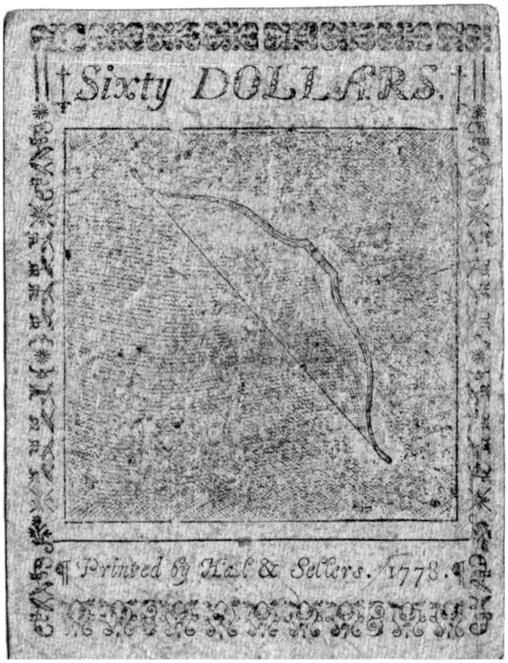

4: Sixty Dollars, Continental Currency, 26. September 1778, Geldschein, gedruckt von Hall & Sellers.

26 Joyce E. Chaplin: Nature and Nation. Natural History in Context. In: Sue A. Prince (Hg.): Stuffing Birds, Pressing Plants, Shaping Knowledge, Philadelphia, 2003, S. 76.

27 Newman (s. Anm. 2), S. 54.

Bei dem beschriebenen Papiergeld und Druckverfahren handelt es sich um den Abdruck mittels eines Metallträgers. Indem der Naturselbstdruck Fälschungen vorbeugt, erleichtert er in einer Art Antriebsrolle das Funktionieren des amerikanischen Währungssystems. Die Mobilität der Papierwährung, ihre Rolle bei Finanztransaktionen, bringt den Abdruck in einen öffentlichen Zusammenhang und in das öffentliche Bewusstsein. Das Bild wird so von einer Art Beben erfasst und mit einem symbolischen Gehalt aufgeladen, der mit der Geburt der amerikanischen Nation in Zusammenhang steht. Von dieser politischen Bedeutungsaufladung zeugt die Ersetzung der Pflanzenblätter durch Pfeil und Bogen der Ureinwohner. Doch ist der Abdruck des Blattes nicht Teil eines ikonografischen Programms, dem das Bild als Argument für einen politischen Diskurs dienen würde. Vielmehr ist es seine Präsenz auf einem Medium wie der Papierwährung und seine für die Einzigartigkeit des neuen Staates stehende Authentizität, die dem abgedruckten Blatt eine Rolle in der politischen Ikonologie zukommen lässt.

Heike Schlie

Abdruck und Einschnitt – Die medialen Träger der Spur als *appendicia exteriora* des Christuskörpers

In den biblischen Texten zu den Geschehnissen am Ostermorgen trägt das Leichentuch Christi kein Bild. Dennoch lässt sich die Auferstehung als Urszene der Entstehung des Christusbildes definieren: Nach Louis Marin ersetzt der die Abwesenheit kommunizierende Engel („Non est hic." – „Er ist nicht hier.", Mt. 28,6) den toten Leib, den die Frauen salben wollen, zunächst durch Sprache.[1] Doch für Petrus, der nach den Marien zum Grab kommt, wird das zurückgelassene Grabtuch zum visuellen Zeichen der Auferstehung (Lk. 24,12). Das Tuch hat den Leichnam umfangen, berührt und ihn am Körper als toten Leib gekennzeichnet. Indem es als Zeichen im leeren Grab erscheint, weist es den nun von ihm getrennten Leib als nicht mehr tot, als auferstandenen Erlöser aus. Erst die Absenz macht den einst am Kreuz hängenden und im Grab ruhenden toten Körper, der in der Liturgie immer wieder aufgerufen wird, zum stets gegenwärtigen Opferleib.

Die erneute Abwesenheit dieses einen Leib-Bildes nach der Himmelfahrt bringt liturgische und anthropomorphe, materielle Bildlichkeit als legitime Substitute der durch Inkarnation definierten Repräsentanz hervor. Im Folgenden sollen drei christologische Bildreliquien und ihre „Nachbildungen" konsequent von der Idee des Kontaktes her gedacht werden, um die Ergebnisse für allgemeine Erkenntnisse zum Kontaktbild und seiner Kulturgeschichte fruchtbar machen zu können. Die zentralen Fragen sind, wo in diesen oder um diese Bilder der Körper ist, wie seine Absenz markiert und seine Präsenz in der Spur eingeholt wird. Was passiert in der Rezeption an der Kontaktstelle, an der Schwelle zwischen dem nun absenten, aber der Spur noch latent innewohnenden beziehungsweise „anwohnenden" Körper und der Oberfläche des berührten Mediums, das die Spur trägt?

Kontaktreliquien – Von der *potentia* zum Bild

Eine historische Theorie der Spur und Berührung in Bezug auf Heiligkeit findet sich in den *Flores Epytaphii Sanctorum* des Thiofrid von Echternach (gest. 1110), dem einzigen mittelalterlichen Reliquientraktat, das eine systematisch erstellte Typologie der Reliquien und eine Begründung ihrer Wirksamkeit enthält.[2] Im ersten Buch beschreibt Thiofrid die Beziehung zwischen Gott und der irdischen Materie, der

1 Vgl. Louis Marin: Die Frauen am Grabe. Versuch einer Strukturanalyse an einem Text des Evangeliums. In: Claude Chabrol, Louis Marin (Hg.): Erzählende Semiotik nach Berichten der Bibel, München 1973, S. 67–85, bes. S. 79f.

2 Vgl. Michele C. Ferrari: Gold und Asche. Reliquie und Reliquiare als Medien in Thiofrid von Echternachs „Flores epytaphii sanctorum". In: Bruno Reudenbach, Gia Toussaint (Hg.): Reliquiare im Mittelalter (Hamburger Forschungen zur Kunstgeschichte V), Berlin 2005, S. 61–74, hier S. 62.

Welt: Die Materie sei nichtig und wertlos, vor allem die des sich auflösenden toten Körpers, und dennoch könne Gott durch sie wirken. Durch einen Gnadenakt Gottes und die Meriten der Heiligen entstehe eine göttliche *potentia* in deren Knochen und der Asche,[3] die nun Wunder bewirken könne, zu denen sie qua ihrer *natura* nicht fähig seien.[4] Diese *potentia* können die Knochen auf das Material der sie umgebenden Reliquiare durch Kontakt übertragen, von wo aus sie wiederum auf den Rezipienten übergehe, der das Reliquiar berührt:

> *„Wie die Seele [des Heiligen] selbst im Leib nicht zu sehen ist und doch wunderbar darin wirkt, so tut es auch der Schatz des kostbaren Staubes, selbst wenn er nicht gesehen wird und nicht berührbar ist. Er überträgt den Überfluss seiner Heiligkeit [...] auf alles, worin er inwendig geborgen und von außen umschlossen ist. Wer festen Glaubens mit seiner Hand den äußeren Verschluß [des Grabes] berührt, etwa ein Gold oder Silberplättchen, einen gleichwie wertvollen Edelstein oder sonst ein Stück Gewebe, Ziermetall, Bronze, Marmor oder Holz – es wird berührt, was innen drin ist.“*[5]

So wird das Reliquiar zum konkreten, materiellen Medium der *potentia*. Eine ähnliche Übertragung der göttlichen *virtus* verhandelt Thiofrid im dritten und vierten Buch bezüglich der Kleidung der Heiligen und der Passions- und Marterwerkzeuge, die er *appendicia exteriora* nennt. Auch durch diese Medien fließe die Kraft Gottes, die durch Kontakt weitergegeben wurde und nun auch wieder durch Berührung auf den Menschen übergehe.[6] Das Fließen der Kraft zwischen dem heiligen Körper und dem von ihm berührten Gegenstand bezeichnet Thiofrid mit dem Begriff der *transfusio*,[7] des Vermischens oder Hinübergießens.

Die Macht der heiligen Berührung kann sich demnach manifestieren und dabei formlos und unsichtbar bleiben. In einer Kultur, in der nicht einmal eine Substanzveränderung zwingend evident sein muss, wie in der Transsubstantiation der eucharistischen Gestalten, ist zwischen sichtbarem Abdruck und latenter Spur

3 Flores Epitapii Sanctorum Buch I, 1. Vgl. Michele Ferrari: Einleitung. In: Thiofridi Abbatis Epternacensis: Flores Epytaphii Sanctorvm, hg. von Michele Ferrari, Turnhout 1996, S. XX–XXI.

4 Ferrari (s. Anm. 3), S. XXXIX.

5 Ferrari (s. Anm. 3), S. 37 (Buch II, 3, Zl. 1–22). Übersetzt nach Arnold Angenendt: Heilige und Reliquien. Die Geschichte ihres Kultes vom frühen Christentum bis zur Gegenwart, München 1990, S. 132f. Vgl. Ferrari: Gold und Asche (s. Anm. 2), S. 67.

6 Angenendt (s. Anm. 5), S. 157. Zur virtus allgemein siehe dort auch S. 76.

7 Vgl. Ferrari (s. Anm. 2), S. 63, 65.

nicht einfach zu unterscheiden. Und doch scheint es nach 1200 ein neues Bedürfnis für eine direkte und permanente visuelle Evidenz der göttlichen Macht in der (Christus-)Reliquie selbst gegeben zu haben. War die Heiligkeit dem Material oder Gegenstand bisher nicht anzusehen, so sollte sie sich nun sichtbar als Abdruck, als visuelle Veränderung der *materia* in der Reliquie zeigen, die nun nicht mehr nur Trägermaterie der *virtus* ist, sondern auch Bildträger.

Vera Ikon – Von der formlosen Spur zur Projektion des Körpers vor das Bild

Seit Ende des 12. Jahrhunderts wird die römische Reliquie des Schweißtuchs Christi als Bild rezipiert, obwohl das genaue Aussehen des Antlitzes auf dem Tuch stets im Dunkel bleibt.[8] Der Legende nach soll sich das Tuch im Jahre 1216 auf den Kopf gestellt haben, woraufhin Innozenz III, der darin ein schlechtes Omen sah, ein Ablassgebet zu Ehren der Reliquie und des himmlischen Antlitzes Christi in Umlauf brachte.[9] Dieses „Wunder", in der die Reliquie angeblich selbst agiert, kann überhaupt nur sichtbar werden, weil der Abdruck nun ein Antlitz zeigt.

Didi-Huberman bezeichnet den visuell fassbaren, Form konstituierenden Abdruck ganz allgemein als „notwendigen Gegenpart der Nachahmung", als „konstitutives Modell für den allgemeinen Begriff des Bildes",[10] den die Kunstgeschichte – ganz im Sinne Vasaris – als nicht-künstlerische Reproduktion vernachlässigt habe.[11] Im Abdruck sieht er eine Potenz am Werk, die seine „Notwendigkeit als Paradigma der Institution des christlichen Bildes"[12] begründet. Bei vollständiger Lektüre von Didi-Hubermans *Ähnlichkeit und Berührung* wird allerdings deutlich, dass diese Theorie des Abdrucks – als Gegenpart der bildlichen Reproduktion zur künstlerischen Imitatio – nur bedingt auf seine vorgebliche christliche Urszene, die Entstehung der Vera Ikon anzuwenden ist. Während Didi-Huberman im ersten

8 Siehe dazu beispielsweise Christiane Kruse: Wozu Menschen malen. Historische Begründungen eines Bildmediums, München 2003, S. 270–273; Georges Didi-Huberman: Face, Proche, Lointain: L'Empreinte du Visage et le lieu pour apparaître. In: Herbert. L. Kessler, Gerhard Wolf (Hg.): The Holy Face and the Paradox of Representation. Papers from a Colloquium held at the Bibliotheca Hertziana, Rome and the Villa Spelman, Florence, Bologna 1998, S. 95–108, hier S. 96.

9 Gerhard Wolf: Schleier und Spiegel. Traditionen des Christusbildes und die Bildkonzepte der Renaissance, München 2002, S. 48. Vgl. ders.: From Mandylion to Veronica: Picturing the "Disembodied" Face and Disseminating the True Image of Christ in the Latin West, in: Herbert. L. Kessler, Gerhard Wolf (s. Anm. 8), S. 153–180, hier S. 169.

10 Georges Didi-Huberman: Ähnlichkeit und Berührung. Archäologie, Anachronismus und Modernität des Abdrucks, Köln 1999, S. 36.

11 Didi-Huberman (s. Anm. 10), S. 12–13.

12 Didi-Huberman (s. Anm. 10), S. 54.

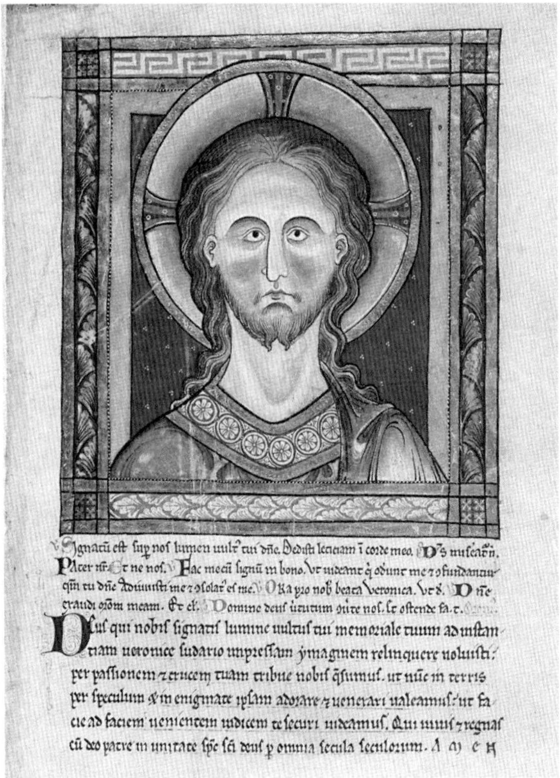

1: Matthew Paris: Vera Ikon, ca. 1240, Psalter und Stundenbuch, London, British Library Ms. Arundel 147 f. 2r.

Teil der Studie kategorisch zwischen dem eine Form hinterlassenden „Abdruck" und der ephemeren oder formlosen „Spur" unterscheidet,[13] tut er dies für den Fall der Vera Ikon bezeichnenderweise nicht.[14] Es ist nämlich die Frage, ob es der mittelalterlichen Sehweise tatsächlich entspricht, von einer unmittelbaren Bildwerdung im Tuch durch den rein mechanischen Abdruck beziehungsweise von der Verwandlung der formlosen Spur in das figürliche Bild auszugehen oder vielmehr von einer Bildwerdung, die eigentlich das Resultat einer der Reliquie innewohnenden *virtus* ist und sich lange Zeit nach der Berührung im Wunder realisieren kann, in Analogie zum Wunder des Sich-auf-den-Kopf-Stellens. Die Gegenwärtigkeit Christi bestand nicht durch die Repräsentation seines Antlitzes oder eine formale Manifestation des Abdrucks, sondern durch die dem Tuch seit der Berührung auf dem Kreuzweg innewohnende *virtus*. Ganz grundsätzlich kann der mechanische Abdruck eines Gesichts in der Fläche, anders als das Innere der abgenommenen Maske, kein Bild der formalen Ähnlichkeit produzieren.[15]

Das Ablassgebet des Innozenz, das zunächst meist ohne Illustration verbreitet wird, richtet sich an die Reliquie und das gegenwärtige himmlische Antlitz Christi. Die ersten überlieferten Referenzbilder aus dem 13. Jahrhundert zeigen

13 Didi-Huberman (s. Anm. 10), S. 14.

14 Didi-Huberman (s. Anm. 10), S. 47: „Bevor es ein Bild ist [...] ist das ‚Antlitz Christi' zunächst nur ein Feld von Spuren auf einem Stück Stoff." Wenn Didi-Huberman in der Folge davon schreibt, dass das Tuch die von der akademischen Kunstgeschichte aufgestellte Hierarchie von „bildhafter Ähnlichkeit" und „spurhafter Ähnlichkeit" untergräbt, so meint er mit „bildhafter Ähnlichkeit" die der Imitation und mit „spurhafter Ähnlichkeit" den defigurierenden Abdruck.

15 Vgl. Didi-Huberman (s. Anm. 8), S. 106, wo er auf den Umstand der formalen Nicht-Ähnlichkeit des Abdrucks und der Unsichtbarkeit des Gesichts im Abdruck hinweist, aber dennoch von der Visualität des Kontaktes spricht: „Aussi, l'empreinte d'un visage rend-il celui-ci automatiquement informe et, pour ainsi dire, invisible – (je ne dis pas non visuel)."

nicht das Tuch mit dem Abdruck, sondern meinen das Antlitz selbst, das den Abdruck hinterlassen hat. ↗ **Abb. 1** Das von Matthew Paris etwa 1240 in einen älteren Psalter eingefügte Bild zeigt eine Art Porträtbüste mit antikisierendem Gewand; Schultern und Nimbus überschneiden einen Teil der Rahmungen vor einem blauen Sternenhimmel. Dem Text des Ablassgebets fügt Paris den Hinweis hinzu, solche Bilder Christi seien Erfindungen des Künstlers *(artifex)*, um die Andacht während des zu der Reliquie beziehungsweise dem himmlischen Antlitz zu sprechenden Ablassgebets zu steigern.[16] Das Bild ist hier eine konstruierte Formel, nicht die beglaubigte Kopie der Reliquie mit der entsprechenden göttlichen Kraft und *virtus*.

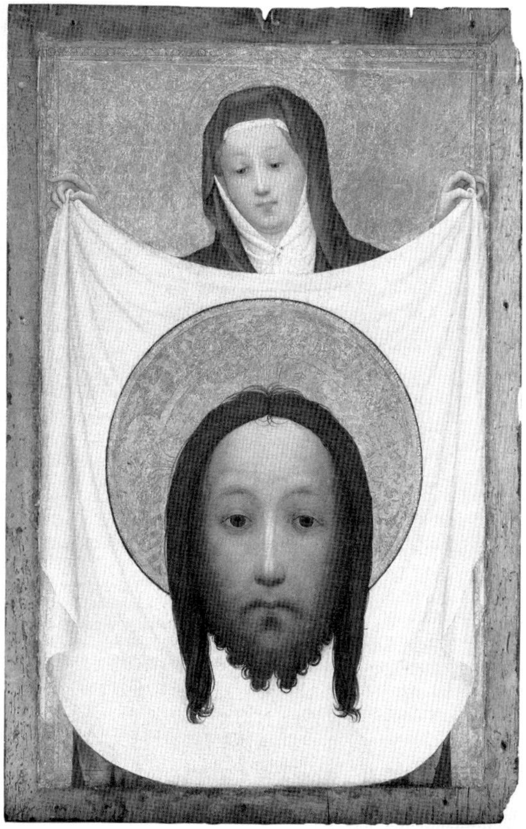

2: Meister der Hl. Veronika: Hl. Veronika mit dem Schweißtuch, um 1420, London, National Gallery.

Der mediale Status der Bilder des Antlitzes ändert sich fundamental in dem Moment, in dem das Tuch und vor allem die das Tuch haltende Veronika mitgezeigt ist, wie auf der Tafel des Veronika-Meisters in der National Gallery in London. ↗ **Abb. 2** Auf dem von Veronika gehaltenen Tuch ist ein halsloses Antlitz dargestellt, das als Erscheinung vor dem Tuch inszeniert wird. Während der Nimbus die Punzierung im goldgefassten Kreidegrund des Hintergrundes und des Nimbus der Veronika wiederholt und die Medialität der Tafel als solcher betont, scheint der durch Licht und Schatten plastisch ausgearbeitete Kopf, der die Faltungen des Tuches ignoriert, wie in einer anderen Dimension vor diesem zu schweben. Es sind sowohl diese Bindungen an das und Herauslösungen aus dem Trägermedium, die der Spur des Körpers ihre besondere Valenz verleihen.[17] Wenn die Nachbildungen der Vera Ikon auch nicht den gleichen Status

16 Siehe dazu ausführlich Heike Schlie: Vera Ikon im Medienverbund. Die Wirksamkeit der Sakramente und die Wirkung der Bilder. In: Carla Dauven–van Knippenberg et al. (Hg.): Medialität des Heils im späten Mittelalter, Zürich 2009, S. 61–82, hier S. 66–75. Vgl. Wolf (s. Anm. 9), S. 52f.

17 Vgl. Wolf (s. Anm. 9), S. 144. Als „Bild vor dem Bild" meint er „das Tuch vor Veronika", nicht „das Antlitz vor dem Tuch der Veronika", wie im Folgenden argumentiert werden soll.

haben können wie die Reliquie selbst, so betonen sie durch das Zusammentreffen von Flächigkeit und Körperlichkeit in besonderer Weise, dass der Körper, auf den sie verweisen, einen Abdruck hinterlassen hat, als ob Veronika Christus noch gegenüberstehen würde und ihm gerade das Tuch gereicht hätte. Wenn ein Abdruck genommen wurde, so ist der Körper stets virtuell noch „da". Oder anders gesagt: Die Performanz des Abdrucks ist der Bildrezeption stets inhärent. Der abwesende Körper, der den Abdruck einst hinterließ, hat seinen virtuellen Standpunkt dort, wo sich der Betrachter gegenüber dem Tuch verortet: auch in dieser Weise kann man die frontale Ansprache des Tuchbildnisses an den Betrachter verstehen. Veronika, die Bildträgerin, weist uns das Tuch, wie sie es vor Christus gehalten hat. Dies ist nicht nur als Weisung der Reliquie, als Ostensio zu verstehen, weil die Reliquie ja in genau diesem Gestus entstanden ist; und auch in diesem Gestus ist Christus als Veronikas Gegenüber und weniger im Tuch selbst präsent. Vielmehr ist von einer Art bildlichem Reenactment der Abdruckhandlung zu sprechen, in der Christus selbst nur an der Kontaktstelle des Tuches erscheint, aber quasi am Betrachterstandort zu imaginieren ist. Hier erweist sich der Status des Abdrucks als „Akt" als konstitutiv für die Bildrezeption als Akt. Dies zeigt auch die Rezeption der Vera Ikon, wie sie in Nikolaus Cusanus' *De visione Dei* (1453) nachzuvollziehen ist, der das Bild als Metapher für die Spiegelbeziehung zwischen Gott und dem Menschen und die damit verbundene Gotteserkenntnis verwendet: Was der Betrachter in dem Bild der Vera Ikon, „diesem Spiegel der Ewigkeit sieht, ist nicht Abbildung, sondern die Wahrheit, von der er, der Sehende, Abbild ist. Abbildgestalt ist also in dir, mein Gott [...] mein Antlitz ist ein wahres Antlitz, weil Du, die Wahrheit, es mir gegeben hast".[18]

Unter diesen Umständen ist der Ort des Erscheinens nicht das Tuch selbst, sondern der Ort direkt vor dem Tuch beziehungsweise das eigene Antlitz. Die Rezeption animiert die Kontaktstelle. Genau diesen Aspekt reflektiert der Veronika-Meister durch die Lösung des Antlitzes von dem Tuch, das unabhängig von dessen Materialität und Faltungen ein Eigenleben führt. So erklärt sich, warum die Bilder der Reliquie nicht formal ähnlich sein müssen, um ihren Effekt zu erreichen. Das Bild ist noch etwas anderes als „Ikone" oder „Reliquie" – der Prozess der Gotteserkenntnis vollzieht sich darin, ein Gegenüber der Kontaktstelle zu sein.

18 Nikolaus Cusanus: De visione Dei sive de icona, Kap. XV (Nikolaus von Kues: Philosophisch-theologische Schriften, herausgegeben und eingeführt von Leo Gabriel, übersetzt und kommentiert von Dietlind und Wilhelm Dupré, Wien 1989). Übersetzung nach Wolf: Schleier (s. Anm. 9), S. 256f.

Die notwendige Absenz des Leibes im materiellen Bild ist damit quasi die Stärke der Referenzbilder der Vera Ikon, denn das Bild behauptet nicht ein Eben-Hier *im* Bild, sondern eine Vergegenwärtigung Christi *vor* dem Bild. Zu vergleichen ist dies mit Bildern des leeres Grabes, die Christus zwar nicht zeigen, seine liturgische und ideelle Präsenz als eucharistischen oder mystischen Leib aber umso deutlicher manifestieren: Er ist „da"; und die Reliquie ist als Zeugnis der Passion ein Beleg für dieses „da sein". Die *appendicia exteriora* sind nicht der Körper, gehören aber zu ihm und rufen ihn als seinen „Anhang" auf.

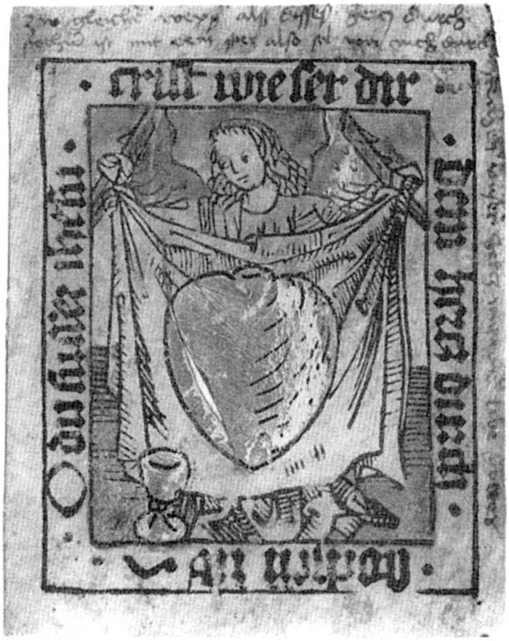

3: Speerbild, Holzschnitt auf Pergament, um 1500, New York, The Metropolitain Museum of Art (Schreiber 1799).

Speerbilder – Vom Passionskörper zur Wunde im Bildkörper

Die sogenannten Speerbilder stehen in Zusammenhang mit dem Fest der Heiligen Lanze in Nürnberg, das zwischen 1424 und 1523 am zweiten Freitag nach Ostern mit einer Heiltumsweisung auf dem zentralen Marktplatz begangen wurde. Mit der Verehrung der Heiligen Lanze, die während der Kreuzigung die Seite Christi geöffnet hatte, entsteht eine Frömmigkeitspraxis, die mit der Herz-Jesu-Frömmigkeit gekoppelt wird.[19] In der Stadt wurden kleine Herz-Jesu-Bildchen unterschiedlichster ikonografischer Komplexität vertrieben, die entweder von der Heiligen Lanze selbst durchstoßen oder an einem gemalten oder vorbereiteten Schnitt von ihr berührt worden waren.[20] Ein Holzschnitt von etwa 1500 aus Pergament zeigt einen Engel, der ein Tuch mit dem darauf abgebildeten Herzen trägt, davor steht ein Kelch. ↗ **Abb. 3** Die Ikonografie erinnert an Veronika, die das Schweißtuch mit dem Antlitz Christi vor ihrem

19 Zur Liturgie des Speerfestes siehe Albert Bühler: Die Heilige Lanze. Ein ikonographischer Beitrag zur Geschichte der deutschen Reichskleinodien. In: Das Münster. Zeitschrift für christliche Kunst und Kunstwissenschaft Jg. 16, 1963, S. 85–116, hier S. 92.

20 Ein Holzschnitt von 1470 mit einem entsprechenden Schnitt trägt den Schriftzug: „Ista signa cordis repraesentans cor deifactum nostris salvatoris transfossa Nuremberge cum vera lancea", siehe Bühler (s. Anm. 19), S. 104, der auch ein Pergamentblättchen mit dem Herzen erwähnt, auf dem auf der Rückseite vermerkt ist: „ist an de(m) sper Christi gewesen".

Körper ausbreitet. Um die auf der linken Seite beginnende Inschrift zu lesen, die in dem Rahmen um das eigentliche Bild geführt ist, muss man das Blatt drehen: „O du susser ihesu / crist wie ser dir / dein hercz / durch / stochen ist." Das Pergament selbst ist auf der linken Seite des Herzens mittels der Heiligen Lanze mit einem Schnitt versehen worden. Das Blatt ist von seinem Benutzer auf zwei Seiten noch einmal mit Schrift, in diesem Fall von Hand, gerahmt worden: „Zw gleicher weyß alß disses hercz durch / stochn ist mit dem sper also sol wir auch durch / stechen unser hercz mit der libe gottes."[21] Zu dem Aspekt der mystischen Minne der traditionellen Herzbilder, die auch sexuelle Konnotationen hat, sowie einer Imitatio Christi oder Christoformitas, kommt hier eine Verleihung der göttlichen *virtus* durch dreifache *transfusio* hinzu: Die Lanze hatte den Körper Christi berührt, gar durchbohrt. Ein entsprechender Einschnitt wird dem „Körper" des Bildes zugefügt,[22] um in der wiederholten Geste den gleichen Kontakt von Lanze und Körper Christi zu aktivieren und die *virtus* des Christuskörpers auf das Speerbild zu übertragen: Das Bild wird zur Reliquie. Wenn nun der Betrachter die Seiten des Schnittes berührt, berührt er den durch den doppelten Kontakt vermittelten Körper Christi. So wie das Tuch der Veronika Zeichen der Absenz des Christuskörpers ist, den Körper in der Rezeption eines Gegenübers aber „vor" dem Tuch aufruft, ist die Lanze als Passionsreliquie Zeichen dieser Absenz, die sie auf das Bild überträgt und die in der Leere des Schnitts unmittelbar sinnfällig wird.[23] Der Körper Christi manifestiert sich jedoch in berührbarer Form an den Schnitträndern, als Folge einer Doppelung oder gar Verdreifachung der Berührung, von Körper und Lanze zu Lanze und Herz zur Berührung des Schnittes durch den Rezipienten. Die (einst mit Blut bedeckte) Lanze ist damit als „Bildwerkzeug" der bessere Pinsel oder Stichel des Bildmediums, weil sie ein wahreres Bild der Wunde beziehungsweise des Herzen Jesu zu schaffen vermag.

21 Zitiert nach Schreiber 1799. Vgl. Volker Schier, Corine Schleif: Seeing and Singing, Touching and Tasting the Holy Lance. The Power and Politics of Embodied Religious Experiences in Nuremberg, 1424–1524. In: Nils Holger Petersen, Claus Clüver, Nicolaus Bell (Hg.): Signs of Change. Transformations of Christian Traditions and their Representation in the Arts, 1000–2000, Amsterdam/New York 2004, S. 401–426, hier S. 418.

22 Vgl. Thomas Lentes: Nur der geöffnete Körper schafft Heil. Das Bild als Verdoppelung des Körpers. In: Christoph Geissmar-Brandi, Eleonora Louis (Hg.): Glaube Hoffnung Liebe Tod, Ausst.kat., Wien 1995, S. 152–155, hier S. 154.

23 Vgl. zu einem anderen Speerbild Gerhard Wolf: Bildprägung und Bildgedächtnis. In: Ilsebill Barta-Fliedl et al. (Hg.): Rhetorik der Leidenschaft – Zur Bildsprache der Kunst im Abendland, Hamburg/München 1999, S. 20.

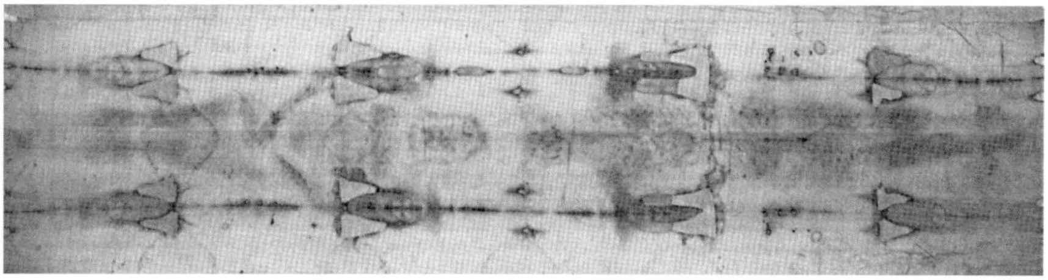

4: Grabtuch Christi (Sacra Sindone), Turin, Dom.

Das Turiner Grabtuch – Von der bildlichen Vollendung der Spur zur Parusie im fotografischen Prozess

Wie das Schweißtuch der Veronika ist die Sacra Sindone Berührungsreliquie und Bild zugleich; sie brachte Christus als „Maler" seiner selbst ins Spiel.[24] Die Tuchreliquie zeigt die reduzierte Form eines vorder- und rückansichtigen Körpers sowie an den Seiten die Brand-, Lösch- und Reparaturspuren, die 1532 bei einem Brand am damaligen Aufbewahrungsort entstanden sind. ↗ **Abb. 4, Tafel 8** Seit der Ausweitung seiner Verehrung im 16. Jahrhundert ist die Gestalt des Originals – im Unterschied zur Vera Ikon – im kollektiven Gedächtnis verankert und Gegenstand wissenschaftlicher Betrachtung: Im Zusammenhang der katholischen Reform verhandelte beispielsweise der Bologneser Erzbischof Gabriele Paleotti mit wissenschaftlichem Pragmatismus die Herkunft und Authentizität des Grabtuchs, indem er mit dem Naturphilosophen Ulisse Aldrovandi antike Begräbnisriten studierte und so versuchte, das Verfahren der Bildwerdung zu rekonstruieren.[25] Es wurden zahlreiche Nachbildungen angefertigt, die das längliche Format mit der Wiedergabe der Vor- und Rückseite des Körpers übernehmen, die undeutliche Spur des Abdrucks aber als sofort erkennbaren Körper gestalten.[26] Die Nachbildungen, die nach dem Brand von 1532 auch die Brand-, Lösch- und Reparaturspuren des Originals zeigen, wurden auf die Tuchreliquie gelegt, um sie durch die Berührung zu Kontaktreliquien zweiter Ordnung zu transformieren.

In einem Prozessionsbild in der Pinacoteca Nazionale in Turin verbindet sich die wissenschaftliche, quasi-archäologische Rekonstruktion der Entstehung der Spur im Grab mit einer über der Grablegungsszene erscheinenden himmlischen Ostensio

24 Siehe Gabriele Wimböck: Guido Reni (1575–1642). Funktion und Wirkung des religiösen Bildes, Regensburg 2002, S. 163, mit Aufzählung der Quellen.

25 Siehe Wimböck (s. Anm. 24), S. 157.

26 Siehe dazu den Katalogteil zum Turiner Grabtuch und seinen Nachbildungen in Giovanni Morello, Gerhard Wolf (Hg.): Il volto di Cristo, Mailand 2000.

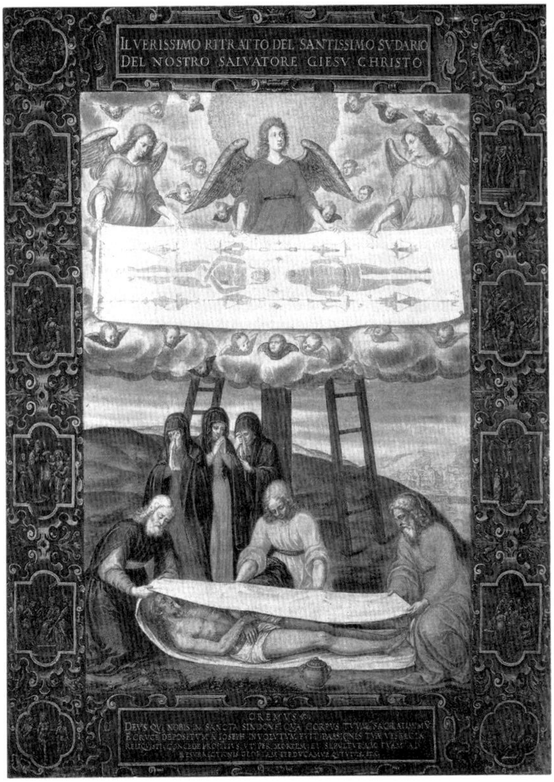

5: Giovanni Battista della Rovere: Prozessionsbild mit Turiner Grabtuch und Beweinung/Grablegung, um 1620 (?), Turin, Pinacoteca Sabauda.

des Tuchs. ↗ **Abb. 5, Tafel 9** In der Grablegung führen die Assistenzfiguren vor, wie das längliche Tuch um den Körper Christi mit den über den Lenden gekreuzten Armen gelegt wurde, um den Abdruck so und nicht anders entstehen zu lassen. Der Körper Christi ist dabei ebenso gut sichtbar wie die Form und Anordnung des Tuches: Die bildliche Fassung der Grablegung authentifiziert das Tuch und vice versa. Die Schrifttafel in der weitere Passionsszenen tragenden, blauen Rahmung behauptet ihrerseits, dass es sich um „Il VERISSIMO RITRATTO DEL SANTISSIMO SUDARIO DEL NOSTRO SALVATORE GIESV CHRISTO" handelt – die wahrste Wiedergabe des allerheiligsten Leichentuchs des Erlösers. Die „Wahrheit" wird demnach von der Reliquie auf ihre Nachbildung im Prozessionsbild gleichsam übertragen. Im von Engeln gehaltenen Tuch im Bild sind nur die Spuren exakt kopiert, die nicht direkt den Körper bezeichnen (vor allem die dominierenden Brand- und Löschwasserspuren aus dem Jahr 1532); die vagen Spuren des Leichnams ↗ **Abb. 4** sind mimetisch zu einem gut sichtbaren, konturierten Körper ergänzt, ohne allerdings die Idee der flachen Spur ganz aufzugeben, wie dies in den vollplastisch erscheinenden Versionen der Vera-Ikon-Köpfe der Fall ist.[27] Undeutliche „Druckspuren" und Flecken, die die Körperform verunklären, sind weggelassen. Dieser produktive Teil der Rezeptionsgeschichte der Reliquie zeigt – ebenso wie die Geschichte der Nachbildungen der Vera Ikon –, dass die zur Abstraktion tendierende Spur des Körpers auf der Fläche von jeher als äußerst unbefriedigend empfunden wurde. Auch den Schriften des 16. Jahrhunderts, die Christus als den *deus pictor* bezeichnen, der sein eigenes Abbild auf

27 Die Vera Ikon von Francisco de Zurbaràn von 1658 in Valladolid, die gleichzeitig rotbraune Spur und ein gerade noch erkennbares Antlitz zeigt, entspricht in dieser Hinsicht den Nachbildungen des Grabtuchs.

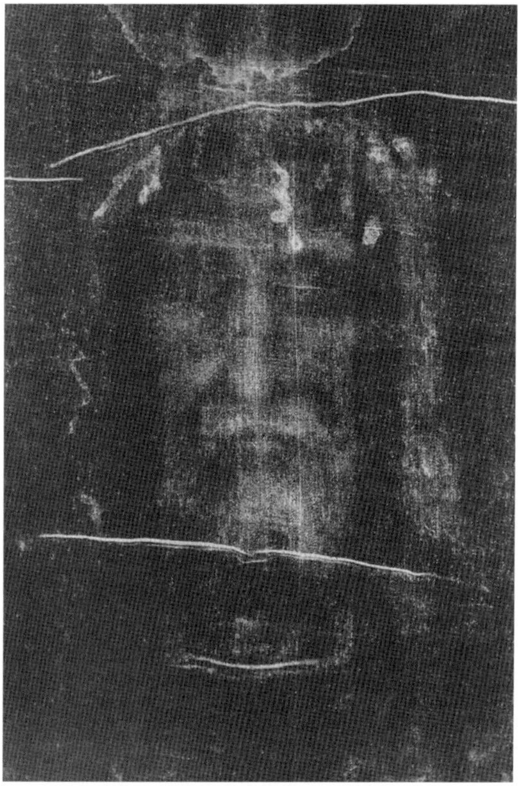

6: Fotonegativ des Turiner Grabtuchs.

die Leinwand des Grabtuches gemalt habe, ist eine Tilgung der undeutlichen Spur zugunsten der Abbildung eines vollständigen Körpers implizit.[28] Das Turiner Leichentuch wurde zum mimetisch überzeugenden Bild *gemacht*.

Diese „Ergänzung" in der bildlichen Rezeptionsgeschichte des Tuches erhält durch die Konfrontation des Tuchs mit der Technik der Fotografie im 19. Jahrhundert eine neue Dimension. In der Nacht vom 28. auf den 29. Mai 1898 erblickte Secondo Pia in dem Negativ des Fotos des Turiner Grabtuchs, das er soeben in das Entwicklerbad getaucht hatte, ein Antlitz, das als Körperbild überzeugender war als die Spur auf dem Tuch selbst.[29] Da die Formen im Negativ als visuell überzeugender Körper erschienen, entstand in der Folgezeit die Theorie, das Turiner Grabtuch sei selbst eine Art Negativ des Christuskörpers, das durch einen „erneuten" fotografischen Prozess ins Positiv gekehrt werden könne. Man gab die Idee des unmittelbaren Abdrucks auf, nicht der direkte Kontakt des Körpers und die vom Körper abgesonderten Flüssigkeiten hätten die Spur gezeichnet, sondern eine vom Körper Christi ausgehende Abstrahlung habe die Materie des Tuches chemisch verändert – eine als wissenschaftlich verstandene Erklärung dafür, wie sich Spur und überzeugendes Bild, Index und Ikon verbinden und das Tuch so für den Betrachter zu einem aktiven Gegenüber werden konnte. Im Rezeptionsprozess der Vervollständigung des Körpers durch die Inversion des fotografischen Negativs wird erneut der Moment der Entstehung der Spur und damit der Körper selbst eingeholt – ähnlich wie im Spiegelmoment der das Schweißtuch zeigenden Veronika-Bilder. Die lichtbildliche Inversion (Spur zu Körper) der Inversion des Abdrucks (Körper zu Spur) offenbarte in einer doppelten Umkehrung das „wahre" Gesicht, mit einer neuen

28 Z. B. bei Giambattista Marino: Dicerie Sacre, Turin 1614. Vgl. Wimböck (s. Anm. 24), S. 163.

29 Vgl. dazu Peter Geimer: Nicht von Menschenhand. Zur fotografischen Entbergung des Grabtuches von Turin. In: Colloquium Rauricum, Band 7: Homo Pictor, hg. von Gottfried Boehm, S. 156–172.

Begründung seiner Aura[30] in der „Parusie" des fotografischen Prozesses. ↗ **Abb. 6** Allerdings wurde mit der Fotografie lediglich fortgeschrieben, was mit den zahlreichen Nachbildungen im Grunde schon seit dem 16. Jahrhundert praktiziert wurde. Die Geschichte der fotografischen Rezeption des Turiner Grabtuchs verdeutlicht, wie verdichtet die Konzepte zur Entstehung der Spur und die Inversion einer „Skulpierung" der Spur zum Körper bereits in dem Prozessionsbild der frühen Neuzeit erscheinen. ↗ **Abb. 5**

Die christologischen Kontaktbilder sind weniger vom Abdruck als einer ikonografischen Gestalt der formalen Ähnlichkeit geprägt, sondern vielmehr durch ein stetiges Aktivieren der Berührung in der Rezeption, das die Spur als Kontaktstelle zum tragenden Grund des Körpers macht. Christus sagt zu dem Berührungsversuch Maria Magdalenas bei der Begegnung nach der Auferstehung: „Noli me tangere." – „Berühre mich nicht. Denn ich bin noch nicht zum Vater aufgefahren." Der dabei offenkundige Widerspruch – eine Berührung ist nach der Himmelfahrt endgültig unmöglich – gehört zu den Aporien einer Vereinnahmung des Christuskörpers.

30 Georges Didi-Huberman: Anhaltspunkt für eine abwesende Wunde. Monographie eines Flecks. In: Bettina Menken, Barbara Vinken (Hg.): Stigmata. Poetiken der Körperinschrift, München 2004, S. 319–340, hier S. 320.

Wolfgang Lefèvre

Natürliches Bild und Naturabguss. Zur Bildnatur gewisser Fossilien

Die bildlichen Repräsentationsmittel, die von Paläontologen zur Darstellung von Fossilien eingesetzt werden, unterscheiden sich nicht von denen, die Mineralogen, Botaniker oder Zoologen anwenden. Gleichwohl verdienen Fossilien in bildwissenschaftlicher Hinsicht besondere Aufmerksamkeit, da sie selbst etwas von Bildern an sich haben.

Sind Fossilien natürliche Bilder?

Nicht für alle Fossilien stellt sich diese Frage. Beispielsweise nicht für die sogenannten *Körperfossilien*, das heißt für die mehr oder weniger gut erhaltenen Überreste von Lebewesen wie etwa die berühmten Knochenfragmente, die 1856 im Neandertal gefunden wurden und zur Rekonstruktion einer Hominidenart führten. Solche Relikte haben einen hohen Informationswert, da sie Experten einen unschätzbaren Blick in die Vergangenheit gewähren. Aber sie bilden nichts ab. Das Gleiche gilt für *Inkrustationen* und *Intuskrustationen*, also für Überreste von Lebewesen, die von Mineralien überzogen beziehungsweise imprägniert sind. Ein versteinerter Wald wie der berühmte in Arizona stellt nicht Baumstämme eines Waldes aus einem fernen Erdzeitalter dar, sondern ist schlicht und einfach das, was von einem solchen Wald übrig blieb.

Anders stellt sich die Frage bei den *Spurenfossilien*, bei den fossil erhaltenen Spuren der Lebenstätigkeit von Lebewesen – Bewegungsspuren, Grabspuren, Ernährungsspuren, Wohnbauten etc. Während letztere so wenig etwas abbilden wie Körperfossilien, können Bewegungsspuren durchaus Bildcharakter haben. Die Trittspur eines Tiers beispielsweise bildet zweifellos die Unterseite eines Hufes, einer Tatze oder eines Fußes ab. Solche fossilen Trittspuren sind prinzipiell nichts anderes als Abdrücke von Körperstrukturen in einem mineralischen Material, und es sind diese fossilen *Abdrücke*, an die man wahrscheinlich zuerst denkt, wenn vom Bildcharakter von Fossilien die Rede ist.

Kann man solche Abdrücke als „Bilder" bezeichnen? Wenn ein Bild, das heißt eine wie immer geartete visuelle Repräsentation eines realen oder ideellen Gegenstandes, ein Subjekt voraussetzt, das es gezielt erzeugt hat und als Kommunikationsmedium verwendet, dann sind diese Abdrücke keine Bilder. Die Lebewesen, die diese Abdrücke hinterließen, hatten selbstverständlich weder die Absicht, eine visuelle Repräsentation ihrer selbst zu schaffen, noch die, mittels einer solchen mit einem anderen Wesen zu kommunizieren. Nähert man sich der Frage jedoch von der anderen Seite, nämlich – kommunikationstheoretisch gesprochen – nicht von der des Erzeugers und Senders der visuellen Repräsentation, sondern von der des Empfängers, dann sind diese Abdrücke zweifellos Bilder – *natürliche Bilder.* Es verhält sich wie mit dem Retinabild, dem Sinnesfundament unserer visuellen Welt: So wie das Auge es ohne Wissen und Wollen erzeugt, und wir es als Bild der Außenwelt verstehen, so erzeugt ein Tier ohne jede Absicht einen Abdruck zum Beispiel seiner Fußsohle, den wir als Abbild dieser Körperstruktur erkennen.

Da es der Betrachter ist, der einen solchen Abdruck in ein Bild verwandelt, könnte man einen solchen Abdruck auch als eine *Inskription* bezeichnen, also als eine Spur irgendeines materiellen Agenten, die als solche verstanden und interpretiert werden muss. Ein Abdruck zeichnet sich gegenüber anderen – eher „spurhaften" – Inskriptionen dadurch aus, dass zwischen Abdrückendem und Abdruck Ähnlichkeit besteht. Zwar ist es der Betrachter, der einen solchen Abdruck als Inskription erkennen und ihn als Repräsentation „erzeugen" muss; aber dabei erzeugt er nicht auch die Bildhaftigkeit dieser Inskription. Diese entsteht objektiv, unabhängig vom Betrachter, aufgrund des physischen Vorgangs des Ein- oder Abdrückens. So wie eine optische Projektion objektiv ein Bild erzeugt, so ist Ab- oder Eindrücken objektiv ein Bilderzeugungsverfahren.

Es ist so wohl kein Zufall, dass der Schlüssel zum richtigen Verständnis dieser Abdrücke sowie darüber hinaus der *Steinkerne*, vollkörperlicher Fossilien, die sich Hohlraumausgüssen verdanken, in der Rekonstruktion ihres physischen Entstehungsprozesses als eines Bilderzeugungsverfahrens lag.

Nils Stensens Abguss-Hypothese

Fossilien haben die Aufmerksamkeit von Menschen erregt, solange unser historisches Gedächtnis zurückreicht. Sie übten und üben aber nicht nur Faszination aus, sondern werfen auch schwierige Fragen auf, die lange Zeit nicht beantwortet werden konnten. Bevor sie zu den äußerst wertvollen Indizien wurden, die entscheidend dazu beitrugen, dass Naturforscher die Geschichte der Erde und des Lebens auf ihr rekonstruieren konnten, mussten erst einmal die Rätsel gelöst werden, die mit ihnen selbst verbunden sind.[1] Rätselhaft waren bereits bestimmte Fundorte von Fossilien: Wie war es etwa zu erklären, dass man Reste von Meeresbewohnern in hohen Bergregionen fand? Waren diese Gebirge einmal vom Meer bedeckt gewesen? Wie waren Pflanzen- oder Insektenfossilien, die man rundum in harten Stein eingeschlossen fand, dort hineingekommen? Wie konnten solch zarte Lebewesen,

1 Für die geschichtliche Entwicklung des Verständnisses von Fossilien in der Neuzeit siehe z. B. die kommentierte Quellensammlung in Helmut Hölder: Geologie und Paläontologie – in Texten und ihrer Geschichte, Freiburg 1960, Kap. 7, sowie Martin J. S. Rudwick: The Meaning of Fossils, Chicago 1972.

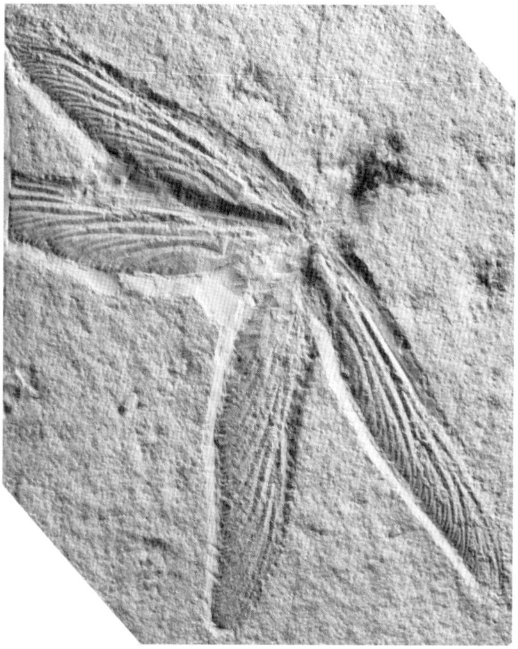

1: Ausgestorbene Libellenart, Abdruck aus dem Jura, Solnhofen.

wie etwa Libellen, einen Eindruck in Gestein hinterlassen? ↗ **Abb. 1** Und was sollte man zu Fossilien sagen, die unverkennbar Gestalt und Struktur bekannter Lebewesen hatten, aber nicht aus Knochen- und Hautresten bestanden, sondern aus mineralischer Materie?

Gottfried Wilhelm Leibniz hatte solche Fossilien, nämlich Fische, die aus Kupferschiefer bestanden, in den Harzbergwerken gesehen, und schrieb darüber in seiner *Protogaea* (verfasst ca. 1700, veröffentlicht postum 1749): „Ich wage hier nichts Sicheres zu behaupten außer dem einen, das uns hier genügt, dass nämlich die Kupfererzfische nach wirklichen Fischen gebildet sind."[2] Wie ist dies zu verstehen? Im Mittelalter und auch noch in der Renaissance, als fast alle Naturforscher solche Fossilien als Hervorbringungen der Erde, als *ludi naturae*, also als Produkte einer launenhaften Natur oder als Früchte bestimmter den Erd- und Gesteinsarten eigener Samenprinzipien deuteten, hatte man wegen ihrer Ähnlichkeit mit bekannten Lebewesen gelegentlich davon gesprochen, dass die Natur diese Lebewesen „imitiere". Leibniz, der solche Spekulationen ausdrücklich verwarf, hatte etwas ganz anderes im Sinn. Seine Überlegungen bewegten sich nämlich im Rahmen einer Hypothese, die etwa dreißig Jahre früher der dänische Arzt und Anatom Nils Stensen (1638 – 1686) aufgestellt hatte und nach der solche Fossilien als Abgüsse realer Lebewesen zu verstehen seien. Stensen sprach zwar nicht expressis verbis von Abgüssen. Aber die von ihm dargelegten Voraussetzungen und Schritte der Entstehung der fraglichen Fossilien laufen der Sache nach auf die elementaren Voraussetzungen und Schritte eines Abgussverfahrens hinaus.

Allgemeine Voraussetzung dieser Hypothese war die Annahme, dass Steine, Erden und andere feste mineralische Körper in einem Gerinnungs- oder Erstarrungsprozess (Stensens Terminus dafür ist *concretio*)[3] aus vormals flüssigem Material entstehen. Die Bildung von Kristallen in einer Lösung war für Stensen eine para-

2 Gottfried Wilhelm Leibniz: Protogaea, übers. von D. von Engelhardt, Stuttgart 1949, S. 72f.
3 Nils Stensen: De solido intra solidum naturaliter contento, Florenz 1669, S. 38.

digmatische *concretio*. Unter dieser Voraussetzung verwarf Stensen die Auffassung, dass mineralische Fossilien, die vollständig in Gestein eingeschlossen sind, in und aus diesem Gestein sich gebildet hätten.

> *In jenen Erd- und Felsarten, die Kristalle, Selenite, Markasite, Pflanzen und ihre Teile, Knochen und Schalen von Tieren [...] allseitig umgeben und enthalten, sind jene Körper schon zu einer Zeit hart gewesen, in der die Materie der sie enthaltenden Erd- oder Felsarten noch flüssig war; weit entfernt, dass jene Erd- und Felsarten die in ihnen befindlichen Körper erzeugten, waren sie vielmehr noch gar nicht vorhanden, als jene Körper dort schon entstanden waren.*[4]

Das umschließende Gestein existierte nach dieser Hypothese erst als eine Flüssigkeit, die das tote Lebewesen umschloss. Und da Flüssigkeiten der Oberfläche in sie eingetauchter fester Körper genau anliegen, entstand, als diese mineralische Flüssigkeit erhärtete, im Inneren des entstehenden Steins die Negativform der Gestalt des darin eingeschlossenen Lebewesens. Wir kennen diesen Vorgang vom Gipsabguss, beispielsweise von der Abnahme einer Totenmaske.

Beim Abgussverfahren wäre nun der nächste Schritt die Trennung der entstandenen Negativform vom „Original", wobei das in bestimmten Fällen nur durch die Zerstörung des Originals in der geschlossen Negativform erreicht werden kann, so beim Bronzeguss, indem man das Wachspositiv ausschmilzt. Und genau diesen Weg wählt nach Stensen die Natur, nur dass sie sich zur Zerstörung des organischen Relikts chemischer Prozesse bedient: „Wo die durchdringende Kraft von Säften die Substanz einer [in einem erhärteten Stein eingeschlossenen Muschel-] Schale auflöste, da wurden diese Säfte entweder von der Erde aufgesogen und hinterließen leere Hohlräume von Schalen [...]" – diese Hohlräume sind nichts anderes als die virtuelle Positivform eines Abgusses – „oder sie wurden durch neu hinzuströmende Materie verändert und erfüllten je nach der Verschiedenheit dieser Materie die Hohlräume der Schalen entweder mit Kristallen, mit Marmor oder mit Stein."[5]

Und dieses Ausfüllen der Positivform wäre der das Abgussverfahren abschließende eigentliche Guss. Natürlich hat ein heutiger Paläontologe zum Entstehungs-

4 Stensen (s. Anm. 3), S. 15f. Ders.: Das Feste im Festen, übers. von K. Mieleitner, Frankfurt a. M. 1967, S. 50.

5 Stensen (s. Anm. 3), S. 59 u. 79.

prozess von Fossilien viel mehr zu sagen als Nils Stensen. Aber er wird anerkennen, dass Stensen das Prinzip des Vorgangs richtig erfasst hatte. Leider ist nicht bekannt, wie Stensen zu seiner Hypothese kam. Ein Ausgangspunkt waren jedenfalls die Zungensteine, fossile Haifischzähne, die den Naturforschern schon lange Rätsel aufgegeben hatten. Stensens anatomische Untersuchung eines Haifischkopfes im Jahre 1667[6] hatte in ihm die Überzeugung entstehen lassen, dass es sich bei diesen Objekten nicht um rätselhafte Hervorbringungen der Erde handelt, sondern dass diese merkwürdigen Steine auf wirkliche Haifischzähne zurückgehen müssen.

Goldschmiede und Keramikkünstler

Aber diese Überzeugung ergibt natürlich nicht schon die Abguss-Hypothese. Vielleicht bot diese sich ihm an, weil er mit dem handwerklichen Verfahren des Metallgusses genauer vertraut war als sonst ein damaliger Arzt oder Naturforscher. Stensens Vater sowohl wie später sein Stiefvater waren nämlich Goldschmiede gewesen und hatten eine durchaus bedeutende Werkstatt in Kopenhagen betrieben, die auch für den dänischen Königshof arbeitete. Und diese Werkstatt war, mit einer Formulierung seines Biografen Gustav Scherz, „undoubtedly the boy's first school".[7] Stensen spielte jedoch mit keinem Wort auf die Parallele zwischen dem von ihm angenommenen Prozess der Fossilbildung und dem Metallguss an. Was immer die Gründe dafür waren, andere betonten diese Parallele sofort. So schrieb Leibniz in der *Protogaea*, nachdem er mit einer Variante der Hypothese Stensens die Fischfossilien aus Kupferschiefer erklärt hatte:

> *Etwas Ähnliches haben wir in einem Kunstgriff der Goldschmiede vor uns; denn ich vergleiche gern die Geheimnisse der Natur mit den offenkundigen Werken der Menschen. Sie überziehen eine Spinne oder ein anderes Tier mit einer geeigneten Materie, wobei sie jedoch eine kleine Öffnung übrig lassen; diese Materie glühen sie im Feuer zu Stein, dann spülen sie durch eingefülltes Quecksilber die Asche des Tieres aus dem Loche heraus und gießen schließlich stattdessen auf demselben Wege Silber hinein; wenn sie dann die Hülle entfernen, erhalten sie ein silbernes Tier mit allem Beiwerk von Füßen und Behaarung und wunderbar nachgebildeten Äderchen.*[8]

6 Siehe Nils Stensen: Canis carchariae dissectum caput, Florenz 1667.
7 Gustav Scherz in: Steno – Geological Papers, Odense 1969, S. 12.
8 Leibniz (s. Anm. 2), S. 66 u. 69.

Was Leibniz hier beschreibt, ist das Verfahren des *Naturabgusses*, das Goldschmiede seit dem 15. Jahrhundert anwandten, um Kleinplastiken von Pflanzen oder Tieren zu schaffen, die durch ihre verblüffende Realistik beeindrucken sollten.[9] Diese Kunst des Naturabgusses hatte in der zweiten Hälfte des 16. Jahrhunderts eine staunenswerte Höhe erreicht, und Goldschmiedearbeiten – Pokale, Tafelaufsätze, Tablette etc., die mit solchen Kleinplastiken geschmückt waren, erfreuten sich damals größter Beliebtheit an den Fürstenhöfen. Für den deutschen Kontext sind die Arbeiten aus der Werkstatt der Nürnberger Goldschmiededynastie der Jamnitzers am bekanntesten.[10]

Im Hinblick auf die Geschichte des Verständnisses von Fossilien darf der französische Keramikkünstler Bernard Palissy (1510 – 1590) nicht unerwähnt bleiben, der seine Keramiken ebenfalls mit Kleinplastiken schmückte, die er mit dem Verfahren des Naturabgusses geschaffen hatte.[11] ↗ **Abb. 2** Palissy, ursprünglich ein Glasmaler, hatte sich bei der Suche nach geeigneten Erden für Keramiken im Laufe der Jahre ein reiches geologisches, mineralogisches und chemisches Wissen erworben und war dabei auch mit den Fragen konfrontiert worden, die die Fossilien aufwarfen. Wie später Stensen ging auch er bei seiner Deutung der Entstehung von Abdrücken und Steinkernen davon aus, dass alle festen Mineralien ursprünglich flüssig gewesen waren. Seine Hypothese unterschied sich von der Stensens darin, dass es nach ihm die organische Materie verendeter Lebewesen selbst war, die sich in festes mineralisches Material verwandelte, wenn das Lebewesen in einer Erde begraben wurde, in der es mit einem „congelierenden" Wasser (*eaux congelative*) in Berührung kam.[12] Und dieser Mineralisierungsprozess war in Palissys Augen derselbe, den der Ton beim Brennen von Keramiken durchläuft.

Was die Erhaltung der Form des Lebewesens angeht, so scheint es allerdings nicht wirklich klar, ob Palissy auch in dieser Hinsicht eine Parallele zwischen dem natürlichen Prozess und einem handwerklichen Verfahren gesehen hat:

9 Zur Anwendung des Naturabgusses in der Renaissance siehe Ernst Kris: Der Stil „rustique". In: Jahrbuch der Kunsthistorischen Sammlungen in Wien, 1926, S. 137–208; Andrea Klier: Fixierte Natur – Naturabguss und Effigies im 16. Jahrhundert, Berlin 2004, S. 57ff.

10 Zu Jamnitzer siehe Gerhard Bott (Hg.): Wenzel Jamnitzer und die Nürnberger Goldschmiedekunst 1500–1700, München 1985; Pamela Smith: The Body of the Artisan, Chicago 2004, Kap. 2.

11 Zu Palissy siehe Leonard N. Amico: Bernard Palissy, Paris 1996.

12 Zu der chemischen Theorie, die dieser Annahme zugrunde lag, siehe z. B. William R. Newman: Promethean Ambitions. Alchemy and the Quest to Perfect Nature, Chicago 2004, S. 154ff.

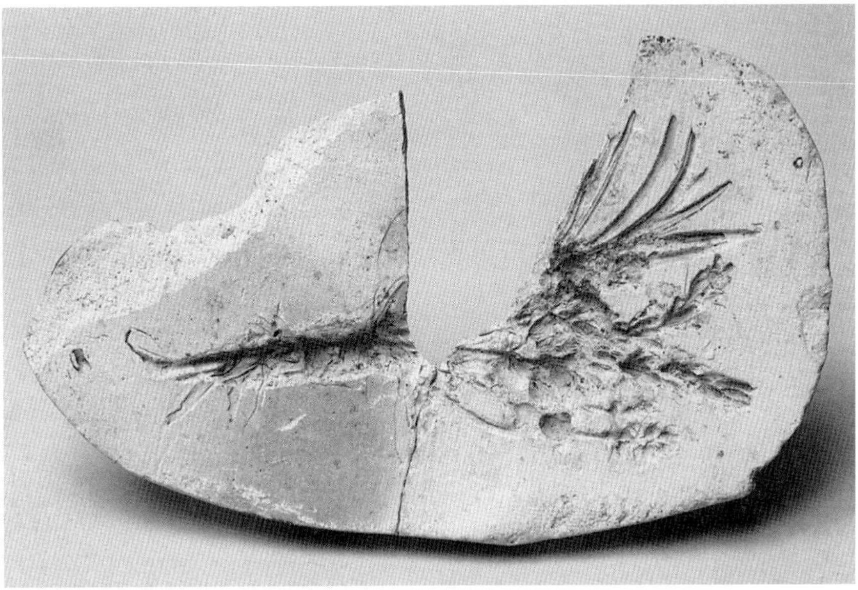

2: Kräuterstrauß, Gussform aus B. Palissys Atelier, 2. Hälfte 16. Jahrhundert.

> *I found that none of them [sc. fossil shells] can take the shape of a shell or other animal, if the animal itself has not built its shape* (… à basti sa forme). *[…] the whole [sc. habitat] has been changed to stone, with the shell of the fish, which has kept its form* (le tout s'est reduit en pierre avec l'armure du poisson, la quelle est demourée en sa forme).[13]

Konnte das verendete Lebewesen in diesem Verwandlungsprozess seine Form ohne äußere Stützung bewahren, oder war es dabei darauf angewiesen, dass sich die Flüssigkeit, in der es lag, ebenfalls verfestigte und dabei die Negativform des Lebewesens ausbildete, die dem sich bildenden Steinkern den Erhalt der Form gewährleistete? Alles hängt davon ab, wie man das Wort demourée, das offensichtlich einen Druckfehler enthält, korrigiert – zu demeurée (erhalten)[14] oder zu demoulée (aus der Gussform nehmen).

Über die Frage, wie Palissys Verständnis der Fossilien und ihrer Entstehung mit seiner Praxis des Naturabgusses zusammenhängt, ist viel diskutiert worden.[15]

13 Bernard Palissy: Discours admirables, Paris 1580, S. 219f. (Engl. Übersetzung: The Admirable Discourses, übers. von V. A. La Rocque, Urbana 1957, 160f.).

14 Die Neuausgabe der „Discours admirables", die 2000 in der Reihe „Classiques de L'histoire des sciences" erschien, korrigiert stillschweigend zu „demeurée" (Clermont-Ferrand: Paleo, S. 189).

15 Vgl. z. B. Lorraine Daston und Katharine Park: Wonders and the Order of Nature, New York 1998, S. 226; Newman (s. Anm. 12), Kap. 3; Smith (s. Anm. 10), Kap. 3; Hanna Rose Shell: Earthworks: The Fabrication and Display of Natural Knowledge in Clay. In: Ursula Klein, Emma Spary (Hg.): Materials and Expertise in Early Modern Europe: Between Market and Laboratory, Chicago (im Druck).

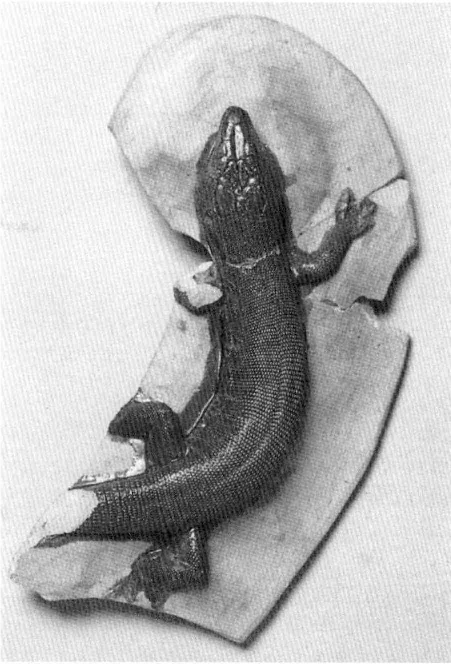
3: Grüne Eidechse, aus B. Palissys Atelier, 2. Hälfte 16. Jahrhundert.

W. Newman hat dieser Frage eine eigene Wendung durch die Annahme gegeben, Palissy sei es gar nicht um die Abbildung von Pflanzen und Tieren gegangen; vielmehr habe er versucht, die Natur in der Erzeugung von Fossilien nachzuahmen:

His castings of lizards, toads, and snakes were not replicas of animals, but replicas of fossils. [...] one could say that Palissy's animals were not replicas at all, but fossils themselves [...].[16]

Danach wären Palissys Plastiken natürliche Bilder zweiter Potenz, nämlich artifizielle. Ich fürchte jedoch, dass auf diese Pointe verzichtet werden muss. Palissys Plastiken selbst widersprechen Newmans Deutung, indem sie unverkennbar anzeigen, dass Palissy seine Tierleichname nicht weniger aufwendig als lebendig inszenierte als Jamnitzer und andere Goldschmiede die ihren.[17] ↗ **Abb. 3, Tafel 2** Das Verhältnis von Naturverständnis und handwerklicher Praxis ist hiervon jeweils nicht berührt: Auch wenn Palissy mit seiner keramischen Technik Naturprozesse nachzuahmen meinte, war sein Verständnis dieser Prozesse von der Technik des Abgusses geprägt. Und diese Technik hatte andere als naturphilosophische Wurzeln.

16 Newman (s. Anm. 12), 158f.

17 Über die technischen Aspekte dieser Inszenierung wissen wir gut Bescheid dank eines Manuskripts eines unbekannten Goldschmieds aus dem 16. Jahrhundert (Paris, Bibliothèque nationale, Ms Fr. 640) – siehe Amico (s. Anm. 11), S. 86ff.; zur Frage der Inszenierung siehe vor allem Klier (s. Anm. 9), S. 113ff.

Bücherschau: Wiedergelesen I

Adolf Spamer: Das kleine Andachtsbild vom XIV. bis zum XX. Jahrhundert, München 1930.

Meine erste Reaktion auf die Aufforderung, den „Spamer" wieder in die Hand zu nehmen, war, in der Internet-Enzyklopädie Wikipedia nachzuschauen. Dort stößt man als erstes auf die Angabe, Adolf Spamer (1883–1953) gehöre zu den Unterzeichnern des *Bekenntnisses der Professoren an den deutschen Universitäten und Hochschulen zu Adolf Hitler und dem nationalsozialistischen Staat* vom 11.11.1933 und sei 1936 auf den ersten Lehrstuhl für Volkskunde in Deutschland an die Berliner Universität berufen worden und seit demselben Jahr Leiter der Reichsarbeitsgemeinschaft für Deutsche Volksforschung. Demnach müsste Spamer ein Erz-Nazi gewesen sein. Unbestreitbar hat sich Spamer vom Nationalsozialismus eine Aufwertung seines Faches erhofft; so ist zumindest das Vorwort zu den von ihm herausgegebenen Bänden *Die deutsche Volkskunde*, Berlin 1934, zu verstehen: „Die Volkskunde, lange verkannt [...] tritt in den Mittelpunkt geisteswissenschaftlichen Forschungsgeschehens [...]." Er spricht von dem „Bewusstsein unserer Tage, dass uns die Erkenntnis des deutschen Wesens leidenschaftlicher bewegt, als je [...] zuvor". Das bleibt jedoch im Rahmen der Fachideologie, die ein schwer zu eliminierendes Erbe der Herkunft der Volkskunde aus der Romantik ist, analog der Kunstgeschichte. Nachdem Spamer als junger Gelehrter in München den Vorwurf zu hören bekam, er sei Kommunist, wurde er unter der NS-Herrschaft Opfer einer dauernden Hetzkampagne seitens der SS-Forschungsstelle Ahnenerbe und Rosenbergs Arbeitsgemeinschaft für deutsche Volkskunde. Unter dem Druck der Angriffe, die u.a. zu einem Verhör durch die Gestapo führten, brach er 1942 zusammen und zog sich ins Privatleben zurück.

Angreifbar ist am ehesten sein Geschichtsbild: Der zweite Teil seines Buches zeigt bereits im Titel *Geist des Bürgertums und der Renaissance* das unreflektierte Festhalten an generalisierenden Geschichtsbegriffen. Die Zäsur zwischen den Epochen „Spätgotik" und „Renaissance" ist zu sehr betont, die Vereinnahmung der Kunst der Renaissance für „das" Bürgertum unakzeptabel. In seinem Artikel für den Ausstellungskatalog *Deutsche Volkskunst* (Berlin-Ost 1951) – mit einem Vorwort von Walter Ulbricht – schreibt er : „In den Kindheitszeiten [...] ist Volkskunst die Gesamtsumme der Kunst eines Volkes, aber schon im frühen Mittelalter beginnt die gesellschaftliche Spaltung; die künstlerische Kultur erscheint zusehends gebunden an die Fürstenhöfe, Klöster, Kirchen ... Erst der Durchbruch der stadtbürgerlichen Kultur [...] bringt auch auf dem Gebiet der Volkskunst eine Wende." (S. 8f.) Wie anders dies heute gesehen wird, zeigt Klaus Schreiner in seiner Studie zur Laienfrömmigkeit.[1] Doch findet sich im Buch zum kleinen Andachtsbild keine nationalistische Einengung der Perspektive, kein Hinweis auf „Rasse" und „Stämme", keinerlei Volkstumsideologie, nicht einmal eine Überhöhung des „Volkes" an sich, wie sie bei Georg Dehio, Wilhelm Pinder und anderen Kunsthistorikern dieser Zeit zu finden sind – stattdessen eine offene, sachliche und unvoreingenommene Diskussion des europäischen Kontextes, dazu den Horizont erweiternde Ausführungen über die Vorbildlichkeit der osmanischen Lederarbeiten und Pergamentschnitte (einer ursprünglich aus China kommenden Technik, S. 77ff.), außerdem über Antwerpen und Paris als Zentren der Andachtsbildproduktion (S. 116ff.) oder über die Nachahmung der Mikrografie-Kunststücke der hebräischen Kalligrafie.

Vor allem fällt der Vergleich der quälenden kunsthistorischen Diskussion über den Andachtsbildbegriff mit den Ausführungen Spamers zu seinen Gunsten aus: Er stellt den Begriff vom Kopf auf die Füße und bringt so

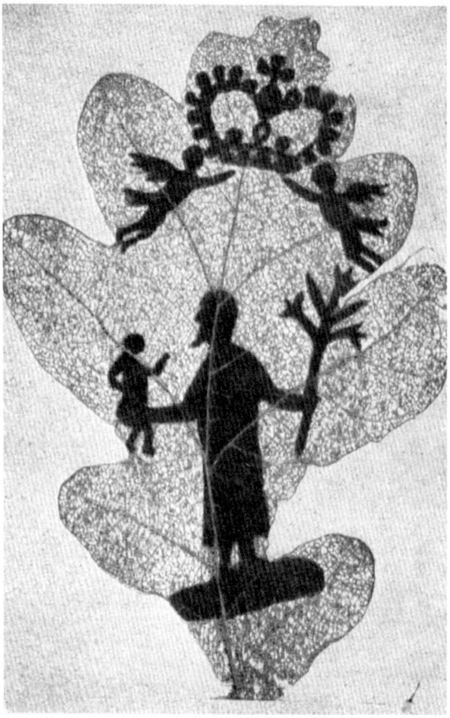

1: Tafel CLXXX, 1, aus: Adolf Spamer: Das kleine Andachtsbild, 1930. Originale Bildunterschrift im Tafelverzeichnis: „S. Christophorus mit dem Jesuskind. Mit Bürste ausgeschlagenes Eichenblatt, in dem die Figuren durch zuvor aufgelegte Schablonen stehen blieben. Um 1800. Die Herstellung solcher Blätterskelette, die in den 20er Jahren des 18. Jh.'s zu einer gewissen Berühmtheit gelangte, war zunächst Experiment der Wissenschaft. 1645 soll erstmals Marcus Aurelius Severimus, Anatom und Chirurg zu Neapel, ein skelettiertes Palmblatt hergestellt haben. 1685 erfahren wir von weiteren geglückten Experimenten von Gabriel Clauder. Anfang des 18. Jh.'s erregten die Versuche des Friedrich Ruysch, eines Holländers, das Interesse weiter Kreise (er selbst berichtete erst 1723 darüber). Die Herstellung geschah zunächst, nachdem sich der Insektenfraß als unzulänglich herausgestellt hatte, durch Verfaulungsprozesse. Vgl. Johann Beckmann, Beyträge zur Geschichte der Erfindungen, 4. Bd., 2. Stück, Lpz. 1796, S. 212 bis 233. Paul von Stetten d. J., Kunst-, Gewerb-, und Handwerksgeschichte Bd. II, S. 267, berichtet von den drei Schwestern Müller in Augsburg, den sogenannten Flormüllerinnen, um 1740: ‚sie verstunden sich auch auf die Kunst, Baumblätter zu skelettieren'. Später kopierte man im Druck ausgeschlagene Blätter mit Heiligenfiguren (so nach Lutzenberger in Altötting)."

zahlreiche Belege und Funde zum Gebrauch dieser Bilder, dass die kunsthistorische Diskussion über das Ob, das Was und das Wie des Andachtsbildes als wirklichkeitsfremde, ideologiebelastete Abirrung erscheinen muss. Da diese Diskussion – zumindest im deutschsprachigen Raum – noch nicht ausgestanden ist, wäre als Therapie wohl am ehesten zu verordnen: Spamer lesen und noch einmal darüber nachdenken.

Der Text ist in fünf Teile gegliedert. Der erste über Miniaturen und Formschnitte des 14. und 15. Jahrhunderts enthält eine gediegene Geschichte der Entstehung und Entfaltung der grafischen Techniken und vor allem der Einzelbilder, die in Bücher eingelegt oder eingeklebt worden sind. Auch wenn die Kunstgeschichte hier inzwischen einiges geleistet hat, so ist allein schon die Fülle der Quellen- und Literaturbelege so groß, dass jede Lektüre reiche Ernte bringt. Zu erwähnen sind seine Ausführungen zum Brügger Streit zwischen Bildchenmalern und Miniaturisten 1457 (S. 10f.), über Nürnberger Speerbilder (S. 18f. u. 38ff.), über das Aufkommen des Kartenspiels seit 1377 (S. 26f.) usw. Dieser Abschnitt enthält wie die übrigen auch zahlreiche aufschlussreiche Ausführungen zur Ikonografie und zum Brauchtum. Als Germanist hat Spamer eine viel größere Zahl von relevanten Texten verarbeitet, als man in kunsthistorischen Arbeiten zum Thema findet.

Ebenso ergiebig sind die beiden nächsten Teile *Neue Formen in der Gegenreformation* und *Augsburg als Bilderhandelsstadt*. Sie sind ganz aus den Archivstudien gewonnen, vor allem den Briefmaler- und Kupferstecherakten der Stadt Augsburg. Spamer beklagt sich zu Recht, dass die Kunstgeschichte sich nur um die frühen Werke gekümmert, die späten aber vernachlässigt habe (S. 4). Das würde man heute zum Teil einschränken; doch besteht noch immer die Tendenz im Fach, sich den Bildermengen der Neuzeit zu entziehen und statt dessen eine geringe Zahl auserwählter Künstler und Hauptwerke zu beforschen. Auch für das Studium der frommen Barockgrafik ist die Lektüre des Buches eine unabdingbare Voraussetzung. Es wird keineswegs nur die Massenkunst, „die wir gewöhnlich als Volkskunst bezeichnen" (S. 134) behandelt, sondern mehr noch die Bilder hoher Qualität aus Antwerpen und Augsburg, die heute allerdings kaum noch zur Volkskunst gezählt würden. Bemerkenswert sind auch in diesen Teilen die Forschungen über technische Neuerungen, wie die Hausenblasenbilder (S. 113–125), das Goldpapier (S. 173ff.), die heute noch beliebten Klappbilder (S. 165ff.) und vieles andere. ↗ **Abb. 1** Ebenso wichtig sind die Ausführungen über die Hersteller und Verleger dieser Bilder, wobei er die Bedeutung der Frauenarbeiten sowie den Anteil der Frauen an der Bildproduktion angemessen würdigt (z.B. S. 86ff. und 136ff.). Ein anderes Hauptthema ist die Langlebigkeit der jesuitisch-aszetischen Bilddidaktik, die sogar vom pietistischen Protestantismus aufgegriffen wurde (S. 154ff.).

Materialgesättigte Bücher dieser Art werden heute ungern gelesen oder auch nur in die Hand genommen. Dabei sind sie leicht zu konsultieren, schon weil in der Kopfleiste der Inhalt jeder Seite resümiert wird, die Anmerkungen als Fußnoten gedruckt sind und ein vorzügliches Register beim Suchen hilft. Wikipedia hat es hier abgeschaut. Der reiche Bildteil gibt in originaler Größe eine gute Auswahl aus der Bilderfülle. Das Buch ist eine Fundgrube. Auch wenn die Forschung nicht stehengeblieben ist – Werke wie „der Spamer" sind eigentlich nicht zu überholen und behalten ihren Wert.

Robert Suckale

1 Klaus Schreiner: Laienfrömmigkeit – Frömmigkeit von Eliten oder Frömmigkeit des Volkes? In: Ders. (Hg.): Laienfrömmigkeit im späten Mittelalter, München 1992, S. 1–77.

Bücherschau: Wiedergelesen II

Georges Didi-Huberman: Ähnlichkeit und Berührung. Archäologie, Anachronismus und Modernität des Abdrucks, Köln 1999.

1966 stellte Bruce Naumann seine Skulptur *A Wax Model of the Knees of Five Famous Artists* aus, nicht ohne hinter vorgehaltener Hand zu verraten, dass der mittlere Abdruck vom Knie des anerkannten Klassikers der Moderne, Henry Moore, stamme. Fünf Kontakte. Eine Arbeit aus Glasfaser.

Der Titel der Skulptur weist auf ein starkes Zeichen: Die Singularitäten der Knie werden potenziell mit Namen verknüpft, die zwar nicht öffentlich enthüllt, aber doch mit ein wenig Detektivarbeit aufgespürt werden könnten. Natürlich mussten, damit die Abdrücke in Erscheinung treten konnten, sich die Knie der fünf Künstler, kaum in den Wachsblock eingesenkt, wieder entfernt haben. Das individuelle Gewicht des Abdrückenden determinierte zwar jeweils die Tiefe der Markierung, freilich ohne dass die Proportionsregel ohne Kenntnis der Prozedur des Abdrucks bekannt sein kann. Auf jeden Fall ist, wie bei jedem Abdruck, auch bei diesem das Volumen des Knieabdrucks größer als das Knie. Um ihn überhaupt als Indiz des Kontakts mit einem Knie zu erkennen, muss zudem eine Ähnlichkeitsregel bekannt sein, die es ermöglicht, von der Markierung der Einsenkung des einzelnen Exemplars auf den Typus Knie zu schließen.

Fazit: Der Abguss schafft nicht die Evidenz, die der Titel suggeriert. Er lässt höchstens den Schluss der früheren Nachbarschaft von einem oder mehreren Knien, also die Annahme einer Kontiguitätsbeziehung, zu. Und auch diese ist ungewiss, wenn der Täter nicht in flagranti erwischt wird. Denn jeder Abdruck ist, mit Didi-Huberman zu sprechen, ein *Anachronismus.*

Es ist nicht leicht, im Abdruck das Relikt einer singulären Ursache zu erkennen. Die Kontaktstelle ist von Bedeutungslosigkeit umgeben, die nur durch das Protokoll einer Recherche ausgefüllt werden kann. Da dieser Text auf falsche Fährten weisen kann (in einer Zeichnung nennt Naumann später zunächst den Namen von W. de Kooning, den er jedoch streicht und durch „Self?" ersetzt), führt uns die Skulptur in die Unwägbarkeiten eines Spiels mit dem „Unbehagen an der Repräsentation".

Dieses Spiel wird in Didi-Hubermans Buch *Ähnlichkeit und Berührung* fortgesetzt. Aber er verliert sich nicht in den Simulationsspielen von Bruce Nauman, sondern durchbricht den Spiegelsaal der Ironie. Sein Buch ist auch das Dokument der Obsession, sich als Betrachter in den Prozess der Berührung zweier Materien einzugliedern. Der Text erschien erstmals im Katalog zur Ausstellung *L'Empreinte*, die vom 19.2. bis 19.5.1997 im Centre Georges Pompidou gezeigt wurde. 1999 fand er unter dem Titel *Ähnlichkeit und Berührung. Archäologie, Anachronismus und Modernität des Abdrucks* seinen Weg nach Deutschland.

Das Buch widmet sich den Artefakten europäischer Bildproduktion, die von der Kunsttheorie seit der Renaissance als atavistische Relikte ausgeblendet worden waren, all dem, was die Überlagerung durch den reinen Kunstbegriff nicht überlebt hatte und aus dem kulturellen Archiv ausgeschlossen war: die Negativform einer Totenmaske aus Gips aus dem Tunis der römischen Kaiserzeit; die wächsernen Votivbilder in mittelalterlichen Kirchen sowie die Beine des Holofernes, die von Donatello als Naturabguss unverändert in seine Skulptur aufgenommen wurden; die Abgüsse anatomischer Präparate, die Ende des 19. Jahrhunderts im Atelier des Bildhauers Thomas Eakin ebenso verwendet wurden wie die Simulationen des Abgusses in Auguste Rodins gipserner Hand, an einem Draht aufgehängt im Atelier in Meudon.

Hier wird eine Seite der Kunstgeschichte erhellt, die dem einen aufgrund ihrer Geschmacklosigkeit, dem anderen aufgrund des Mangels an Erfindung und dem dritten aufgrund des krassen Materialismus suspekt gewesen war. In allen Fällen: „Form ohne Stil" – die Abgüsse sind kein Niederschlag eines ideellen Entwurfs, sie werden nur durch den Druck eines Körpers auf eine Oberfläche erzeugt. Im Abdruck, so Didi-Huberman, entsteht die Form „blind im unzugänglichen Innern der Berührung" von zwei verschiedenen Materialien. Unwahrscheinlich, dass Fußabdrücke, Kratzspuren und Gipsmasken jemals Gegenstand einer „Archäologie des Wunsches" haben werden können – sie wurden es, man hat den Eindruck mit einer manischen Intensität, bei Didi-Huberman. Selbst einige Arbeiten Duchamps, die eher Beispiele der Vorstellungskraft sind als ins Dickicht des Materiellen zu führen, mindern nicht seine Manie der Berührung: die zwei Gerüche, die sich infra-gering aneinander schmiegen, wenn der Tabakrauch nach dem Mund riecht, der ihn ausbläst; einen Kubikzentimeter Tabakrauch nehmen und seine Außen- und Innenflächen mit Imprägnierfarbe bemalen; enthäutete Zigaretten als fragile Körper am Rand ihres Zerfalls zeigen. Der krümelige Tabak ist in einem Moment zu sehen, da er gerade der Matrize seiner „infra-geringen" Gussform, dem Zigarettenpapier, entnommen ist.

Obwohl oder weil er weiß, dass der Kronzeuge des Abdrucks, Marcel Duchamp, wie kein Zweiter im 20. Jahrhundert den Wunsch nach Berührung so in das Spiel mit dem Unbehagen an der Repräsentation einbezogen hatte, dass eine unironische Rede vom Abdruck kaum noch möglich schien, riskiert Didi-Huberman, ontologischen Ernst in die Rede von der Präsenz der Materialien zu bringen.

Sein Buch weist schon 1997 auf eine Wellenbewegung hin, von der Kulturwissenschaftler bis heute hin- und hergeworfen werden: Der Neigung positivistisch gestimmter Wissenschaftler, alle Spuren lesbar zu machen (die Namen der fünf Künstler, die ihr Knie in Wachs getaucht hatten, müssen herausgefunden werden!), antwortet der Wunsch nach der Entsemiotisierung der Spuren (sie werden entleert von allen konstruktiven Hinweisen, die Klarheit über Urheberschaft und Bedeutung der Relikte bringen könnte). Didi-Huberman pendelt zwischen beiden Polen. Während die Semiotisierung der Spuren zu einer Unterbewertung ihrer Einmaligkeit und in die Archive führt, neigen die Liebhaber der *indexikalischen Spur* zur Aufwertung ihrer Einmaligkeit. Sie bleiben blind für die Indizien kultureller Codierungen, um, wie Georges

Didi-Huberman feststellt, ihrer „Passion für Nicht-Identität", der reinen Andersartigkeit, nachzugehen. Dass sie dann umgehend das Bestreben nach Resemiotisierung auslösen, zeigen die zahlreichen Kommentare, von denen sie bald eingehüllt werden.

Didi-Hubermans Überlegungen zur Berührung erweisen bis heute ihre Sprengkraft auf verschiedenen Feldern:

1. Didi-Huberman dehnt das Indizien-Paradigma Carlo Ginzburgs in der Kunstgeschichte aus, indem er die als „atavistische Relikte" abgewerteten Abdrücke durch einen „archäologischen Kunstgriff des Wunsches" ans Licht holt. Er konzentriert sich auf den Prozess des Abdrucks, der immer ein Netz von materiellen Beziehungen erzeugt, aus denen erst ein konkretes Objekt hervorgeht. Und er betont den Anachronismus, den Zeit-Index jeden Abdrucks, den wir rekonstruieren müssen, um überhaupt von authentischem Abdruck reden zu können. Seine Überlegungen zu Spur und Index sind von anhaltender Aktualität geblieben.

2. Er führt das Wechselspiel des Unbehagens an der Repräsentation, das den Wunsch nach Berührung nährt, und der Entzauberung der Berührung, die sich im Kontakt herstellt, vor Augen. Es wäre gut, wenn Literatur- und Medienwissenschaften seine Ausführungen zur Paradoxie des „Realismus" zur Kenntnis nähmen. Denn eins wird nach der Lektüre klar: Nichts entfernt sich dermaßen vom „Abklatsch der Wirklichkeit" (also beispielsweise dem Gipsabdruck) wie Kunstwerke, die Anspruch auf „Realismus" erheben.

3. Der Autor selbst ist getrieben von einer ontologischen Unruhe, die er zwar mit Duchamp gern in den Spiegelsaal der Ironie gleiten lässt, die sein Nachdenken aber auch manisch um den ontologischen Status von Dokumentarfotos kreisen lassen. Sein letztes Buch *Bilder trotz allem* demonstriert an Fotografien aus dem Vernichtungslager Ausschwitz, welche politische Brisanz seine Obsession für den Abdruck entfalten kann.

Man kann das Buch auch als ein Dokument lesen, dass vom Spannungsfeld zwischen Pornografie und Erotik lebt. Es führt uns vom Pol des Wunsches nach Berührung aus der Distanz in die Faszination der Zonen „infra-geringen" Abstands im unvermittelten Kontakt zweier Körper, in die die Vorstellungskraft sich einnisten kann, die aber erneut den Wunsch nach Distanz erzeugt usw. usf. Die Pendelbewegung gehört zur Dynamik aller Fantasmen – vom „infra-geringen" Abstand zweier physikalischer Körper zur Weite der Vorstellungskraft. Mit diesem Aspekt bleibt das Buch im Bann der Werke von Marcel Duchamp, dem 90 Seiten des Buches eingeräumt werden. Wer freilich Duchamps Abdruck des weiblichen Genitals, unter dem Titel *Weibliches Feigenblatt* in galvanisiertem Gips im Museum of Modern Art in New York, je betrachtet hat, wird erfahren haben, dass ohne Text ungewiss bleibt, was sich dem Auge darbietet. Das führt zum Problem der „Spur".

Erstaunlicherweise verdankt Didi-Hubermans Untersuchung viele Erkenntnisse den Paläontologen: „Spuren resultieren aus dem Einwirken eines weichen Gewebes (Schuppen, Haut, Fußballen, Sehnen) auf ein Sediment. Beide sind verformbar [...]. Der Abdruck ist daher ein Kompromiss zwischen dem Verhalten des Tieres und den plastischen Eigenschaften des Bodens. [...] Der Versuch, einen Abdruck zu identifizieren, ist folglich ein um so riskanteres Unterfangen, je mehr Genauigkeit man dabei beansprucht." Georges Didi-Huberman zitiert diese Sätze aus dem Buch *L'ichnologie, science de traces fossiles* der Paläontologen Dutuit und Heyler. Das riskante Unterfangen, von dem sie sprechen, besteht darin, die Ungewissheit, die etwa Abdrücke von Tier- oder Menschenfüßen umgibt, in einer „Verkettung von Hypothesen" aufzuheben, um eine zweifelsfreie Identifizierung des realen Gegenstandes zu wagen. „Ein Kontakt hat stattgefunden, doch Kontakt mit wem, mit was, wann, mit welchem ursprünglichen Objekt?" Die Frage, die Bruce Naumanns Skulptur ironisch aufgeworfen hatte, ist für Paläontologen von tierischem Ernst.

Didi-Huberman liebt die Paläontologen. Denn sie sind skeptischer als die Pioniere der wissenschaftlichen Kriminalistik, die *schwache*, hochgradig unbestimmte Zeichen in *starke* Zeichen mit dem Namen eines Schuldigen verwandeln; skeptischer auch als Kunsthistoriker, die aus Sandkörnern, die durchs Mikroskop auf dem Landschaftsbild eines Impressionisten zu erkennen sind, messerscharf schließen, dass das Bild am Meeresstrand gemalt wurde. Er hält den Abdruck für ein bevorzugtes Objekt der Positivisten und ihrer „Passion des Wissens". Für sie ist der Abdruck ein „ultimatives Objekt", mit dem das Reale vollständig erfasst werden kann, indem sie es „vom letzten Rest an Unbestimmtheit zu reinigen" versuchen. Demgegenüber bleibt für Didi-Huberman die Spur einerseits von Bedeutungslosigkeit umgeben, die der Vorstellungskraft nur den Ausweg der Einfühlung in Schichtungen der Materialien lässt. Er erkennt in diesem Aspekt der Abdrücke allerdings einen Sprengsatz, der den Zerfall der Einheit des Kunstwerks im 20. Jahrhundert zur Folge hatte. Andererseits folgt er selbst den „Passionen des Wissens" der befehdeten Positivisten, wenn er in seinem neuen Buch *Bilder trotz allem* seinen Kampf für die Authentizität von vier Fotografien aufnimmt, die Mitglieder eines Sonderkommandos in Ausschwitz 1944 schossen. Sie waren als Ikonen des Holocausts mit der Aura des heiligen Entsetzens umhüllt, ihre Bedeutung blieb ungewiss und war umstritten. Didi-Huberman macht aus ihnen Objekte des Wissens. Er beharrt auf dem ontologischen Anspruch dieser Bilder: Berührungspunkte mit der Realität zu markieren. Damit befindet er sich selbst im Reich der „ultimativen Objekte". Jetzt überlässt er sich den „Ketten der Hypothesen", vor denen die Paläontologen ihn warnten, und rekonstruiert aus den toten Speicherflächen der schwarz gerahmten Fotos das Ereignis ihrer Herstellung, den Bewegungsablauf und die Zeitstrecke, die der Fotograf zurückgelegt haben soll. Hat ihn die Wellenbewegung der Kulturwissenschaften aus politischen Gründen zum Pol der starken Zeichen getrieben?

Es mag verwundern, in einem Buch über Ähnlichkeit und Berührung eine vehemente Kritik des „Realismus" zu finden. Auf Seite 74 liest man: Abdruck „tötet" Ähnlichkeit. Ein lapidarer Satz von aufregender Tragweite für Liebhaber des unvermittelten Kontakts. Im „Abklatsch" der Realität, sei es in Gips, Wachs, Glasfaser oder einem anderen, womöglich organischen Modulator, geht die Ähnlichkeit mit dem Gegenstand verloren. Der Wunsch nach Berührung wendet sich dem Realen so radikal zu, „dass er in der Berührung jede optische *angemessene Distanz*, jede Konvention oder Evidenz der Sichtbarkeit, der Erkennbarkeit, der Lesbarkeit subvertiert". Didi-Hubermann betont die radikale Differenz, die zwischen der durch Abdruck hergestellten Form und jeder Nachahmung besteht:

„Die Nachahmung setzt Distanz, optische Beschaffenheit und Vermittlung voraus. [...] Der Abdruck dagegen schließt jede Distanz zum dargestellten Gegenstand aus, da sein Verfahren auf der unmittelbaren Berührung beruht. Zugleich verlangt die Berührung auch die absolute Reduktion jeder Vermittlung. Schließlich entsteht die Form im Abdruck *blind*, im unzugänglichen Inneren der Berührung zwischen der Materie des Substrats und der Kopie, die sich nach ihr bildet."

So erklärt Didi-Huberman, weshalb der Abdruck das Gegenteil der Nachahmung „im klassischen Sinn" ist. „Indem sein materielles Verfahren die idealen Voraussetzungen der künstlerischen Nachahmung und Erfindung ausschließt, schließt er sich selbst aus der klassischen Definition der Kunst aus." Abdrücke führen in ein Gegenprojekt zum symbolischen Realismus jeder Couleur. Sie mögen nahe am Phänomen lagern, sind aber weit entfernt von den „Tatsachen", die der Realismus konstruiert. Denn die Nachahmung gehört zu den symbolischen Praktiken, die Cassirer zufolge die Eigenschaft haben, dass der Mensch sie erschafft, „um sich kraft ihrer von der Welt zu trennen und sich eben in dieser Trennung um so fester mit ihr zu verbinden". Wenn das so ist, fragt man sich, warum der Wunsch so untilgbar ist, in der Berührung zugleich diejenigen fragilen Behältnisse zu zerschlagen, die Sinn und Sinnlichkeit umfangen.

Helmut Lethen

Rezension

Ausstellung: Zelluloid – Film ohne Kamera, Schirn Kunsthalle, Frankfurt a. M. 2. Juni – 29. August 2010. Katalog: Zelluloid – Film ohne Kamera, hg. von Esther Schlicht und Max Hollein, Bielefeld 2010.

Ermüdet vom Kunstbetrieb gibt Abraham Ebdus die Leinwandmalerei auf, um sich ganz einer einsamen und überaus zeitaufwendigen Tätigkeit zu widmen: Bild für Bild bemalt er einen Filmstreifen mit abstrakten Formen. Ebdus ist eine fiktive Figur aus Jonathan Lethams Roman *Fortress of Solitude* (2003). Im Roman steht die Kunst des handgemalten Films für die romantische Auffassung des isoliert sein Werk hervorbringenden Künstlers – eine Version von Balzacs Frenhofer im Brooklyn der 1970er Jahre. Etwas von dieser esoterischen Aura des kameralosen Films mag auch die Ausstellung *Zelluloid – Film ohne Kamera* der Schirn Kunsthalle motiviert haben.

Drei wesentliche, gerade in neueren Filmen auch kombinierte Formen der Filmbearbeitung ziehen sich durch die Ausstellung, die zugleich allgemeine ästhetische Konzepte umschreiben: Filmemacher wie Len Lye, Norman McLaren, Harry Smith, Hy Hirsh oder Stan Brakhage bearbeiten das Filmmaterial, indem sie es bemalen, zerkratzen oder durch andere manuelle Verfahren gestalten, oftmals Bildkader für Bildkader. Trotz der im Einzelnen erheblichen Unterschiede heben diese Verfahren häufig ein Spannungsverhältnis von malerischer Geste und kinematografischer Apparatur hervor.

In den konzeptuellen Ansätzen der 1960er Jahre verlagert sich der Schwerpunkt. Die Flicker-Effekte, Nachbilder und Farbillusionen etwa der Filme von Aldo Tambellini, der repetitive Muster in die Emulsion kratzt, ätzt oder mit Tinte aufmalt, oder Pierre Rovère, der mathematisch erstellte Lochkonfigurationen mit einer computergesteuerten Maschine in das Material überträgt, ergeben sich aus der Interaktion des projizierten Films und der Wahrnehmung des Rezipienten; mehr oder weniger genau kalkulierte Effekte führen zu letztlich völlig individuellen und unvorhersehbaren Wahrnehmungen. Eine dritte Richtung, vertreten etwa durch Tony Conrad, die Gruppe Schmelzdahin und Jennifer West, setzt die Filmemulsion aleatorischen Zerfallsprozessen aus, indem diese gekocht, mit Flüssigkeiten übergossen oder im Erdreich vergraben wird.

Die durchdachte und sorgfältige Präsentation (knapp ein Drittel der Filme als 16-mm-Projektion) ermöglicht es, vielfältige Vergleichsaspekte und Querverbindungen zu erschließen. Vitrinen mit Filmstreifen veranschaulichen die Arbeitsweise von Len Lye, Stan Brakhage und Cécile Fontaine, ohne gegenüber den Projektionen unnötiges Gewicht zu gewinnen. Gerade dadurch, dass der Ausstellungsdurchgang keiner strengen Chronologie folgt, zeigen sich – oft auch über die jeweiligen technischen Verfahren hinweg – ästhetische Kontinuitäten und Brüche. Nur gelegentlich wirkt die Zusammenstellung etwas irreführend, etwa wenn McLarens *Dots* (1940) allein aufgrund einer Motivähnlichkeit mit Tambellinis *Black Is* (1965) kombiniert wird. Leider rückt der informative Katalogartikel der Kuratorin Esther Schlicht die Vorstellung einer individuellen künstlerischen Handschrift sehr in den Vordergrund. Damit werden die komplexen Bildstrategien der gezeigten Filme und auch das schwierige Verhältnis von Experimentalfilm und traditionellen Kunstmedien wieder in ein romantisch-bürgerliches Kunstverständnis eingepasst.

Dass Experimentalfilme, die ursprünglich zumeist für die Kinovorführung produziert wurden, in einer Kunstausstellung gezeigt werden, ist auf das in den letzten Jahren erstarkte Interesse am Medium Film im Ausstellungsbetrieb wie in der Gegenwartskunst zurückzuführen. Diese neue Rolle des Films und seiner Materialität könnte als eine nostalgische Reaktion auf die Vorherrschaft digitaler Medien interpretiert werden, wie es auch der einführende Wandtext zur Ausstellung andeutet. Allerdings erscheint es plausibler, darin eine komplexe Vermischung verschiedener Bildformen oder auch eine alternative Entwicklung innerhalb einer heterogenen und keineswegs ausschließlich auf digitale Virtualität abzielenden Kunst- und Bilderwelt zu sehen. Ungeachtet dieser Frage ist es ein großes Verdienst der sehenswerten Ausstellung, gegenwärtige und historische Arbeiten des kameralosen Films gemeinsam in den Blick zu nehmen und damit auch die veränderte Wahrnehmung des Films als Kunstmedium aufzuzeigen. Dieses Verdienst wird auch nicht durch das Fehlen der innovativen, vor kurzem restaurierten Filme *Aleph* (1956 bis vermutlich 1966) von Wallace Berman und *A Trip* (1960) von Carmen D'Avino gemindert.

Wenn Amy Granat ihren Film *Ghostrider* (2006) digital nachbearbeitet oder Jennifer Reeves sich in *Fear of Blushing* (2001) auf Filme von Stan Brakhage, einem der einflussreichsten Filmemacher des 20. Jahrhunderts, bezieht, dann geschieht dies innerhalb der etablierten institutionellen Strukturen der Kunstwelt. Für Brakhage selbst bedeutete – wie für die Figur des Abraham Ebdus in Lethams Roman, in dem auch Brakhage einen denkwürdigen Auftritt hat – die Hinwendung zum Experimentalfilm, dass er weder Zugang zu den kommerziellen Verwertungsmöglichkeiten der Unterhaltungsindustrie noch des Kunstmarktes fand. Seine Rolle als zurückgezogener Künstler erscheint aus dieser Perspektive nicht ganz freiwillig. Der vergleichsweise günstig zu produzierende kameralose Film bot ihm, wie schon Len Lye in den 1930er Jahren, immer wieder auch eine Möglichkeit, seine filmische Arbeit überhaupt fortzusetzen.

Henning Engelke

Projektvorstellung

Architektur als Oberfläche. Restauratorische Untersuchungen zur Erhaltung des Hauses Tugendhat (1928–30) in Brünn

2001 nahm die UNESCO es „als hervorragendes Beispiel des internationalen Stils des Neuen Bauens, der sich in den Zwanziger Jahren des 20. Jahrhunderts entwickelte", in die Liste des Welterbes auf: Ludwig Mies van der Rohes Haus Tugendhat, ↗ **Abb. 1** dessen Planung nur einige Wochen vor dem berühmten, nur in der Kopie von 1986 erhaltenen Barcelona-Pavillon von 1929 begann.

Acht Jahre lebten die Auftraggeber Grete und Fritz Tugendhat mit ihren Kindern in ihrem Haus, dann mussten sie, um ihr Leben vor den Nazis zu retten, ins Exil. 1939 beschlagnahmte die Gestapo das Haus. Heute ist es im Besitz der Stadt Brünn. (Die Familie hat das Haus nie verkauft.)

Bei der Renovierung 1981–1985 hat man viel erhalten, aber ungeeignete Materialien und Oberflächen trübten die Absicht der Präsentation eines „originalen" Zustands. Seit 1994 ist das Haus Museum. Seitdem liefen Bemühungen um eine neuerliche Restaurierung des Hauses, die nicht nur die als signifikant eingeschätzte historische Substanz sichert und die Qualität der Rekonstruktionen verbessert, sondern das Haus auch den Mindestanforderungen eines Museums anpasst.

Die internationale Praxis der Erhaltung der Moderne orientiert sich bis heute vor allem am Disegno, an dem, was man für die „ursprüngliche Intention" des Architekten hält, nicht an der Materialität der Architektur und ihren Oberflächen. Räume ohne Oberfläche gibt es nicht. Die Architekturoberfläche ist die Kontaktebene, das Interface zwischen Raum und Betrachter. Originale Oberflächen wichtiger Frühwerke von Mies van der Rohe aus seiner Berliner Zeit sind unbekannt, durch Renovierung beschädigt

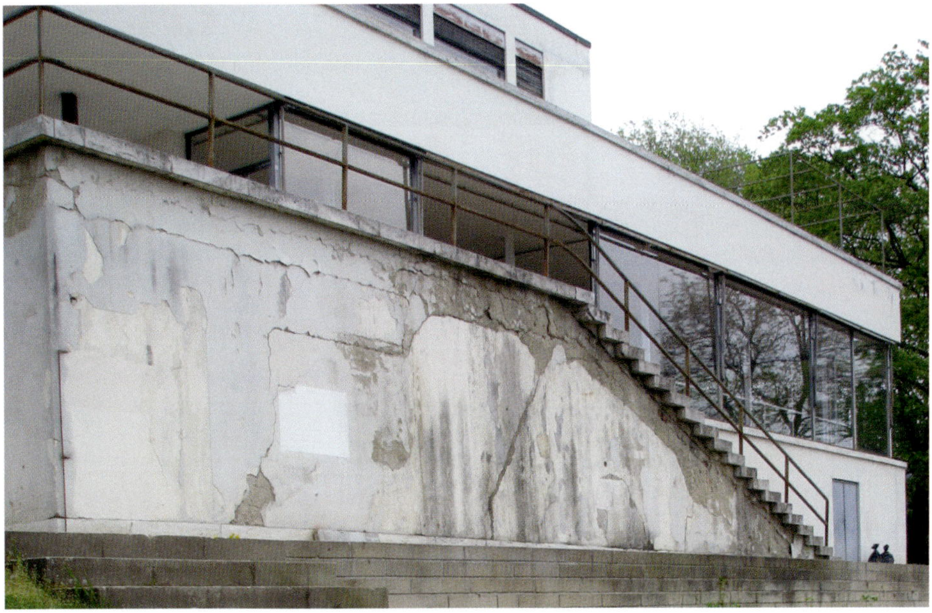

1: Haus Tugendhat, Brünn (Tschechien), 1928–1930, Detailansicht der Fassade von Südwesten; Schäden und Proben zur Konservierung an der Gartentreppe.

oder zerstört und mit nicht adäquaten Materialien erneuert. So entspricht es durchaus einem internationalen Mangel an Bewusstsein, dass im Wettbewerb für das Projekt-Design der Restaurierung des Hauses Tugendhat von 2004 keine ausführlichen Untersuchungen der Materialien und Oberflächen durch Konservatoren/Restauratoren vorgesehen waren.

Zunächst nur mit Sponsor-Geldern war es der Hochschule für Angewandte Wissenschaft und Kunst, Hildesheim (HAWK) unter der Leitung des Autors möglich, nach zehn Jahren intensiver Überzeugungsarbeit, zwischen 2004 und 2010 Kampagnen zur restauratorischen Untersuchung durchzuführen, überwiegend in Zusammenarbeit mit Hochschulen in Wien, Pardubice, Dresden und Köln.

Warum sind diese restauratorischen Untersuchungen für ein Denkmal so wichtig? Die moderne Denkmalpflege versteht das materielle Substrat des Denkmals als historische Quelle, als Grundlage seiner kulturellen Bedeutungen. Wir verstehen also Bau-Denkmale nicht nur als geistige Botschaften, die man kulturelles Erbe nennt, sondern zugleich als Resource technischer Lösungen, in deren Materialität die historischen, künstlerischen und kulturellen Zuschreibungen des Bau-Denkmals vergegenständlicht sind. Wie in allen Werken der „bildenden Kunst“ ist ihr Zeichencharakter in besonderer Weise, wie in keinem anderen Medium, an ihre Materialität gebunden. Das Ding ist mit der Idee unlöslich verknüpft, es ist nicht nur ein austauschbares Zeichen, das kulturelle Ideen dokumentiert. Eine Voraussetzung für die Erkenntnis dieser Bedeutungen und ihre Evidenz ist die Untersuchung der materiellen Substanz und ihre Interpretation im kulturellen Kontext, eine professionelle Aufgabe von Konservatoren/Restauratoren.

Die Methoden der restauratorischen Untersuchung sind transdisziplinär. Sie sind zugleich (kunst-)historisch, phänomenologisch und organoleptisch, empirisch, technologisch-messtech-

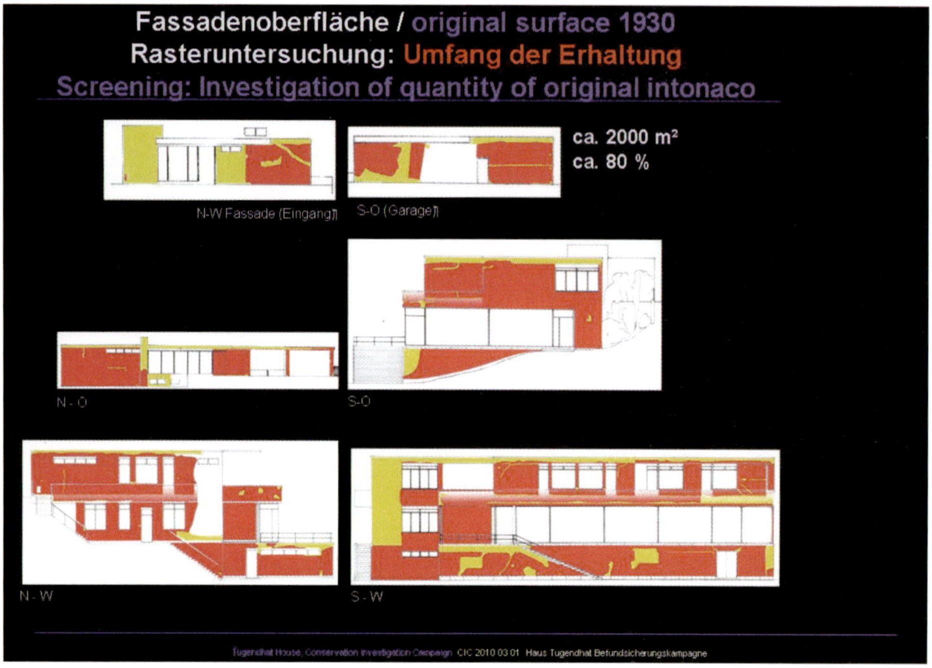

2: Haus Tugendhat, Brünn (Tschechien), 1928–1930, Umfang der Erhaltung des mit einer Beschichtung von 1985 überdeckten originalen Fassadenputzes (rot hervorgehoben); Dokumentation einer Raster-Untersuchung von 2004, HAWK, Hildesheim.

nisch, naturwissenschaftlich-analytisch und schließen auch intuitiv-künstlerische Perzeption nicht aus: Untersuchung mit allen Sinnen.

Die restauratorischen Untersuchungen können nur dann wissenschaftlichen Charakter beanspruchen, wenn sie nachvollziehbar dokumentiert werden. Die ästhetische Wirkung der authentischen Oberflächen ist mit den Mitteln der visuellen und schriftlichen Dokumentation nur annähernd zu vermitteln, das wissenschaftliche Bild kann das Original nicht ersetzen. Fotos mit unterschiedlichem Maßstab, ↗ **Abb. 3–6** unterschiedlichen Quellen und Richtungen des Lichts, Kartierungen mit unterschiedlichen Graden der Abstraktion, Genauigkeitsstufen, Themen, Wertungen, Hervorhebungen ↗ **Abb. 2** und verschiedene Diagramme von Messdaten visualisieren die Beobachtungen und Messungen und sind zugleich Mittel der Erkenntnis und Interpretation.

Die Untersuchungen führten erstmals zur Evidenz der Vorstellungen von der Materialität der Oberflächen bei Mies van der Rohe und ihrer offensichtlich bewussten ästhetischen Inszenierung. Mies van der Rohe erklärte seinen Bauherrn im Juni 1928 in Berlin – so der Bericht von Grete Tugendhat 1969 – „wie wichtig gerade im modernen, sozusagen schmuck- und ornamentlosen Bauen die Verwendung von edlem Material sei und wie das bis dahin vernachlässigt worden war, z. B. auch von Le Corbusier". Mies van der Rohe und seine Partnerin Lilly Reich verzichteten in der Architekturoberfläche auf farbige Fassung und erzeugten einen Akkord von Materialfarbigkeit sogar in jenen Bereichen, die lackiert waren. Die Metallteile erhielten im Außenbereich eine Lackierung, deren Farbton und Oberflächenwirkung dem oxidierten Ton der Bleiabdeckung der Solbänke der Metallfenster entsprach. Die Lackierung der Metalle und Holzteile, aber auch der stucco lustro der Innenwände nahm den Farbton der Steinteile aus Travertin auf. Buntfarbige Akzente erhielt der Raum durch den „rubinroten" Samtbezug der Chaiselongue und die „smaragdgrünen" Lederbezüge der Barcelona-Sessel (und auch durch dekorative Blumen-Arrangements). Alle Oberflächen waren mit höchster handwerklicher Präzision ausgeführt.

In der Präsentation der Materialien ist eine Ambiguität zu sehen: Zum einen die Betonung des Materials durch die ikonische, ornamentale Präsentation des Querschnitts des natürlichen Prozesses in den Wänden und Türen aus Onyxmarmor, Makassar Ebenholz, Zebrano und Rio Palisander, durch die Schattenwirkung der natürlichen Lakunen und Drusen des Travertinsteins und durch die im Innenraum am Farbton des Steins orientierte Beschichtung von Metall und Holz. Auch an der Fassade wird der Charakter des Materials durch die rau geriebene Oberfläche des Putzes betont und mit dem Farbton des Travertin verknüpft. ↗ **Abb. 3 u. 4** Zum anderen de-materialisiert die Künstlichkeit der fein bearbeiteten, polierten und mehr oder weniger glänzenden Oberflächen der Materialien, Gläser, Metalle, Edelhölzer, Travertinsteine und des stucco lustro, deren Spiegelung ein Bild der Umgebung erzeugt, den Träger dieser Spiegelungen.

Gerade am Fassadenputz und seiner Oberfläche kann man ablesen, dass stereotype Vorstellungen, wie jene von den „Weißen Kuben", oft geprägt durch fotografische Schwarz-Weiß-Reproduktionen wie jene, die in der MOMA-Ausstellung von 1932 präsentiert wurden, nicht der materiellen Wirklichkeit entsprechen. Der „Weiße Kubus" des Hauses Tugendhat war nicht einfach weiß getüncht, sondern zeigte einen leicht gelblichen Farbton entsprechend dem Travertin. ↗ **Abb. 3**

Im Februar 2010 begann nun die Brünner Firma Unistav als Generalunternehmer mit der Restaurierung des Hauses Tugendhat. Die

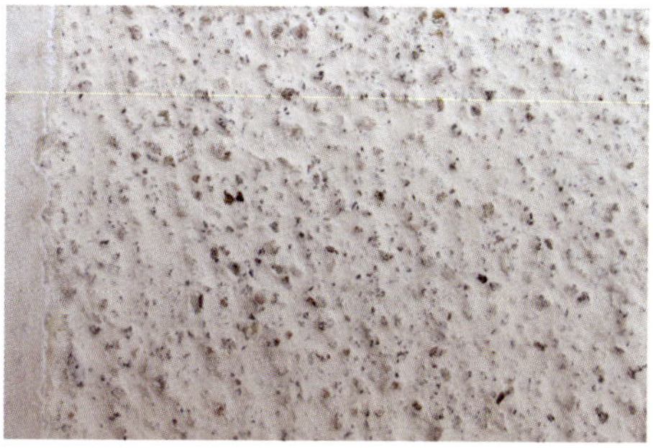

3: Haus Tugendhat, Brünn (Tschechien), 1928–1930, Südfassade der oberen Terrasse, Wand des Bubenzimmers, Detail des originalen Fassadenputzes nach der Freilegung 2004 durch Studierende der HAWK; Maßstab: untere Bildkante ca. 10 cm.

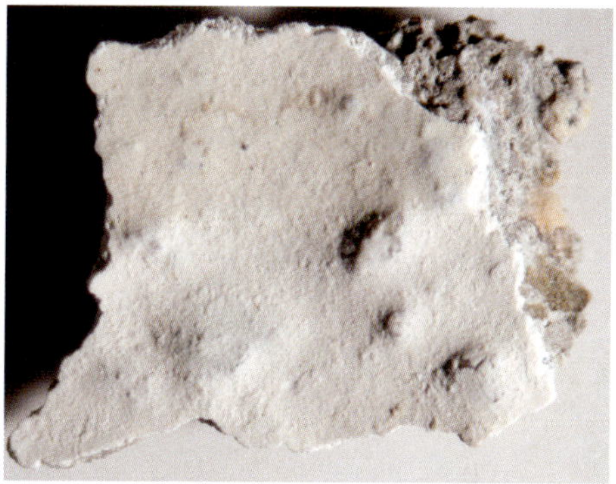

4: Haus Tugendhat, Brünn (Tschechien), 1928–1930, Probe des originalen Fassadenputzes, entnommen an der Außenwand des Zimmers der Köchin, Makro-Aufnahme, Maßstab: untere Bildkante ca. 15 mm.

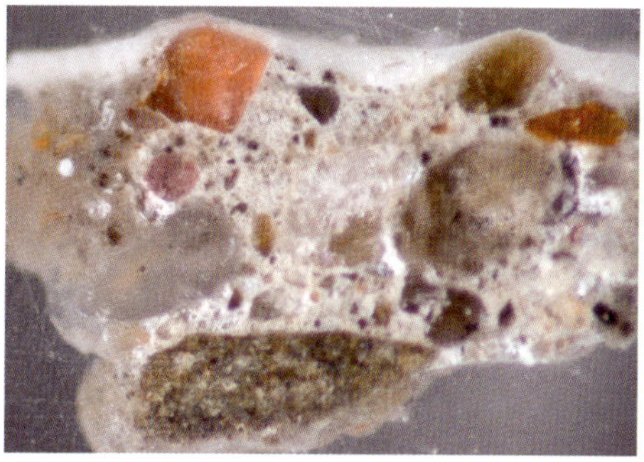

5: Haus Tugendhat, Brünn (Tschechien), 1928–1930, Datenblatt: Entnahmestelle der Probe des originalen Fassadenputzes, entnommen an der Außenwand des Zimmers der Köchin, Mikroskop-Aufnahme des Mikroschliffes, Maßstab: untere Bildkante ca. 8 mm.

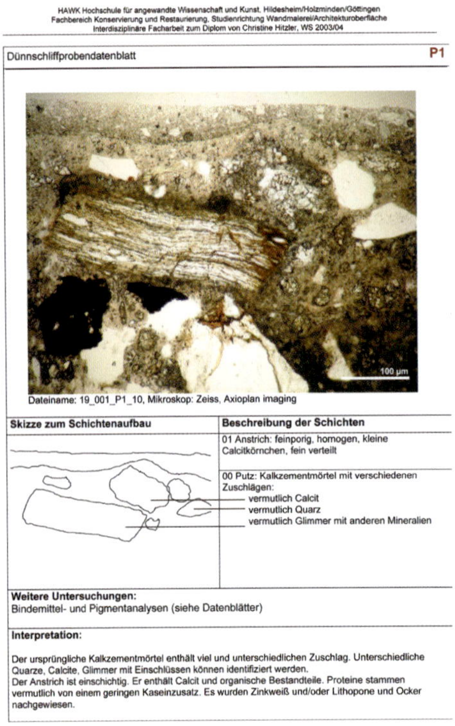

HAWK Hochschule für angewandte Wissenschaft und Kunst, Hildesheim/Holzminden/Göttingen
Fachbereich Konservierung und Restaurierung, Studienrichtung Wandmalerei/Architekturoberfläche
Interdisziplinäre Facharbeit zum Diplom von Christine Hitzler, WS 2003/04

Dünnschliffprobendatenblatt P1

100 µm

Dateiname: 19_001_P1_10, Mikroskop: Zeiss, Axioplan imaging

Skizze zum Schichtenaufbau	Beschreibung der Schichten
	01 Anstrich: feinporig, homogen, kleine Calcitkörnchen, fein verteilt
	00 Putz: Kalkzementmörtel mit verschiedenen Zuschlägen: vermutlich Calcit; vermutlich Quarz; vermutlich Glimmer mit anderen Mineralien

Weitere Untersuchungen:
Bindemittel- und Pigmentanalysen (siehe Datenblätter)

Interpretation:

Der ursprüngliche Kalkzementmörtel enthält viel und unterschiedlichen Zuschlag. Unterschiedliche Quarze, Calcite, Glimmer mit Einschlüssen können identifiziert werden.
Der Anstrich ist einschichtig. Er enthält Calcit und organische Bestandteile. Proteine stammen vermutlich von einem geringen Kaseinzusatz. Es wurden Zinkweiß und/oder Lithopone und Ocker nachgewiesen.

6: Haus Tugendhat, Brünn (Tschechien), 1928–1930, Datenblatt zum Dünnschliff einer Probe des originalen Fassadenputzes, entnommen an der Außenwand des Zimmers der Köchin, Teilchen-Analyse mit dem Polarisations-Mikroskop PTA, Maßstab: untere Bildkante ca. 0,5 mm.

Stadt Brünn hat die Chance wahrgenommen und schließlich nicht nur die restauratorischen Untersuchungen gefördert, sondern mit der (späten) Ernennung eines internationalen Expertenkomitees, genannt Thicom die Möglichkeit der Umsetzung der Ergebnisse der restauratorischen Untersuchung in die Erhaltungspraxis eröffnet.

Ivo Hammer

1 Siehe http://whc.unesco.org/en/list/1052/. Daniela Hammer-Tugendhat, Wolf Tegethoff (Hg.): Ludwig Mies van der Rohe. Das Haus Tugendhat, Wien/New York 1998.

2 Hartwig Schmidt: Der Umgang mit den Bauten der Moderne in Deutschland. Ein Überblick. In: Konservierung der Moderne / Conservation of Modern Architecture. Über den Umgang mit den Zeugnissen der Architekturgeschichte des 20. Jahrhunderts, ICOMOS: Hefte des Deutschen Nationalkomitees XXIV, München 1998, S. 39–44.

3 Johannes Cramer, Dorothea Sack (Hg.): Mies van der Rohe. Frühe Bauten. Probleme der Erhaltung. Probleme der Bewertung, Petersberg 2004.

4 Ivo Hammer: Prolegomena towards a pre-treatment examination and documentation. Remarks on the principles and methods of the conservation and restoration of the Tugendhat House in Brno, May 6, 1994, (unpubl.) paper presented to the Museum fo the city of Brno; Ders.: Zur Konservierung und Restaurierung des Hauses Tugendhat von Mies van der Rohe / Ke konservaci a restaurováni domu Tugendhat. In: Villa Tugendhat – Bedeutung, Restaurierung, Zukunft / Vila Tugendhat – význam, rekonstrukce, budoucnost. Internationales Symposium/Mezinárodní sympozium 11.2.–13.2.2000 im Haus der Kunst der Stadt Brünn / v Dome umĕni mĕsta Brna, Brno 2001, S. 83–105.

5 Ivo Hammer: The white cubes haven't been white. Conservators of the HAWK University of Applied Sciences and Arts in Hildesheim are investigating the facades of the Tugendhat House in Brno. In: Biuletyn. Journal of Conservation-Restoration / Informacyjny Konserwatorow Dziel Sztuki, Vol. 15, Nr. 1 (60), 2005, S. 32–35.

6 Iveta Černá, Ivo Hammer (Hg.): Materiality (Sborník příspĕvků mezinárodního symposia o ochranĕ památek moderní architektury / Proceedings of the International Symposium on the Preservation of Modern Movement Architecture / Akten des internationalen Symposiums zur Erhaltung der Architektur des Neuen Bauens, Brno / Brünn 27.–29.4.2006), Muzeum mĕsta Brna / Museum of the City of Brno and Hornemann Institut of HAWK in Hildesheim (www.hornemann-institut.de), Brno 2008.

7 Grete Tugendhat: Zum Bau des Hauses Tugendhat. In: Hammer-Tugendhat, Tegethoff (s. Anm. 1), S. 5.

8 Monika Wagner: Materialien des „Immateriellen". Das Haus Tugendhat im Kontext zeitgenössischer Materialästhetik. In: Černá, Hammer (s. Anm. 7), S. 26–32; Ivo Hammer: Handwerkliche Tradition und technologische Erneuerung. Das Haus Tugendhat als Resource. In: Europäisches Symposium Deutschland – Tschechien – Belgien „90 Jahre Bauhaus – neue Herausforderungen durch die europäische Energiepolitik" (Passivhäuser, solares und ökologisches Bauen), veranstaltet vom Europäischen Informationszentrum in der Thüringer Staatskanzlei (Hg.) und dem Thüringer Ministerium für Bau, Landesentwicklung und Verkehr in Zusammenarbeit mit dem Enterprise Europe Network bei der IHK Erfurt (EEN), Tagungsberichte Band 70, Erfurt 2010, S. 103–116.

Bildnachweis

Titelbild: Constantin von Ettingshausen, Alois Pokorny: Physiotypia Plantarum Austriacarum, Wien 1856, Tafel XXVII, Detail.
Editorial: Constantin von Ettingshausen, Alois Pokorny: Physiotypia Plantarum Austriacarum, Wien 1856, Tafel XXVII.
Uppenkamp: 1: Andreas Strobel: Otto Dix. Eine Malerkarriere der zwanziger Jahre, Berlin 1996, Abb. 28. **2:** Police Pictures. The Photograph as Evidence, Ausst.kat. San Francisco Museum of Modern Art, hg. von Sandra S. Phillips, Mark Haworth-Booth, Carol Squiers, San Francisco 1997, S. 51. **3:** Germano Celant: Manzoni, anlässlich der Ausstellung Piero Manzoni. A Retrospective, Gagosian Gallery New York 2009, S. 221.
Habel: 1: Museum Waldenburg, Andrea Lausch. **2:** Humboldt-Universität zu Berlin, Universitätsarchiv, Nachlass Johannes Müller. **3 u. 4:** Humboldt-Universität zu Berlin, Universitätsbibliothek. **5:** Zeiss, Oberkochen, aus: Karl-Heinz Scharf, Wilhelm Weber: Cytologie. Materialien für die Sekundarstufe II Biologie, Hannover 1976, S. 24.
Artz: 1: Le Radium. La radioactivité et les radiations, les sciences qui s'y rattachent et leur applications, Jg. 2., 1905, Heft 9, S. 317, Abb. 1. **2:** Proceedings of the Royal Society of London, 1899–1900, Heft 66, S. 422, Tafel 5, Abb. 1 u. 2. **3 u. 4:** Le Radium. La radioactivité et les sciences qui s'y rattachent. Publication mensuelle illustrée, Jg. 1., 1904, Heft 2, S. 6 u. S. 9, Abb. 7. **5:** [Friedrich Rudolf] B[runo] Donath: Radium. Vortrag, gehalten in der Urania von B. Donath, Berlin 1904, S. 15, Abb. 6.
Klier: 1 u. 2: © Aquazoo – Löbbecke Museum, Düsseldorf. **3 u. 4:** © VG Bild – Kunst, Bonn 2010. **5:** Illustrierte Zeitung, Leipzig, Nr. 2545 (1892).
Faksimile: 1, 2, 5, 6: Archiv des Altägyptischen Wörterbuches, BBAW. **3, 4, 7:** Archiv der Inscriptiones Graecae, BBAW.
Bildbesprechung I: 1: Kunstmuseum Stuttgart.
Bildbesrechung II: 1–3: Fabio Sandri.
Lack: 1: Harry Ransom Humanities Research Center, University of Austin, Texas. **2:** Michel Frizot: Neue Geschichte der Fotografie, Köln 1998, S. 20.
Bernasconi: 1: Reproduced from the original held by the Department of Special Collections of the Hesburgh Libraries of Notre Dame. **2–4:** Münzkabinett, Staatliche Museen zu Berlin
Schlie: 1 u. 4: Giovanni Morello, Gerhard Wolf (Hg.): Il Volto di Cristo, Ausst.kat. Rom/Mailand 2000, S. 117 und S. 276. **2:** Gabriele Finaldi (Hg.): The Image of Christ. The Catalogue of the Exhibition „Seeing Salvation", Ausst.kat., National Gallery London, London 2000, S. 81. **3:** Archiv Heike Schlie. **5 u. 6:** Bruno Barberis, Gian Maria Zaccone (Hg.): Sindone. Cento anni di ricerca, Rom 1998, S. 127 und S. 23.
Lefevre: 1: Museum für Naturkunde. Leibniz-Institut für Evolutions- und Biodiversitätsforschung an der Humboldt-Universität zu Berlin. **2 u. 3:** Musée national de La Renaissance Ecouen.
Wiedergelesen I: 1: Adolf Spamer: Das kleine Andachtsbild vom XIV. bis zum XX. Jahrhundert, München 1930, Tafel CLXXX; S. 324.
Projektvorstellung: 1 u. 3: Ivo Hammer. **2, 4–6:** HAWK/Hitzler 2004.
Bildtableau I: 1: Abraham Bosse: Radier-Büchlein, Nürnberg 1669, Sächsische Landesbibliothek – Staats- und Universitätsbibliothek Dresden, http://digital.slub-dresden.de/sammlungen/werkansicht/26482637X/157/ (Stand: 07/2010). **2:** Stiebner Verlag GmbH, München. **3:** Fogra Forschungsgesellschaft Druck e. V. **4:** Fogra Forschungsgesellschaft Druck e. V. **5:** Fotoalbum Tatbestandsaufnahmen, Bundespolizeidirektion Wien. **6:** K. Pearson: The Life, Letters and Labours of Sir Francis Galton, Cambridge 1930, Taf. 5. **7:** Østjyllands Politi, Sammlung Porse. **8:** Wikimedia Commons, http://de.wikipedia.org/wiki/Datei:Turiner_Grabtuch_Gesicht_negativ_klein.jpg (Stand: 07/2010). **9:** Vera Dünkel. **10:** R. Heindl: System und Praxis der Daktyloskopie [...], Berlin/Leipzig 1927, S. 150, Fig. 46. **11:** Siemens-Pressebild. **12:** F. Girod: Pour Photographier les Rayons Humains, Paris 1912, S. 149. **13:** Shunk-Kender © Roy Lichtenstein Foundation. **14:** TM, ®&© 2010 by Paramount Pictures. All Rights Reserved. **15:** Artikel „Münze und Münzwesen", Brockhaus' Conversations-Lexikon, Bd. 11, Leipzig 1885. **16:** MMAG Auktion 53,1977,39 / Fotoarchiv des Instituts für Archäologische Wissenschaften, Abteilung II der Goethe-Universität Frankfurt a. M. **17:** Manuela Arnet.

18: E. Hörander: Model. Geschnitzte Formen für Lebkuchen, Spekulatius und Springerle, München 1982, S. 98, Abb. 69, Foto: Michael Heß. **19:** Franziska Brons. **20:** Deutsches Röntgen-Museum Remscheid-Lennep. **21:** Wikimedia Commons, http://fr.wikipedia.org/wiki/Fichier:Pech_Merle_main.jpg (Stand: 07/2010). **22:** http://www.dieter-philippi.de/mydante_3262.html (Stand: 07/2010). **23:** Wissenschaftliche Buchgesellschaft (WBG). 24 : Société Astronomique de France – fonds Camille Flammarion. **25:** M. Alix: Recherches sur la disposition des lignes papillaires de la main et du pied [...], Annales des Sciences Naturelles / Zoologie et Paleontologie, Sér. V, Tom. VIII (1868), S. 5–42, Taf. 4. **26:** NASA GRIN, GPN-2001-000014, http://grin.hq.nasa.gov/ABSTRACTS/GPN-2001-000014.html (Stand: 07/2010).

Bildtableau II: **1:** A. Geus (Hg.): Natur im Druck. Marburg 1995, S. 45 / Kat. 6. **2:** Humboldt-Universität zu Berlin, Universitätsbibliothek. **3:** Höhere Graphische Bundes-Lehr- und Versuchsanstalt, Wien. **4:** Universitätsbibliothek Tübingen , Abteilung Handschriften / Alte Drucke. **5:** Courtesy of Hans P. Kraus Jr., New York. **6:** Denkschriften der kaiserl. Akademie der Wissenschaften, mathematisch-naturwissenschaftliche Classe, Bd. 23, Wien 1864, S. 39–119, Taf. XVIII. **7:** W. Weber und E. Weber: Mechanik der menschlichen Gehwerkzeuge, Göttingen 1836. **8:** Museum für Naturkunde Berlin. **9:** R. Felfe: Naturgeschichte als kunstvolle Synthese. Physikotheologie und Bildpraxis bei Johann Jakob Scheuchzer, Berlin 2003, S. 184, Abb. 70. **10:** S. F. Denton: Moths and Butterflies of the United States, Bd. II, Boston 1900, Staatsbibliothek zu Berlin, Preussischer Kulturbesitz, Abteilung historische Drucke, Sign. 50 MB 6407-2 : R. **11:** Courtesy of Hans P. Kraus Jr., New York. **12:** H. Rorschach: Psychodiagnostik, Bern 1921. **13:** Das Technische Bild. **14:** W. G. Johnstone, A. Croal: The nature-printed British Sea-Weeds, London 1859, Staatsbibliothek zu Berlin, Preussischer Kulturbesitz, Abteilung historische Drucke, Sign. Mb 10134-1 : R. **15:** Y. Hiyama: Gyotaku. The Art and Technique of The Japanese Fishprint, Seattle 1964, S.42. **16:** E. Benkard: Das Ewige Antlitz, Frankfurt 1926, S.95. **17:** H. Daumier: Les beaux jours de la vie, Nr. 91, LE CHARIVARI, 10.08.1846. **18:** Staatliche Museen Berlin (Hg.): Abbildungen der in der Gipsformerei der Staatlichen Museen käuflichen Gipsabgüsse, Berlin 1928, Taf. I. **19:** © Rauschenberg Foundation. **20:** Zeitschrift Wendingen, 1923. **21:** R. Engelmann: Pompeji, Leipzig 1898, S. 4. **22:** © Man Ray Trust, Paris / VG Bild-Kunst, Bonn 2010. **23:** Kunsthistorisches Museum Wien. **24:** © MAK/Georg Mayer **25:** Peter Heckwolf: Künstlerbuch „Textoriusum", 2005. **25:** Patrice Schmidt, Musée d'Orsay. **27:** Vera Dünkel.

Die AutorInnen

Carolin Artz M.A.
wissenschaftliche Mitarbeiterin an der Professur für Theorie und Geschichte der Produktgestaltung, FH Osnabrück

Dr. Gianenrico Bernasconi
Museum Europäischer Kulturen, Staatliche Museen zu Berlin

Dipl.-Rest. Stella Eichner
Kunstmuseum Stuttgart

Dr. Henning Engelke
Kunstgeschichtliches Institut der Goethe-Unversität Frankfurt am Main

Thilo Habel M.A.
Freier Ausstellungs- und Sammlungskurator

Dr. Ingelore Hafemann
Leiterin der Arbeitsstelle Altägyptisches Wörterbuch, Berlin-Brandenburgische Akademie der Wissenschaften

Prof. Dr. Klaus Hallof
Leiter der Arbeitsstelle Inscriptiones Graecae, Berlin-Brandenburgische Akademie der Wissenschaften

Prof. Dr. phil. Ivo Hammer
Konservator/Restaurator, Wien

Dr. Andrea Klier
Leiterin der Abteilung Kommunikation + Veranstaltungen, Hochschule für bildende Künste Hamburg

Prof. Dr. Wolfgang Lefèvre
Max-Planck-Institut für Wissenschaftsgeschichte Berlin

Prof. em. Dr. phil. Helmut Lethen
Internationales Forschungszentrum Kulturwissenschaften Wien

Prof. Dr. H. Walter Lack
Botanischer Garten und Botanisches Museum Berlin-Dahlem, Freie Universität Berlin

Dr. Angela Matyssek
Kunstgeschichtliches Institut der Philipps-Universität Marburg

Tim Otto Roth
Künstler und Medientheoretiker, Oppenau i. Schw./Köln

Dr. Heike Schlie
Zentrum für Literatur- und Kulturforschung Berlin

Prof. Dr. i. R. Robert Suckale
Technische Universität Berlin

PD Dr. Bettina Uppenkamp
Institut für Kunst- und Bildgeschichte, Humboldt-Universität zu Berlin

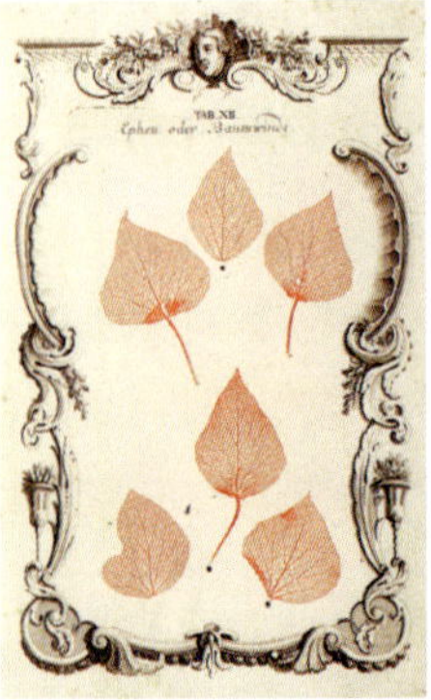

1

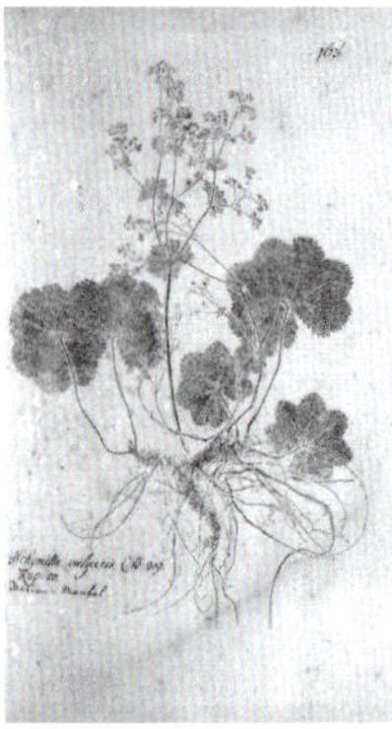

2

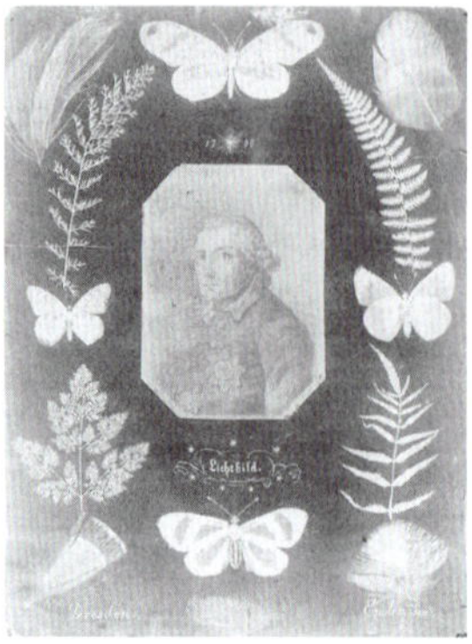

3

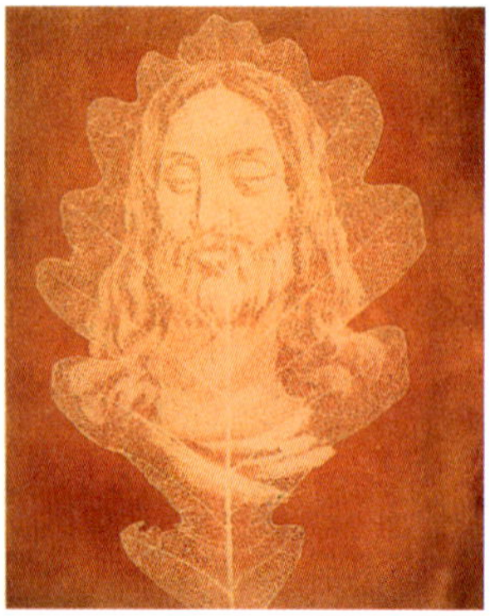

4

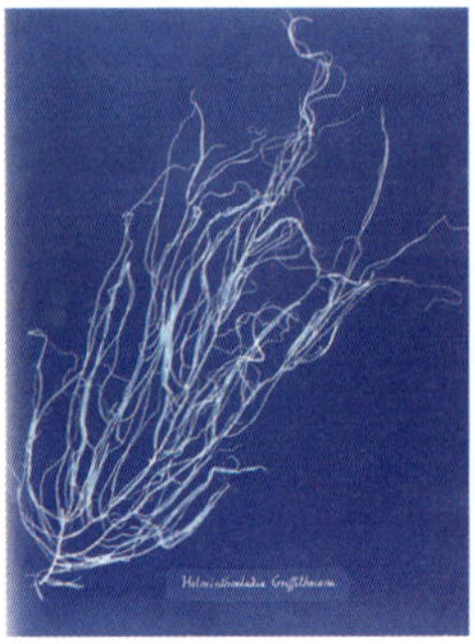

5

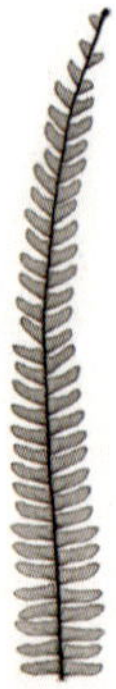

6

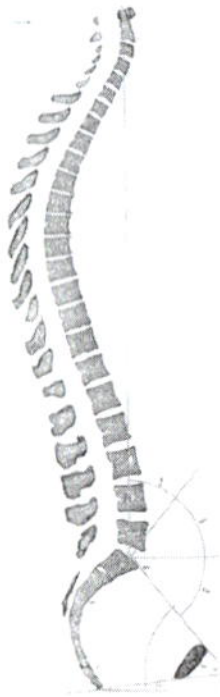

7

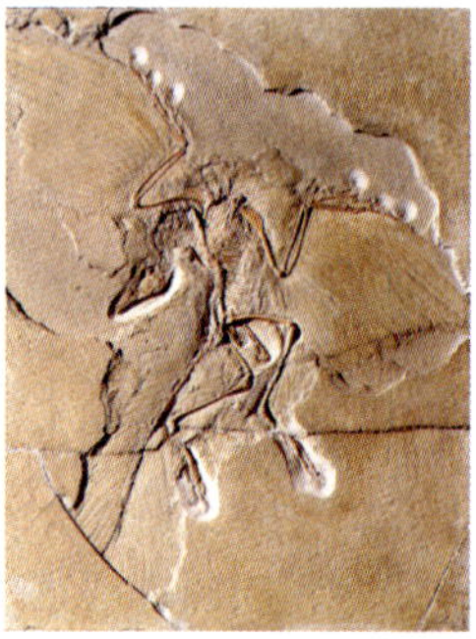

8

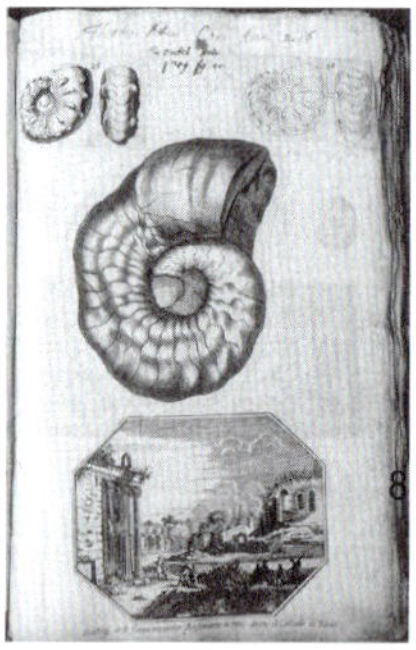

9

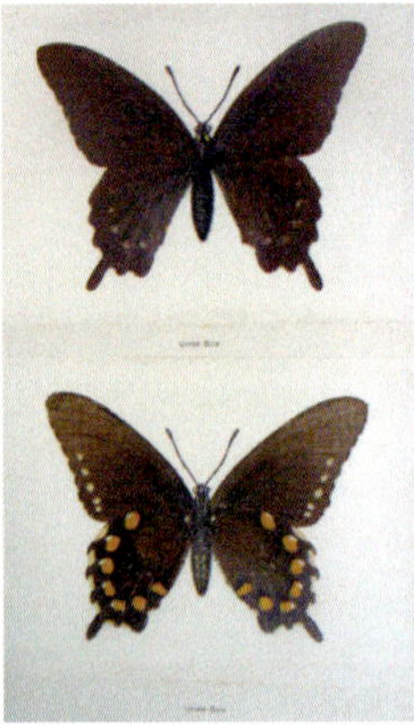

10

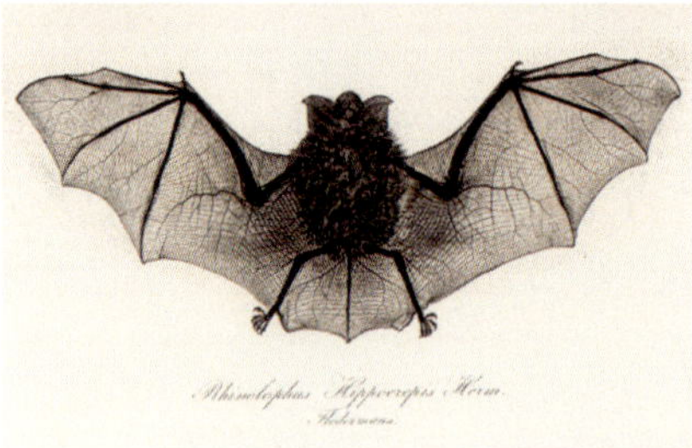

11

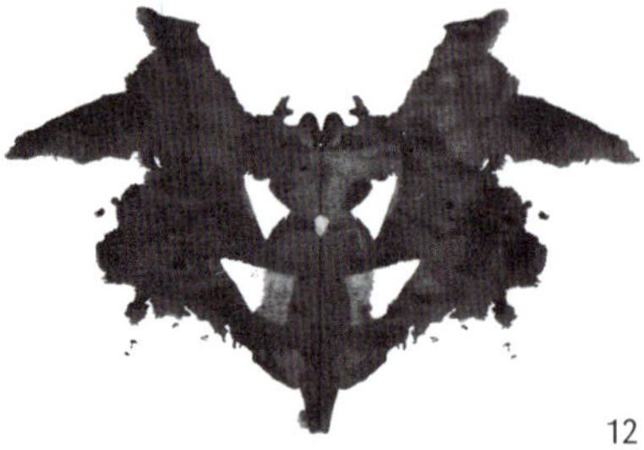

12

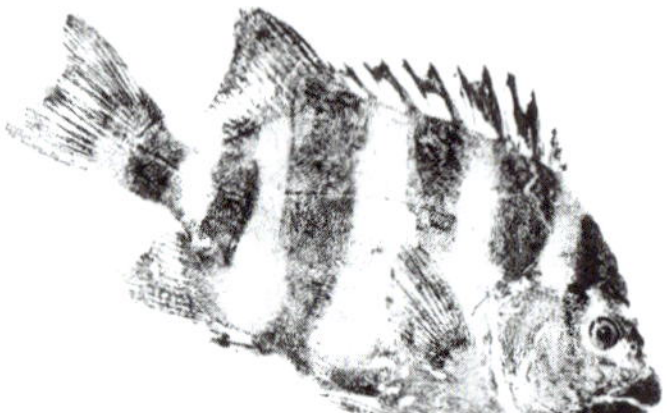

15

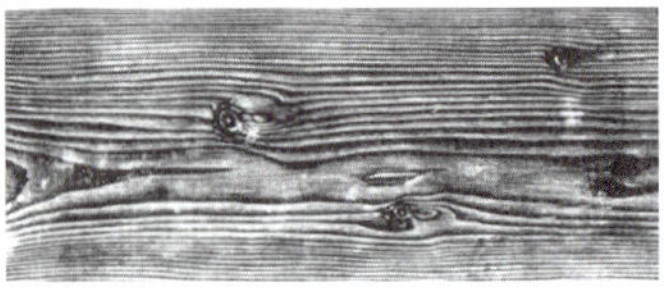

13

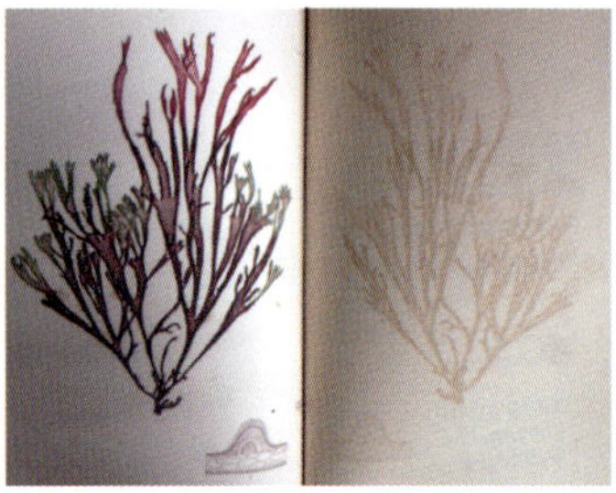

14

1: Johann Michael Seligmann: Epheu oder Baumwinde, Naturselbstdruck, 1748. **2:** Johann Hieronymus Kniphof: Frauenmantel, Naturselbstdruck, um 1747. **3:** Johann Carl Enslen: Lichtbild in Talbotscher Manier, 1835. **4:** Johann Carl Enslen: Christuskopf über einem Eichenblatt, 1839/40. **5:** Anna Atkins: Helminthocladia Griffithsiana, Cyanotypie, ca. 1843–1853. **6:** Constantin von Ettingshausen: Kenntniss der Flächen-Skelete der Farnkräuter, Naturselbstdruck, 1864. **7:** Wilhelm Weber und Eduard Weber: Abdruck eines halbierten Gipsmodells einer Wirbelsäule, 1836. **8:** Archäopterix, Versteinerung, Museum für Naturkunde Berlin. **9:** Johann Jakob Scheuchzer: Theatr[um] Diluv[ianum] Corn[u] Amm[onis] n. 16, Collage, zw. 1716 u. 1730. **10:** Sherman F. Denton: Naturselbstdrucke der Ober- und Unterseite von Papilio Philenor, 1900. **11:** Alois Auer: Fledermaus, Naturselbstdruck, ca. 1852. **12:** Hermann Rorschach: Deuten von Zufallsformen,1921. **13:** Oberflächenstruktur von Holz. **14:** Henry Bradbury: Gracilaria Multipartita, Naturselbstdruck und Abdruck desselben Bildes auf der folgenden Buchseite1859/60. **15:** Yoshio Hiyama: Gyotaku, 1964.

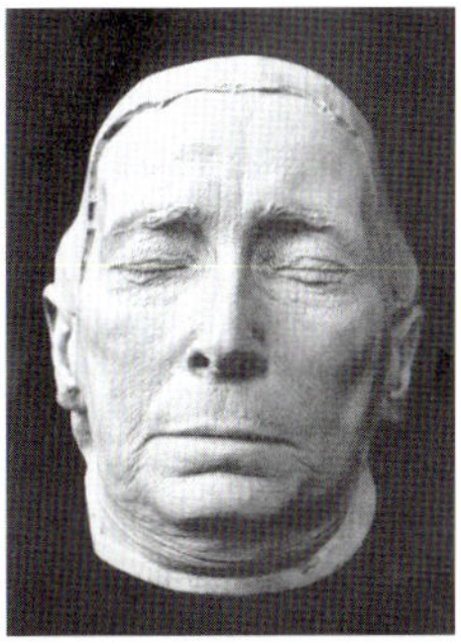
16

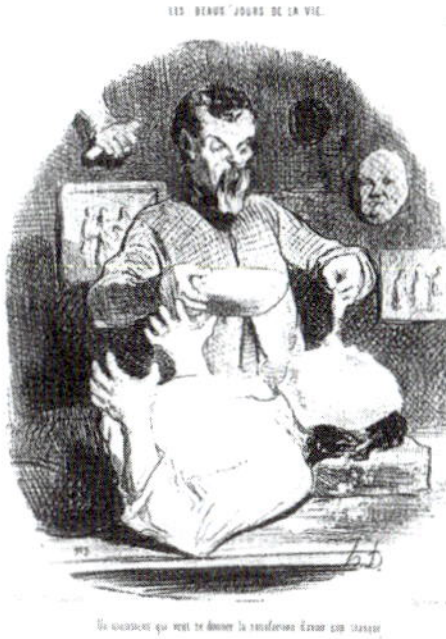
17

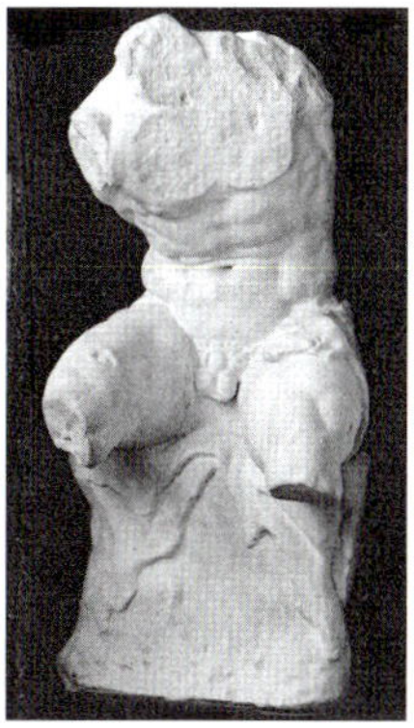
18

19
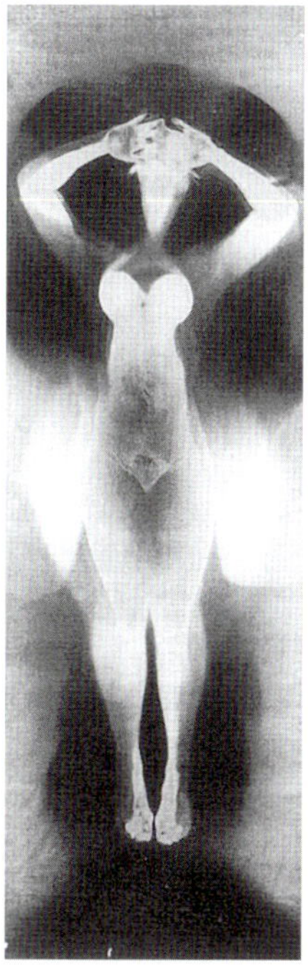

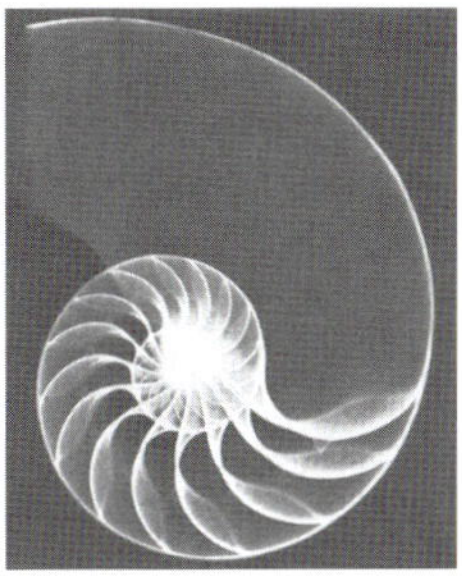
20

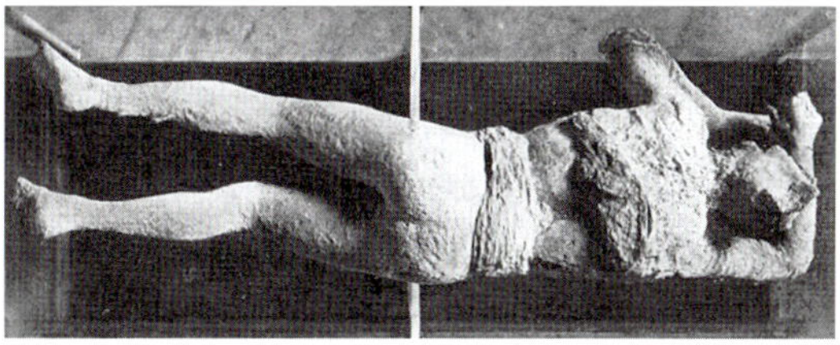
21

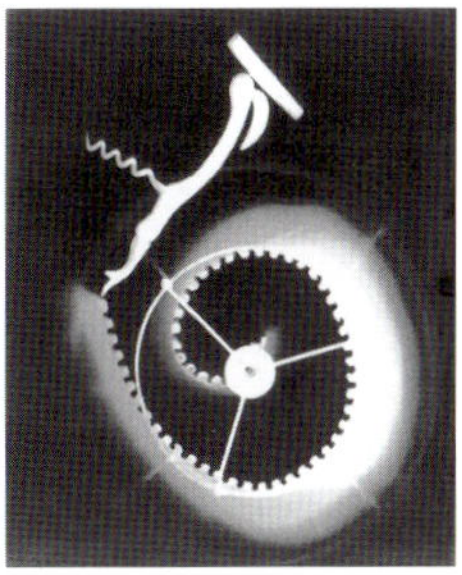
22

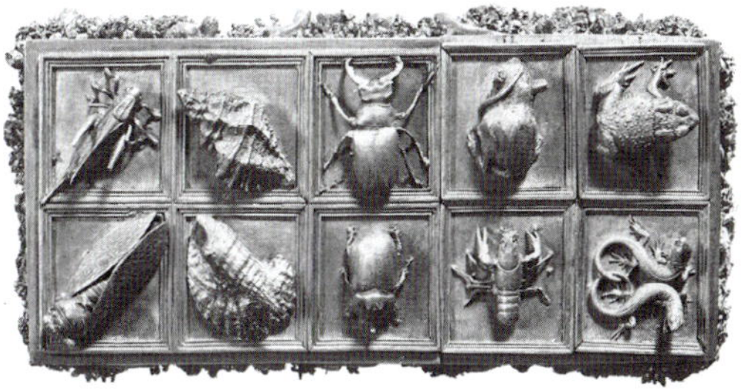
23

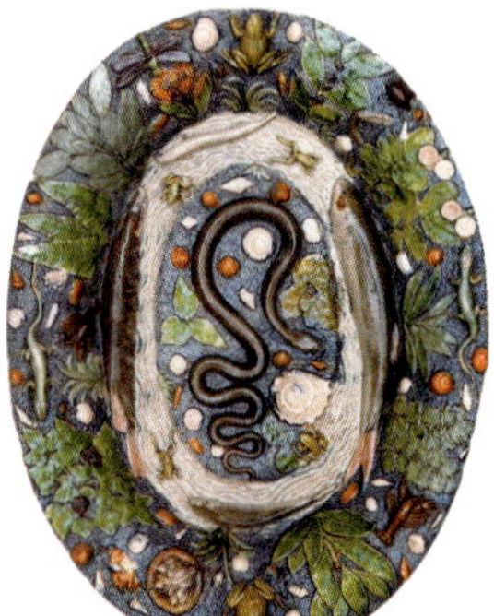
24

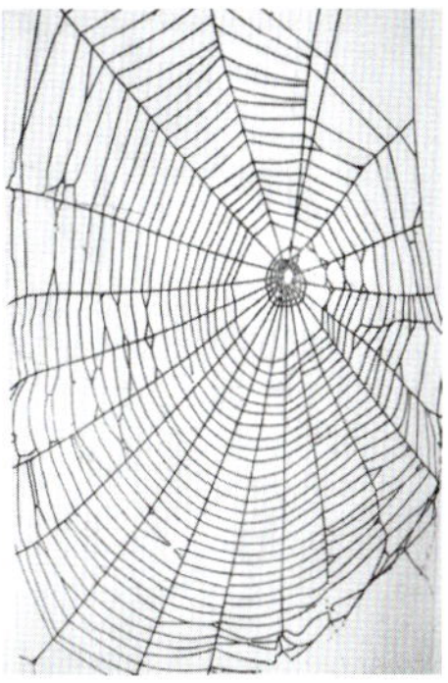
25

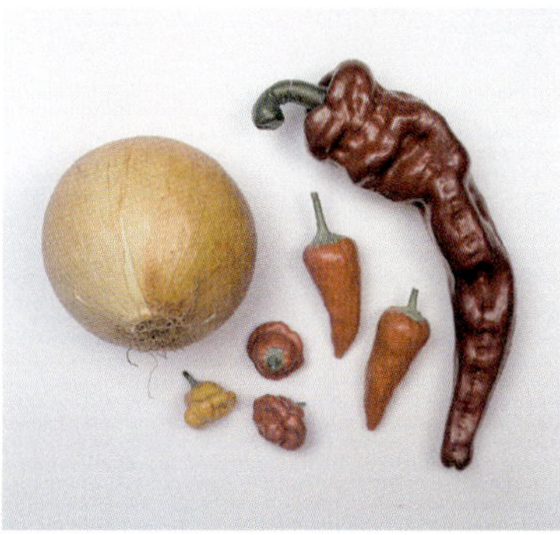
26

27
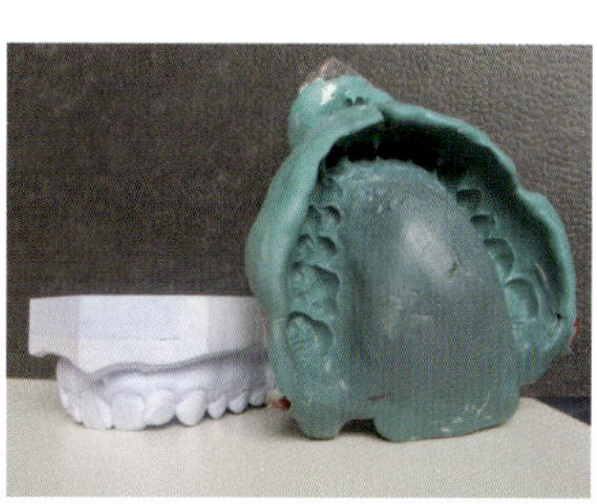

16: Johannes Benk: Totenmaske von Charlotte Wolter, 1897. **17:** Honoré Daumier: Ein Herr, der sich selbst die Ehre geben möchte, eine Maske abgenommen zu bekommen, Lithografie, 1846. **18:** Torso von Belvedere, Gipsabguss, 19. Jh. **19:** Robert Rauschenberg und Susan Weil: Female Figure, dem Licht ausgesetztes Blaupausenpapier, 1950. **20:** J. B. Polak: Röntgenbild einer Muschel (Nautilus Pompilius), 1923. **21:** Gipsausguss einer Pompejanerin. **22:** Man Ray: Ohne Titel, Rayografie, 1927. **23:** Wenzel Jamnitzer: Schreibzeugkästchen mit Schreibgerät, gegossenes Silber, um 1560–1570. **24:** Bernard Palissy (zugeschrieben), Flussschale im Stil rustique, Keramik, glasiert, 2. Hälfte 16. Jh. **25:** Peter Heckwolf: Spinnennetz, Naturselbstdruck, 2005. **26:** Théveny: Abgüsse von Gemüsesorten, 1890. **27:** Polyether-Oberkiefer-Abformung und Situationsmodell aus Hartgips, 2010.

Bildwelten des Wissens

Kunsthistorisches Jahrbuch für Bildkritik. Band 8,1

Kontaktbilder

Herausgeber
Prof. Dr. Horst Bredekamp, Dr. Matthias Bruhn, Prof. Dr. Gabriele Werner

Verantwortlich für diesen Band
Vera Dünkel M. A.

Redaktion
Das Technische Bild

Mitarbeiter
Hanna Felski, Dennis Jelonnek, Manuela Arnet, Felix Jäger

Übersetzungen
Dr. Matthias Drebber, Vera Dünkel M. A.

Lektorat
Rainer Hörmann

Layout
Dr. Birgit Schneider, Andreas Eberlein

Satz
Hanna Felski & aroma, Berlin

Druck
Medienhaus Berlin

Adresse der Redaktion
Humboldt-Universität zu Berlin
Hermann von Helmholtz-Zentrum für Kulturtechnik
Das Technische Bild
Unter den Linden 6
10099 Berlin
dtb@culture.hu-berlin.de
Fon: +49 (0) 30 2093-2731, Fax: -1961

ISSN 1611-2512
ISBN 978-3-05-004917-5

Das Jahrbuch „Bildwelten des Wissens" erscheint jährlich in 2 Teilbänden.